아동관찰 및 행동연구

고문숙 김수향 이경하 이용주 임영심 공저

CHILDREN OBSERVATION AND BEHAVIORAL STUDIES

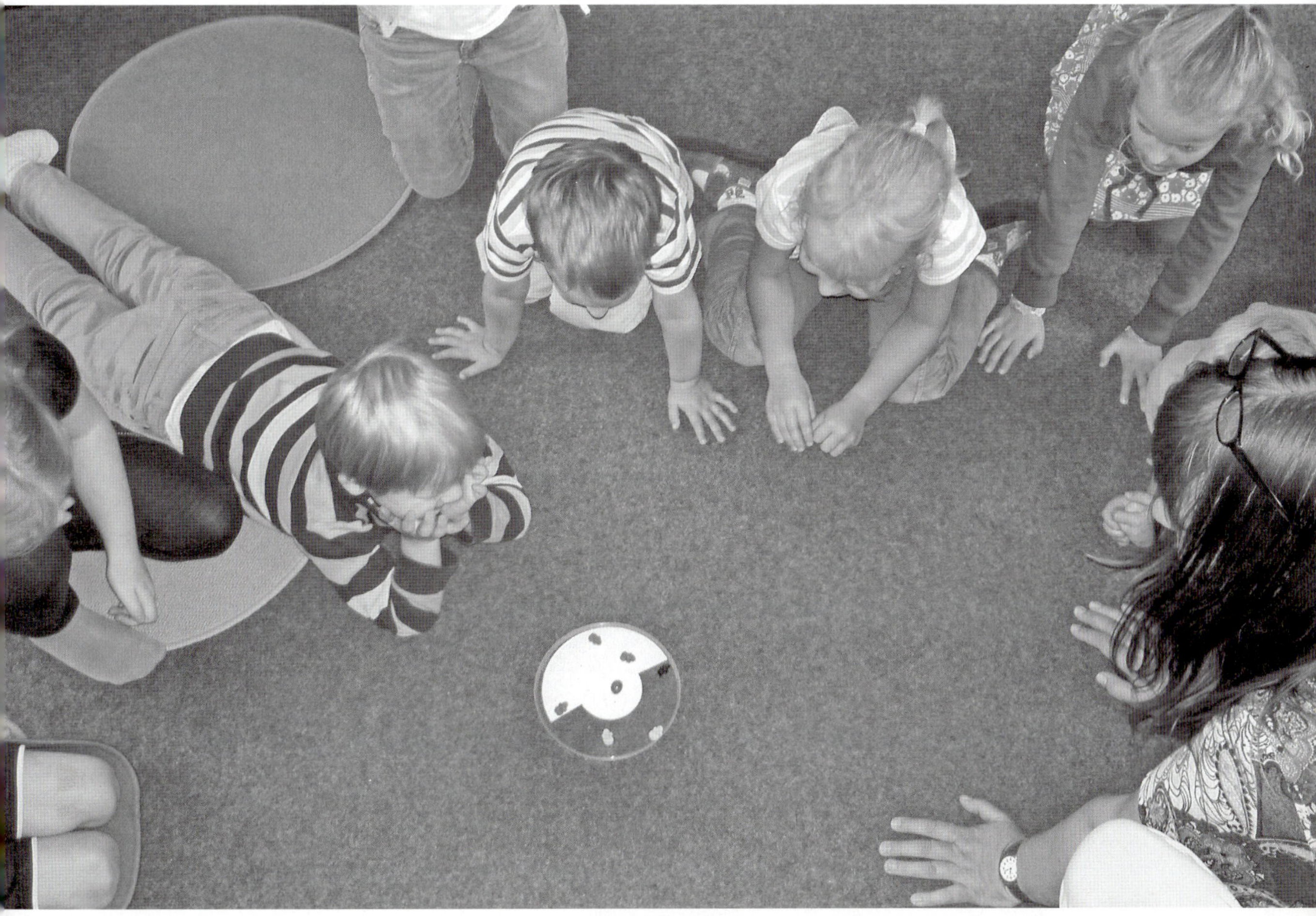

양성원

머/리/말

우리사회는 영유아기에 대한 관심이 나날이 고조되어 가고 있으며 영유아교사의 전문성에 대한 기대감이 점차 높아지고 있다. 영유아와 함께 생활하는 교사들은 궁극적으로 영유아의 행복을 위해 이들에 대한 이해와 정보가 절실하다. 이에 부응하여 '아동관찰 및 행동연구'는 정보가 가속화되고 있는 오늘날 영유아교사의 전문성을 구비하기 위한 필수과목으로 선택되어졌다. 인간의 성장을 나무에 비유해볼 때, 영유아기는 나무의 뿌리를 내리는 시기로 이 시기 영유아교사들에게 영유아들에 대한 정확하고도 세밀한 자료를 수집하기 위해 아동관찰 및 행동연구에 대한 보다 전문적 이해가 필요하다.

'어떻게 하면 영유아 현장에서 일어나는 각 상황에서 야기되는 영유아들의 행동을 올바르게 이해할 수 있을까' 하는 문제들을 객관적이고 과학적인 방법으로 풀어나갈 수 있는 방안이 모색되어야 할 것이다. 이를 위해 전문성을 갖춘 영유아 교사가 관찰법을 이해하고 적용할 수 있도록 돕는 도서가 필요했다.

본 서는 영유아교실 현장에서 보고 듣고 관찰한 것에 더하여 정보수집 방법과 정보를 해석해내는 방법까지 찾아보고 영유아교실에서 일어나는 사건 하나하나들을 해석하고 교육적 처치까지 찾아보았다. 이와 같은 부분들은 영유아 교육전문가로 발돋움하는 현장교사뿐만 아니라 비영유아교사들에게도 쉽게 다가갈 수 있는 관찰방법에 대한 지식과 정보를 알려주려고 노력했다.

이 책은 전체 5장으로 구성하였다.

먼저 1장에서는 관찰 및 행동연구의 역사, 즉 태동기에서 현재의 성숙기까지를 살펴본 후 영유아들의 발달에 대한 이해를 위해 왜 관찰이 필요한지의 당위성과 목적을 살펴보고, 아울러 관찰의 장점과 관찰에서 발생할 수 있는 오류들을 살펴보면서 오류를 최소화할 수 있는 방안을 제시하고 나아가 객관적이고 과학적인 관찰을 위한 지침을 제공하고자 한다. 이어서 2장은 관찰연구법으로 영유아교육 현장에서 쉽고 많이 활용되는 관찰방법인 표본식 기록과 일화기록, 사건표집법, 시간표집법, 행동목록법, 평정척도법을 소개하고 실제 현장의 관찰방법을 적용 · 해석하고 교수지침을 제공하고자 한다. 3장은 영유아들의 발달특성상 표준화된 평가척도만으로는 영유아들의 행동의 발달 추이를 평가하는 데는 많은 어려움이 있으므로 이를 위한 방법으로 포트폴리오 평가에 대한 이해와 구성, 실제편을 다루었다. 4장은 행동관찰 평가를 통해 영유아발달 이해, 교육과정평가 및 계획수립과 부모면담에 활용될 수 있는 방안을 다루었다. 5장은 표준보육과정과 누리과정의 목표와 내용체계에 따라 관찰준거를 선정하고 이를 근거로 한 관찰양식을 작성하여 효율적인 관찰을 위한 활동들을 중심으로 관찰방법 및 해석, 교수방법 등을 제시하였다. 따라서 본 서를 접한 영유아교사들은 수업관찰 사례를 통해 영유아에 대해 가장 적절하고 효과적인 관찰법을 찾아서 적용시키는 방법을 배울 수 있고 예비영유아교사들은 수업을 이해하며 교수기술을 익힐 수 있을 것이다.

본 서는 모든 영유아교사들이 아동관찰 및 행동연구에 관한 내용들을 쉽게 이해할 수 있도록 집필하려고 노력하였다. 유능한 교사는 수업상황에서 일어나는 모든 요소들을 파악하여 자신의 수업에 반영시켜야 하므로 이를 위해 관찰의 전 과정을 통합적으로 이해하는 법을 배워야 할 것이다. 본 서에서 제시한 관찰지침과 관찰준거, 관찰도구, 관찰 기록 양식들이 전문성 있는 교사로 발돋움하는 예비영유아교사들과 현직 영유아교사들에게 유용한 지침이 될 수 있기를 진심으로 바란다.

본 서를 집필하기 위해 도움을 주신 양성원 강철원님과 유난히 더운 여름날 함께 땀 흘린 교수님들, 현장의 관찰자료와 사진자료를 제공해주신 현장관계 여러분들께 진심어린 감사를 드린다.

2018년 3월

차/례

Chapter 01 관찰 및 행동연구의 기초

1. 관찰의 역사 ··· 8
2. 관찰의 필요성 및 목적 ··· 12
3. 관찰의 장점 및 오류와 개선방안 ··· 16
4. 관찰을 위한 지침 ··· 25

Chapter 02 관찰방법

1. 서술식 방법 ··· 38
2. 기호식 방법 ··· 50

Chapter 03 포트폴리오 평가

1. 포트폴리오 평가의 이해 ··· 64
2. 포트폴리오 평가의 구성 ··· 69
3. 포트폴리오 평가의 실제 ··· 73

Chapter 04 행동관찰 평가의 활용

1. 영유아 발달 이해 ··· 90
2. 교육과정 평가 및 계획수립 ··· 108
3. 부모면담 ··· 125

Chapter 05 유아교사를 위한 관찰의 실제

1. 표준보육과정에 기초한 관찰의 실제 ……………………………142
2. 3–5세 연령별 누리과정에 기초한 관찰의 실제 …………………177

◈ 참고문헌 / 225

◈ 찾아보기 / 228

CHAPTER 01

관찰 및 행동연구의 기초

본 장에서는 관찰 및 행동연구의 역사, 즉 태동기에서 현재의 성숙기까지를 살펴보고자 한다. 또한 영유아들의 발달에 대한 이해를 위해 왜 관찰이 필요한지의 당위성과 목적을 살펴보고, 아울러 관찰의 장점과 관찰에서 발생할 수 있는 오류들을 살펴보면서, 오류를 최소화할 수 있는 방안에 대해서 제시하고자 한다. 나아가 객관적이고 과학적인 관찰을 위한 지침을 제공하고자 한다.

1 관찰의 역사

관찰은 대상에 대한 과학적 접근을 하고자 할 때 가장 기초적으로 이용되는 방법이다. 인간의 행동을 대상으로 한 모든 일상적 활동과 연구에도 관찰을 기본으로 판단이 이루어진다. 따라서 관찰이란 인간의 행동을 알아보는 체계 또는 계획이라고 할 수 있다(Billman & Sheman, 1996). 특히 표준화된 검사로 평가하기 어려운 영유아들의 행동에 대한 이해를 위해 관찰의 방법을 많이 사용하고 있다. 영유아들의 행동을 명확히 기술하고, 행동의 차이를 기록할 수 있는 적합한 관찰방법과 기록방법을 정하여 적용한다면, 자신의 상황에 대해 설명하기 어려운 영유아들의 행동특성을 파악하는데 좋은 도구가 될 것이다(곽금주, 정윤경, 김민화, 2010).

이러한 아동관찰은 언제부터 이루어졌는지 관찰의 역사를 살펴보고자 한다. 아동관찰의 역사는 태동기를 기점으로 정초기, 과학적 운동기, 성숙기의 형태로 발전을 하였다. 이러한 발전의 단계를 살펴보면 다음과 같다(김진규, 윤길근, 2003; 이순형 외, 2008의 저서 참고).

1) 태동기

관찰의 역사는 유아가 성인의 축소판이 아닌 독립된 인격체라고 인정한 시기부터 시작되었다(Wortham, 2008). 영유아를 성인의 축소판이 아닌 본성을 가진 개체로 연구한 최초의 인물은 코메니우스였다. 코메니우스는 17세기 슬라브계 교육개혁자로서 아동의 능력을 이해하고 그들을 어떻게 양육할 것인가를 알고자 노력하였다. 그러나 실제로 관찰방법을 적용하여 아동을 연구한 학자는 페스탈로치였다. 페스탈로치는 3년 6개월 된 자신의 아들에 관한 관찰 기록을 출간하였다. 그리고 독일의 의사 티데만(F. Tiedemann, 1781~1861)도 자신의 아들을 대상으로 생후 2세 반까지의 감각, 운동, 지능, 언어발달을 관찰하고 이를 일기형태로 기록하여 1787년에 『아동의 정신적 발달에 관한 관찰』이라는 저서를 발간하면서 아동관찰 연구의 태동기를 맞이하였다(김진규, 윤길근, 2003).

2) 정초기

19세기 말에서 20세기 초에도 연구자들은 자기 아이나 친척의 아이를 대상으로 영아기 초기부터 영아의 행동과 이에 대한 일상을 매일매일 기록했다. 그 결과, 수십 개의 유아전기가 20세기 초에 출판되었다.

유아전기가 한 단계 진전된 것은 19세기의 두 이론가인 다윈(C. Darwin, 1877)과 독일 생물학자 프레리(William Preyer, 1882/1888년)가 아동의 행동에 관한 초기의 기록에 기여하면서부터이다. 두 사람은 각각 자기 아들의 발달을 출생 후 3년 동안 일기식으로 기록을 간행한 것이 아동관찰 연구에 지대한 영향을 미쳤다.

먼저 다윈(1877)이 아동관찰에 공헌한 바를 살펴보면, 저서 『종의 기원(The Origin of Species)』(1859)은 아동심리학을 하나의 과학적 학문에 이르게 하는 데 있어서 가장 중요한 기초를 마련했다.

다윈은 자신의 진화론을 지지할 수 있는 증거들을 발견하기 위해 아동들의 발달 과정을 연구하였다. 즉, 다윈은 인간의 행동과 다른 종의 행동 사이에서 나타나는 유사성은 진화적으로 동일한 조상을 가진 결과라고 가정하고, 인류의 기원에 관한 중요한 단서를 발견하려는 목적에서 자신의 어린 아들의 생후 3년간의 행동을 아주 자세하게 기록하였다.

다윈은 아동의 관찰을 통해 종족 자체의 발달에 중요한 단서를 발견할 수 있다고 주장함으로써, 진화론의 입장에서 아동에 대한 과학적 흥미를 발견했을 뿐 아니라 자신의 아들을 관찰하고 기록함으로써 아동연구 방법론의 발달에 크게 공헌하였다.

또한 다윈과 동시대에 아동관찰 연구의 기초를 마련한 프레리(1882/1888년)의 업적을 살펴보면 프레리는 관찰의 표준을 놓아 설정하여 자신이 본 것을 즉시, 그리고 가능한 한 완벽하게 기록했으며, 규칙적인 간격을 두고 기록했다. 그는 또한 아동의 행동에 영향을 주지 않으려고 노력했고, 자신이 본 것이 자신의 관심과 해석으로 인해 왜곡되지 않게 하려고 노력했다. 그리고 두 번째 관찰자의 기록과 대비해 자신의 기록이 정확한지를 점검했다. 이러한 점은 현대의 연구자들이 아동관찰시에 사용하는 기준과 같다.

이러한 전기 학자들의 시도는 선구적이었지만, 그들의 관찰 일기는 훌륭한 고고학적 자료가 되지는 못했다. 그 이유는 첫째, 관찰방법이 체계적이지 못하다는 점, 둘째, 대부분이 한 명의 피험자를 대상으로 한 사례연구이기 때문에 연구결과를 일반화하기 어렵다는 점, 셋째, 다윈과 같이 대부분의 관찰자들이 자기 자신의 발달이론과 교육이론을 가지고 있었기 때문에 관찰하는 아동을 통해서 자신의 이론을 정당화하고자 했다는 점 등 때문이다(한국아동학회, 2005). 그러면서도 가족원이 기록한 유아전기는 기록자가 관찰대상 아동과 많은 시간을 함께 보내면서 일상적인 상황과 특별한 상황에서 아동을 관찰할 수 있다는 장점이 있었다.

3) 과학적 운동기

19세기 말에 이르러 아동관찰 및 아동에 대한 연구는 과학적인 방법으로 연구가 실시되었다. 과학적 아동연구 운동의 시조로 불리는 미국의 홀(S. Hall, 1944~1924)은 "아동연구"라는 새로운 영역을 정립하는 데 개척자 역할을 하였다. 그의 저서 『아동의 정신 내용(The Content of Children's Minds)』(1883)을 통해 아동발달연구가 인간의 이해에서 핵심적인 역할을 한다고 주장하였다. 유아전기의 취약점을 인식한 홀은 아동에 대한 철저한 객관적 사실들을 수집하기로 했다. 이러한 목표는 아동연구의 규범적 접근으로 이어졌다. 규범적 조사에서는 다수의 아동을 대상으로 행동을 측정한 다음 연령과 연관된 평균을 계산하고 이 평균을 전형적 아동의 발달을 나타내는 것으로 간주하였다. 홀은 많은 수의 아동을 체계적으로 연구하기 위해 새로운 연구방법으로 질문지법을 개발하여 질문지를 통해서 아동 및 청소년의 행동, 태도, 흥미 등을 조사했다. 질문지는 각 연령대의 아동이 자신에 관해 말할 수 있는 모든 것, 즉 흥미, 두려움, 상상의 놀이친구, 꿈, 우정, 좋아하는 장난감 등을 질문하였다(White, 1992). 어떤 의미에서 홀의 연구는 미국에서 체계적인 아동연구의 시작이라고 볼 수 있다. 이 외에도 그는 미국심리학회지와 여러 전문학술지를 창간하였고, 1893년에는 전국아동연구협회(National Association for Child Study)를 결성함으로써 아동연구 운동의 주도적 역할을 하였다.

게젤(Gesell, 1880~1961) 역시 영아와 아동의 행동에 관한 세세한 규범적 정보를 수집하는 데 대부분의 시간을 투자했다. 특히 그가 만든 영아발달표는 완벽하여 오늘날까지도 수정판이 계속 사용되고 있다. 게젤은 부모에게 도움이 될 만한 아동발달 관련 지식을 체계화했던 최초의 인물 중 하나이다.

4) 성숙기

20세기에 들어서면서 아동연구는 학문분야로서의 위치를 확고히 하였다.

즉, 홀과 게젤이 미국에서 이론과 방법론을 발달시키는 동안 프랑스 심리학자 Alfred Binet는 다른 이유로 아동발달의 규범적 접근을 취하고 있었다. 1990년대 초기 Binet과 Simon은 아동의 지능을 직접적으로 측정하는 질문들을 개발하고 구성하였다. 1916년 스탠퍼드 대학교에서 Binet의 검사를 영어로 번역했고 미국 아동에게 사용되도록 번안하였다. 이것이 스탠퍼드-비네 지능검사(Standford-Binet Intelligence Scale)이다. Binet 검사는 학업성취를 성공적으로 예측하는 점수를 제공하는 것 외에 발달의 개인차에 대단한 관심을 촉발시켰다.

20세기 초의 연구들은 주로 이론적인 추구에 치우쳐 경험적 자료가 부족할 뿐 아니라 자료가 있다 하여도 단순히 아동의 발달을 기술하는 데 그치는 정도였으나, Binet의 연구는 아동에 관한 경험적 자료의 질적 수준을 높이는 데 가장 큰 공헌을 하였다. 최초의 지능척도를 만들었고 이른바 검사운동을 일으키는 데 결정적인 역할을 하였다. 검사운동 연구에 힘입어 여러 가지 검사를 사용한 아동의 성장발달 연구들이 1920년과 1930년대에 많이 나오게 되었다.

1935~1945년 사이에는 프로이드의 영향으로 그의 가정을 검증하는 연구부터 아동 초기의 경험이 성격 전반에 미치는 영향에 대한 연구까지 범위가 확대되었다(이은해, 1997). 1950년대 이후에는 이미 1920년에 발표되었던 피아제의 이론(사고와 도덕성)에 대한 관심을 바탕으로 지능개념에 큰 변화가 일어났고, 아동의 사고내용이 발달수준에 따라 질적인 변화를 갖게 된다는 점이 강조되었다. 경험적 자료에

기초하여 인지발달에 관한 이론을 정립한 피아제의 연구방법은 기존의 심리학 또는 발달의 연구방법에 비해 특이한 면이 있어 아동의 인지발달에 관한 연구방법에 지대한 공헌을 하였다. 즉, 관찰과 개별화된 면접을 병행하는 방법을 통해 어떤 과제에 대한 수행 여부만이 아니라 과제를 수행할 때 아동의 사고내용을 면접 조사하는 임상적 방법에 대한 관심이 대두된 것이다.

20세기 들어 아동연구는 성숙기를 맞았다. 초기에는 연령단계에 따른 신체적, 심리적 행동특성을 밝히고 변화를 기술하는 데 역점을 두었다. 20세기 중엽 이후에는 단순히 어떤 현상을 발견하고 기술하는 데 그치지 않고 행동의 특징을 설명하고 이론을 구성함으로써 인간발달의 기저에 있는 과정과 기제에 더 흥미를 갖게 되었다.

또한 아동에 관한 연구는 아동학이나 심리학, 유아교육학에서뿐 아니라 문화인류학, 정신의학, 가족사회학 등 여러 인접 학문과의 연계 속에서 다양한 접근방법들이 시도되고 있다(이은해, 1997). 이러한 시도는 유아발달에 영향을 미치는 요인들과 영유아기 유아들에게 시행되고 있는 프로그램에 대한 재검토의 기회가 될 것이다.

2 관찰의 필요성 및 목적

1) 관찰의 필요성

영유아들은 무한한 잠재 가능성을 가지고 있으며, 발달이 멈추어 있는 것이 아니라 진행되고 있기 때문에 평가방법의 선택 역시 신중하게 고려되어야 한다. 또한 영유아기는 발달의 변화가 빠르기 때문에 발달이 정상적으로 진행되고 있는지에 대한 다양한 평가방법이 시행되어야 한다. 평가방법은 크게 표준화 검사와 비형식적 평가방법을 들 수 있는데, 본 장에서는 영유아기 발달 평가의 가장 기초가 될 수 있는 '관찰' 평가방법을 활용해야 하는 이유, 즉 필요성에 대해서 살펴보고자 한다.

(1) 유아의 특성

교육을 계획할 때 가장 중요한 것은 교육받는 피교육자의 발달적 특성에 대한 이해가 전제되어야 한다. 그러나 영유아는 발달적 특성상 제한적 언어구사 능력, 짧은 주의집중 시간, 지필검사 불가능 등으로 인해 영유아들의 발달 특성에 대한 이해 및 평가방법에 있어 많은 어려움이 야기된다.

유아들에게 지필검사(표준화 검사) 어려움(Wortham, 2008)

- ✤ 영유아들에게 표준화 검사를 실시할 때 발달적 한계로 인해 어려움이 야기된다. 특히 영유아는 짧은 주의집중으로 인해 평가하기가 어렵다. 영아의 주의집중 주기는 짧고, 검사도구에서 규정하는 제한 시간에 따라 검사를 실시하는 것도 영유아 발달의 개인차에 따라 차이가 많이 나타난다. 따라서 검사의 타당도와 신뢰도에서 의문이 제기될 확률이 높다.
- ✤ 표준화된 검사도구는 영유아들의 문화와 언어의 차이(다문화)를 포괄할 수 있는 언어와 내용이어야만 하나 실제 검사도구는 미국의 중상류층의 영어권 영유아들에게 유리한 검사내용으로 이루어져 있다.

따라서 이들의 행동을 이해하려고 할 때 일상적인 활동을 관찰하는 것이 영유아에 대해 가장 정확히 파악할 수 있는 방법이다. 영유아가 어떤 행동을 하게 된 이유를 파악하고자 할 때도 관찰내용에 대한 현장 기록을 분석함으로써 추정이 가능하다(Irwin & Bushnell, 1980, 이순형 외, 2008 재인용).

영유아의 발달을 평가하고자 할 때 관찰법을 사용하면 발달적 변화과정을 이해하기 수월하며, 아동 개개인의 성장 추이를 살펴볼 수가 있어 어떤 영역에 발달 지연이 있는 영유아를 발견하는 데도 도움이 된다. 발달 평가를 위한 관찰을 제대로 하려면 영유아 발달에 대한 지식을 충분히 가지고 있어야 하며, 반복적인 관찰연습이 필요하다.

(2) 교사의 수업계획에 대한 기초자료 제공

관찰은 교수-학습방법에 대한 효과를 평가하고 수정할 수 있는 기초 자료를 마련해 주며, 유아교육의 질적 향상을 위해 프로그램과 환경을 평가할 수 있는 기회를 교사들에게 제공한다. Wright(1960)는 유아들의 관찰을 통해 교사는 다음의 사항들을 도움 받을 수 있다고 제시하고 있다.

첫째, 유아가 각 발달 영역에서 어느 정도 발달하고 있는지를 알 수 있다.

둘째, 자연스러운 상황 속에서 여러 번에 걸쳐 관찰된 유아들의 행동에서 유아 개개인의 독특한 개성을 발견할 수 있다.

셋째, 유아가 가지고 있는 문제점이 무엇인지 분석하고 진단해 볼 수 있는 기회가 된다.

넷째, 관찰에서 얻어진 자료는 교사가 환경을 구성하고, 교수방법을 선택하고, 교육프로그램을 개발하고 평가하는 모든 교육활동의 기초 자료가 된다.

다섯째, 관찰에서 얻어진 모든 자료들은 학부모와의 정기적인 면담에서 중요한 자료가 된다.

여섯째, 관찰은 교사가 자신의 수업을 평가해 보는 기초를 제공해 줄 수 있다.

일곱째, 여러 가지 관찰방법을 통하여 정기적으로 유아를 관찰했을 때 일정기간이 지나면 관찰된 유아가 어떻게 성장해 왔는지를 알 수 있으며, 또한 유아의 전체적인 발달을 볼 수 있다.

여덟째, 관찰의 결과를 토대로 교사들의 편견을 줄이고 객관적으로 유아를 볼 수 있게 해준다.

아홉째, 유아의 성장기록에 관한 자료는 프로그램의 효과를 나타내 주는 중요한 증거자료가 된다.

2) 관찰의 목적

관찰은 일상생활 속에서 진행되는 자연스러운 행동을 연구하는 데 가장 적합한 방법이다. 넓은 의미에서의 관찰은 어떤 현상에 대한 객관적 자료를 수집하기 위한 절차이다. 그러나 좁은 의미에서 관찰은 일상생활 속에서 진행되는 자연스러운 인간의 행동을 연구하되, 연구자와 대상 사이에 미리 특별한 장치를 계획하지 않고 관찰 직후에 곧 기록하는 것을 전제로 하는 방법이다. 이와 같은 관찰을 Wright(1960)

는 직접적인 관찰(direct observation)이라고 하였다(전남련 외 4인 공저, 2009).

아동연구에서 관찰을 적용할 때 그 목적을 Wright(1960)는 다음과 같이 네 가지로 나누어 정의하였다(전남련 외 4인 공저, 2009).

① **환경학적인 목적(ecological aim)** : 인간의 행동과 환경조건 간의 관계를 기술하기 위해서 관찰을 적용하는 경우이다(예를 들면, 아파트 지역의 유아들과 일반주택에 사는 유아들의 놀이 유형과 또래집단 형성에 있어서 어떤 차이점이 있는가를 알아보고자 할 때 또는 다양한 크기의 유치원 교실을 선정하여 공간의 과밀현상에 따른 유아의 공격적 행동수준을 알아보고자 할 때, 이때의 연구목적은 환경학적인 목적으로 볼 수 있다).

② **규준발견적인 목적(normative aim)** : 관찰을 통해서 유아들의 발달적인 규준을 기술하고자 하는 경우 관찰 연구의 목적은 규준발견적인 목적이라 볼 수 있다.

③ **이론적으로 체계화하려는 목적(systematic aim)** : 관찰을 통해서 인간 행동의 보편적인 어떤 변인들 간의 관계를 조사함으로써 이론적으로 정리하고 이를 일반화시키려는 의도를 말한다.

④ **개체 기술적인 목적(idiographic aim)** : 특정한 아동을 선정하여 그를 하나의 개체로서 통합적으로 연구하고자 할 때 관찰은 개체 기술적인 목적을 갖는다(예를 들면, Axline의 『딥스』에서 아동의 성격에 따라 어떻게 문제상황을 해결하고 적응해 나가는가 하는 독특한 방식을 상세히 관찰하여 기술하고 있는 것을 들 수 있다).

이상의 네 가지 목적은 일반화의 형태나 강조점에 있어서 차이가 있으므로, 실제 유아교육기관에서 관찰의 목적을 살펴보면 다음과 같다(이윤옥, 2009).

첫째, 관찰을 통해 영유아들의 능력과 흥미를 파악할 수 있다.

둘째, 관찰을 통해 개별 영유아들의 발달수준을 상세히 기록할 수 있다.

셋째, 관찰을 통해 개별 영유아의 발달 정도를 이해한 것은 학급 또는 집단의 영유아들에게 필요한 적절한 교육과정을 계획하는데 기초가 된다.

넷째, 관찰을 통해 기록한 자료들은 교사 자신은 물론, 동료 교사 및 유아교육기관 운영자들과 의사소통하는데 유용하게 활용될 수 있다.

다섯째, 관찰을 통해 기록된 개별 영유아에 관한 누적된 기록은 부모상담 및 부모참여 교육에 적극적으로 활용할 수 있다.

결론적으로 관찰은 유아의 성장·발달에 대한 정보를 제공해 줌으로써 발달에 적합한 활동을 계획하고 문제점을 밝혀내며, 학부모에게 필요한 정보를 제공해준다. 뿐만 아니라 관찰은 교사들의 교수-학습 방법에 대한 효과를 평가하고 수정할 수 있는 기초 자료를 마련해준다(전남련 외 4인 공저, 2000).

3 관찰의 장점 및 오류와 개선방안

1) 관찰의 장점

영유아를 평가하는 방법은 다양하지만 그 중에서 관찰은 다음과 같은 장점을 가지고 있다.

첫째, 관찰은 신뢰도와 타당도는 검증되지 않았지만, 표준화 검사에서 제공할 수 없는 영유아들의 세부적인 사항을 측정할 수 있다.

둘째, 유아교육기관의 지역 및 사회적 여건을 반영한 주제로 교육과정이 운영되었을 때, 국가수준 교육과정에 입각한 표준화된 검사도구만으로 평가가 실시된다면 정확한 평가를 실시하는데 어려움이 야기될 것이다. 따라서 "표준화된 검사"와 관찰을 병행한 평가를 한다면, 다양한 관점으로 평가를 할 수 있다는 장점을 가질 수 있다.

2) 관찰의 제 문제와 개선 방안

영유아 관찰방법은 유아의 특성, 현 유아교육기관의 유아교육과정을 반영한 평가방법 등으로 많은 장점을 가지고 있지만, 관찰하는 교사의 전문성을 요구한다. 즉, 교사의 숙련되고 객관적인 관찰, 그리고 관찰결과에 대한 전문적인 해석 등이 필요하다.

유아를 관찰하는 동안 다음과 같은 오류를 범할 수 있으므로 오류를 범하는 몇 가지 요인과 오류를 최소화시킬 수 있는 방법에 대해 살펴보고자 한다.

(1) 관찰오류의 첫 번째 요인은 관찰대상 유아에게 미치는 관찰자의 영향이다.

관찰자가 관찰장면에 있다는 것 자체가 어떤 영향을 미치게 되어 관찰자가 있는 장면은 특수한 상황이 된다.

① 관찰대상 유아가 관찰자의 존재를 덜 의식하도록 충분한 시간을 두고 관찰자의 존재에 익숙해지게 하는 것이다.
② 관찰자가 관찰대상 유아의 눈에 띄지 않는 방법을 택하는 것이다. 즉, 일방경(one-way mirror)이 설치된 관찰실을 사용하거나 CCTV 카메라를 장치해 놓고 모니터를 통해 관찰·기록하거나 관찰행동을 녹화한 후 나중에 평정하는 방식을 택할 수 있다.
③ 관찰상황에 유아에게 친근한 사람, 부모나 교사에 의해 관찰을 수행하게 하는 방법을 사용할 수 있다.

(2) 관찰오류의 두 번째 요인은 관찰자가 범하는 오류이다.

① **관찰자의 기대** : 관찰자가 관찰상황 속에서 일어나는 행동을 사실적으로 기록하는 것이 아니라 일어나기를 기대하는 방향으로 기록함으로써 오류를 범하는 것이다. 관찰자가 관찰결과에 대해 어떤 개인적인 기대를 할 때 이로 인해 편견이 생길 수 있는 것이므로 주의해야 한다.

② **과대한 일반화** : 이 오류는 관찰자 개인적인 경험에 의해 생기는 지나친 일반화 문제이다. 관찰자에게 어느 정도 익숙한 경험은 어떤 현상으로 당연한 것으로 간주하게 되는 경향이 있으므로 이 같은 경향은 어떤 행동의 중요성이나 특성을 상세히 변별하는 것을 어렵게 만들 수도 있다.

③ **후광효과** : 후광효과(halo effect)는 평가할 때 관찰유아 주변의 요소가 평정에 적용하는 영향을 말한다. 즉, 관찰유아에 대한 사전 정보나 호감, 인상이 평정에 영향을 주어 관찰유아를 과대, 혹은 과소평가할 수 있다. 원래 'halo'란 달이나 태양이 갓을 쓰고 있을 때 희미한 빛이 원둘레에 나타나는 현상으로 한 가지 요소가 주변까지 영향을 끼치는 것을 말한다. 예를 들면, 어떤 아이의 성적이 좋았으면 그 아이는 성격도 좋을 것이라고 생각하거나 용모나 자태가 의젓하면 지능이나 품성도 좋을 것이라고 판단하는 경우이다. 관찰자는 관찰유아의 어떤 특정한 행동 때문에 관찰유아의 전반적인 평가에 영향을 미치지 않도록 주의해야 한다.

④ **주관적 해석의 가능성** : 관찰자가 범하기 쉬운 또 다른 오류는 타인의 행동에 대한 주관적 해석으로 자신의 느낌에 기초하여 행동을 해석하는 경향이다. 다른 사람의 행동도 자신의 경험내용과 같으리라는 가정은 어떤 현상에 대해 사실과는 전혀 다른 설명과 해석을 하게 한다. 그러므로 관찰자는 관찰한 행동을 사실적으로 기술하고 여러 정보들을 비교분석하여 종합적인 추론이 가능하도록 유아발달이나 문제행동에 대한 이론적 배경지식이 필요하다. 아울러 의도적으로 이 같은 요인의 개입을 최소화시키도록 노력하고 관찰 훈련을 통해 보다 객관성 있는 관찰을 할 수 있도록 기술을 발전시켜야 한다(전남련 외 4인 공저, 2009).

(3) 관찰오류의 세 번째 요인은 관찰도구 선택에서 나타나는 오류이다.

관찰자는 체계적인 기록을 통해 정보를 수집하기 위한 관찰도구를 선택한다. 관찰자는 관찰의도를 분명하게 한 후 무엇을 관찰하려는지, 어떤 기법을 사용하려는지, 선택한 도구는 적당한가 등을 고려하여 관찰도구와 관찰기법을 선택한다. 적절한 관찰도구를 사용한다고 해서 모든 문제가 해결되는 것은 아니지만 다음의 표에 제시되는 여러 요소들을 고려하여 관찰도구를 선정한다면 관찰한 행동에 대해 타당하게 설명할 수 있을 것이다. 관찰도구를 선택할 때 고려해야 할 사항을 제시하면 다음과 같다(김지은, 김진숙, 1999).

〈표 1-1〉 **관찰도구 선택 시 고려해야 할 사항**

<table>
<tr><th></th><th>고려 사항</th><th colspan="2">내용</th></tr>
<tr><td rowspan="3">1</td><td rowspan="3">도구는 어떤 목적으로 만들어졌는가?</td><td colspan="2">• 진술한 목적과 일치하는가?</td></tr>
<tr><td colspan="2">• 무엇을 관찰할 것인가?</td></tr>
<tr><td colspan="2">• 특별한 이론적 접근에 의해 절차가 제한되는가?</td></tr>
<tr><td rowspan="4">2</td><td rowspan="4">관찰자 신뢰도는 얻을 수 있는가?</td><td colspan="2">• 관찰하려고 하는 행동은 중복되지 않고 항목 분류가 정확한가?</td></tr>
<tr><td colspan="2">• 두 사람 이상의 관찰자가 관찰한 행동은 같은 항목으로 분류할 수 있을 만큼 항목의 범위가 좁은가?</td></tr>
<tr><td colspan="2">• 관찰자 해석은 필요한가, 혹은 필요하지 않은가?</td></tr>
<tr><td colspan="2">• 신뢰도가 제시되었는가?</td></tr>
<tr><td rowspan="2">3</td><td rowspan="2">어떤 도구가 사용되었는가?</td><td colspan="2">• 항목체계 : 관찰한 모든 행동의 단위가 열거한 항목의 하나로 분류된다.</td></tr>
<tr><td colspan="2">• 부호체계 : 표집된 행동목록이 일정시간 동안 관찰될 수도 있고, 관찰 안 될 수도 있다.</td></tr>
<tr><td rowspan="4">4</td><td rowspan="4">적절한 표집절차가 사용되었는가?</td><td>표집방법</td><td>• 시간표집 : 정해진 시간 내에 행동이 일어났는가를 기록
• 사건표집 : 사건이 일어날 때마다 기록</td></tr>
<tr><td>실행가능성</td><td>• 표집대상인 개인을 어떻게 관찰할 것인가?
• 관찰시간
• 정해진 시간과 대상 내에서 자세한 관찰이 가능한가?</td></tr>
<tr><td>기록방법</td><td>• 기록방법이 복잡한가?
• 세기표(/), 혹은 부호가 사용되었는가?
• 부호를 사용한다면 기록용지에 부호가 나타나 있는가?
• 기록용지의 작성</td></tr>
<tr><td>대표성</td><td>• 행동의 표집 크기</td></tr>
</table>

	고려 사항	내용	
			• 관찰시간 • 대상 크기
5	타당도는 언급되었는가?	• 관찰한 행동이 추론이나 해석과 관련이 있는가? • 관찰자 편견이 나타나 있는가?	
6	관찰도구를 사용하기 위해 훈련기간이 얼마나 필요한가?		
7	다른 연구에서 관찰도구를 사용해 보고된 것이 있으면 그 결과는 어떠한가?		
8	목적에 맞도록 관찰도구의 어떤 부분을 수정해야 하는가?		

자료 : 이윤옥(2009). **영유아행동 관찰 연구**. 서울: 신정.

이 밖에도 관찰의 중요한 단점 중의 하나는 규준이 없다는 것이다. 표준화 검사와는 대조적으로 관찰은 개별적 영유아에 대해 수집한 자료를 비교해 볼 수 있는 규준을 가지고 있지 않다는 문제점이 있다(장휘숙, 한건환, 2005).

(4) 관찰의 오류를 줄일 수 있는 방안

관찰자가 지니고 있는 여러 가지 특성으로 기인한 관찰의 오류를 줄일 수 있는 방안을 제시하면 다음과 같다(전경원, 2001).

첫째, 관찰자가 관찰장면에 있다는 사실을 관찰대상자가 의식하고 있을 경우에는 충분한 시간을 두어 관찰자의 존재에 익숙해지도록 만든다.

둘째, 관찰자가 관찰결과에 대해 개인적인 기대를 갖고 있을 경우, 자료 수집에서의 편파성이 높아지므로 이때에는 연구자 자신이 직접 관찰하기보다는 관찰자를 훈련시켜 관찰결과에 대한 기대를 알리지 않고 자료를 수집하는 것이 좋다.

셋째, 관찰자는 자신의 익숙해진 경험에 의해 어떤 관찰현상을 당연한 것으로 여기게 되는 과대 일반화 현상을 보이게 되어 어떤 행동의 특성이나 의의를 상실케 할 수 있다. 즉, 관찰자가 다른 사람의 행동도 자신의 경험과 같으리라는 가정 하에서 어떤 현상에 대해 사실과는 전혀 다르게 주관적으로 설명하고 해석하게 되는 경우가 있는데, 이런 관찰자의 영향을 최소화하기 위해서는 관찰자를 훈련하여야 한다.

마지막으로 관찰에서 흔히 제기되는 문제는 관찰자가 관심을 가진 특성이나 개념을 얼마나 관찰행동으로 잘 정의하고 범주화하느냐이다. 특히 관찰자에게 제기되는 어려움 중의 하나로 행동과 구인(구성개념) 간의 간격을 좁히는 일이다. 실제 관찰한 행동에 기초한 연구과정이 논리의 비약이 없는 과학적인 경우이어야 한다. 이러할 때만이 해당 행동특성의 설명을 적절하게 해줄 수 있으며, 관찰결과에 대한 확신을 가질 수 있기 때문이다. 다음은 관찰범주 설정의 오류를 범하지 않기 위해 고려해야 할 사항을 제시한 것이다.

〈표 1-2〉 **관찰범주 설정 시 고려할 사항**

	내용
용어의 객관성	관찰 가능한 행동적 용어를 사용한다.
심리적 특수성	심리학적으로 명료한 용어를 사용한다.
이론적 통합성	행동의 범주들이 이론적으로 상호 관련성을 지니면서 체계적인 특성을 갖도록 한다.

자료 : 이윤옥(2009). **영유아행동 관찰 연구**. 서울: 신정.

3) 객관적인 관찰을 위해 요구되는 사항

객관적인 관찰을 위해 관찰에서 신뢰도, 타당도가 필요하다. 이와 관련하여 황해익, 송연숙, 정혜영(2003)의 저서를 중심으로 살펴보고자 한다.

(1) 관찰에서의 신뢰도 문제

신뢰도라 함은 관찰이 얼마나 일관적이고 안정적인가를 나타내는 지수다. 신뢰도에는 관찰자 내 신뢰도와 관찰자 간 신뢰도가 있다. 관찰자 내 신뢰도는 1명의 관찰자가 같은 장면을 두 번 이상 관찰·기록하였을 때 같은 결과가 나오는 것으로 자신의 관찰기록 간에 일관성을 알아보는 방법이다. 보통 관찰장면을 비디오로 녹화하여 같은 장면을 반복해 보면서 이들에 대한 기록 간의 일치 정도를 나타내는 것으로 객관적인 관찰・기록을 위한 훈련 과정에서 필요하다.

관찰자 간 신뢰도는 '같은 장면'을 두 명 이상의 관찰자가 독립적으로 관찰하였을 때, 관찰자 간 일치 정도를 말하며, 이는 곧 관찰 기록의 안정성, 또는 일관성을 의미한다. 관찰자 간 신뢰도는 .80 이상 나오는 것이 바람직하다. 관찰자 간 신뢰도 산출방법은 다음과 같다.

$$\text{관찰자 간 신뢰도} = \frac{\text{관찰자 간 상호 일치한 빈도}}{\text{관찰자들의 총 관찰 빈도}} \times \text{관찰자 수}$$

(2) 관찰에서의 타당도 문제

타당도란 관찰하고자 하는 것을 실제 관찰하고 있느냐의 문제다. 우리가 관찰하고자 의도한 것과 실제 수행한 관찰이 같은 것이 아니라면 관찰은 신뢰할 수 없다.

관찰의 타당도란 실제 행동을 잘 반영하고 대표할 수 있는 행동을 관찰하는가에 달려 있다. 관찰하기 쉬운 장면 또는 관찰하기 쉬운 행동들만을 관찰한다면 처음에 의도했던 관찰목적과는 다른 행동들에 대한 관찰이 이루어지기 쉽다. 따라서 측정하고자 하는 행동을 가장 잘 관찰할 수 있는 장면, 상황, 시간을 선택하여 관찰하고자 의도했던 행동의 대표적인 표본이 관찰될 수 있도록 계획하고, 관찰・기록해야 한다.

추론과 해석을 하고 관찰자료를 근거로 일반화를 하고자 할 때 여러 가지 유형의 타당도를 고려해야 하는데 다음과 같다.

① 내용 타당도

관찰절차를 위한 가장 기본적인 형태의 타당도로서 '관찰은 관심의 대상이 되는 행동을 적절하게 표집하고 대표하는가?', '관찰의 질문은 충분하게 다듬어졌는가?', '관찰범주는 직접 관련된 문제를 모두 포함했는가?' 등의 항목에 대한 점검이다. 이러한 내용 타당도는 관찰자 자신뿐만 아니라 외부 전문가 집단에 의뢰하는 등 주관적 판단에 의존하기에 타당도 계수를 산출하지 않는다.

② 공인 타당도

관찰행동은 검사결과, 학업성취, 부모의 보고서 등과 같은 외적 준거와 일치하는지를 살펴보는 타당도이다. 관련성이 높을수록, 즉 관찰을 기초로 해서 내린 추론을 지지해 주는 증거자료가 많을수록 관찰은 더욱더 타당성을 지니게 된다.

③ 예언 타당도

관찰결과가 미래의 발달 성취와 연관되며 예측 가능한지를 살펴보는 타당도로 현재의 관찰결과가 미래의 행동이나 발달 사이에 상관이 높을수록 예언 타당도가 높다고 한다.

④ 구인 타당도

관찰도구를 개발하는 사람이 생각해야 할 가장 중요한 질문으로 실제로 관찰된 목표행동이 관찰자가 특별히 관심을 갖는 심리학적 개념이나 이론적 구성요인을 얼마나 잘 나타내는가 하는 것이다.

4) 윤리적인 문제

영유아들의 행동을 연구하는 관찰자는 영유아의 올바른 성장을 위해 관찰시 발생할 수 있는 윤리적인 문제를 간과해서는 안 된다.

윤리적인 문제는 연구 참여를 위한 사전 동의 및 비밀보장, 심신상해 문제 등을 들 수 있다.

첫째, 연구 참여를 위한 사전 동의 및 비밀보장은 먼저 관찰하고자 하는 기관이나 장소에 가기 전에 관찰의 목적, 대상, 시간 등을 명시한 허가서를 제출하고 미리 허가를 받아야 한다.

또한, 관찰하고자 하는 유아의 부모 또는 보호자에게 관찰의 목적 및 방법, 관찰결과의 사용범위 등에 대한 설명이 우선되어야 한다. 관찰연구에 참여하게 되면서 알게 된 개인정보나 관찰결과에 나타난 제반적인 결과에 대해서는 비밀이 보장되어야 하며 조심성 있게 보관되어야 한다. 즉, 관찰결과 나타난 유아에 관한 정보는 유아, 유아의 부모나 보호자, 또는 부모가 승낙한 사람에게만 제공되어야 한다. 유아의 교육이나 양육에 대한 책임을 짐에 따라, 정보와 프라이버시에 대한 어떤 법적 요구를 받을 수도 있다는 것을 분명히 알 필요가 있다.

다음은 이런 내용이 담겨 있는 동의서 양식의 예이다.

관찰 동의서

유아의 발달 연구를 위해 관찰자, 관찰상황, 기록에 대한 동의를 구합니다. 아래의 허락 서명 없이는 귀 자녀에 대한 관찰과 연구를 하지 않을 것입니다. 귀 자녀를 관찰하고 연구하는 데 동의하신다면 아래의 항목에 서명하여 주시기 바랍니다.
대외적으로 유아의 실제 이름은 공개하지 않으며 정보 기록은 객관적으로 쓰여질 것이고, 전문적으로 다루어지며 비밀 유지를 하겠습니다.

- 유아명 :
- 허락하시는 방법에 표시해 주십시오.
  관찰 · 기록(　) 사진 촬영(　) 녹음(　) 녹화(　)
- 수집된 자료에 대해 부모님이 요청하실 경우 복사본이 제공됩니다.
- 집 주소(　　　　　　　　　　　　　　　　　　)

＿＿＿＿＿년 ＿＿＿월 ＿＿＿일

보호자＿＿＿＿＿＿＿＿＿인/서명

감사합니다.

자료 : 황해익, 송연숙, 정혜영(2003). **유치원교육과정에 따른 유아행동 관찰법**. 서울: 정민사.

둘째는 심신상해 문제이다.

영유아를 대상으로 하는 연구자는 영유아들이 성인과 달리 의사표현을 제대로 할 수 없으므로 연구에 참여하는 영유아들이 신체적·정신적 피해가 발생하지 않도록 유의하여야 한다. 예를 들어 부정적인 행동이나 공격적 행동의 경험들과 관련한 연구 참여들을 들 수 있다. 즉, 이러한 연구 참여로 인하여 연구가 완료된 이후에 연구과정의 경험이 영유아의 성장·발달에 부정적인 영향을 미친다면 다른 연구방법을 모색해 보아야 한다.

4 관찰을 위한 지침

유아교사 및 예비교사들에게 있어 유아들을 객관적으로 관찰할 수 있는 방법에 대한 교육은 필수적인 사항이다. 유아관찰에 필요한 관찰지침을 설명하기 전 관찰의 종류에 대해서 살펴보면 다음과 같다.

1) 관찰의 종류

(1) 관찰대상자와 상황에 대한 통제 정도에 따른 구분

관찰은 관찰장면에 가해지는 통제의 유무에 따라 자연적 관찰(naturalistic observation)과 통제된 관찰(controlled observation)로 나눌 수 있다.

① 자연적 관찰(naturalistic observation)

자연적 관찰은 있는 그대로의 자연스런 상황에서 관찰이 이루어지며, 관찰장면에서 일어나는 다양한 현상을 아무 제한 없이 관찰하는 것을 뜻한다. 즉, 관찰장면에서 발생하는 행동과 사상을 있는 그대로 관찰하는 것이다. 그러나 자연관찰은 관찰하고자 했던 행동이 해당시간 동안 나타나지 않을 수도 있는 점을 통제하지 못하기 때문에 시간이나 비용이 많이 드는 단점을 가지고 있다. 그렇지만 다양한 분야의 방대한 정보를 얻을 수 있다는 장점도 가지고 있다(최은희, 2011).

② 통제된 관찰(controlled observation)

통제된 관찰은 학자(곽금주, 2002)에 따라서 유사관찰(analogue observation)이라고도 한다. 이 관찰방법은 관찰하고자 하는 상황을 인위적으로 만들어 제시하므로 관찰하고자 하는 행동반응을 이끌어 내기는 쉬워도 관찰 진행상 효율적이지만, 조작된 상황이므로 자연적인 상황과 같다고 볼 수 없다는 본질적인 한계가 있다(최은희, 2011).

(2) 관찰자의 관찰상황에 대한 개입 여부에 따른 구분

관찰자가 대상집단의 일원으로 현장에 참여하는가 하지 않는가에 따라 참여관찰과 비참여관찰로 나눈다.

① 참여관찰(participant observation)

연구자가 관찰하는 대상의 집단 속에 들어가서 그 집단의 한 구성원으로서의 역할을 갖고 행동하면서 관찰하는 방법이다. 참여관찰은 관찰의 기회가 많고 다량의 정보를 수집할 수 있으나 대체로 시간의 소비가 많고, 관찰장면에 연구자가 참여하기 때문에 객관성 유지에 문제가 있다.

② 비참여관찰(non-participant observation)

관찰자가 현장에 있으나 그 장면에서 일어나는 활동에 전혀 개입하지 않고 관찰만 하는 경우를 말한다. 가장 바람직한 비참여관찰의 예는 일방경(one-way mirror)을 통해서 관찰이 이루어질 때라고 할 수 있다. 참여관찰에서보다 관찰의 기회가 적고 정보는 제한되지만, 연구자가 객관성을 유지하기에는 더 용이하다.

2) 관찰을 위한 지침

교육현장에서의 관찰은 목적이 있어야 하며, 체계적이고 정확하며, 상세해야 한다는 것을 염두에 둔다면 무계획적이고 아무렇게나 이루어지는 관찰이 아니어야 한다는 것을 알게 된다. 관찰 계획에서부터 실제 관찰, 관찰결과의 활용 등이 유기적으로 조직되어야 한다. 실제 유아 학급에서의 관찰절차를 관찰 전 활동, 관찰 활동, 관찰 후 활동으로 나누어 살펴보자.

(1) 관찰 전 활동

유아 학급을 관찰하기 위한 관찰 전 활동은 관찰에 대한 계획을 세우는 것이다. 관찰계획은 관찰의 목적, 대상, 방법, 평가 등 실제에 대한 종합적인 설계도이므로 매우 중요하다.

① 관찰계획

첫째, 관찰목적을 설정

둘째, 관찰행동의 표집 : 참여대상을 선정하여 그 대상의 행동을 범주화하고 행동단위를 결정하는 것이다. 이때 관심 있는 행동을 가장 잘 대표할 수 있는 표본을 얻도록 하는 것이 중요한데, 시간적 차원에서 대표성 고려(황해익, 임재택, 1996)

셋째, 시간적 차원의 연속성 : 관찰을 언제 하느냐 또는 얼마나 오랫동안 하느냐에 관한 문제

넷째, 공간적 차원의 대표성 : 한 번 관찰할 때 대상의 어떤 행동에 초점을 두며 행동 단위를 얼마나 세분화할 것인가에 관한 문제다. 즉, 일정한 시간 내에 관찰한 유아의 모든 행동을 기록할 것인가 또는 특정 영역에 관심을 갖고 그 영역의 행동에만 초점을 맞추어 기록하는가에 관한 문제다. 예를 들어, 유아의 공격성을 관찰하면서 신체적 공격성이나 언어적 공격성 모두를 포함할 것인지, 둘 중 한 가지만 초점을 맞출 것인지, 만일 언어적 공격성에만 초점을 맞춘다면 욕설과 같은 공격적 어휘를 볼 것인지, 아니면 위협하는 듯한 어조까지 포함시킬 것인지 등을 의미하는 것이다. 이를 위해서 관찰대상의 행동에 대한 분명한 정의와 그 행동이 구체적으로 어떻게 나타나는지 그 하위 행동 범주 설정

다섯째, 관찰장면(setting) 선정 : 관찰자가 보고자 하는 행동이 가장 잘 발생하는 장소와 상황을 선택하는 것이다. 예를 들어 유아의 조력행동을 관찰하고자 한다면 조력행동이 빈번하게 발생하는 장소가 모래놀이터인지 교실의 미술 영역인지를 결정해야 하며, 미술 영역으로 결정을 하였다면 조형물을 구성하는 상황을 선택할 것인지 협동화 그리기 시간을 선택할 것인지 결정

② 관찰의 기록방법

관찰의 기록방법에는 서술형, 약호형, 기계에 의한 기록이 있다.

- 서술형 : 고정된 양식 없이 행동과 사건의 전모를 그대로 이야기하듯 기록하는 방법으로 유아전기, 표본식 기록, 일화기록, 서술식 사건표집 등이 이에 해당한다. 서술형의 경우 특별한 사전 준비물이 필요 없으며, 사건이 발생한 주변 상황에 대한 정보 및 사건의 전후 관계를 파악할 수 있다는 장점이 있다.
- 약호형 : 관찰 기록을 위해 사전에 특정 양식을 준비하여 기록하는 형태로 행동목록형식, 평정척도형식, 시간표집 등이 여기에 속한다. 약호형은 관찰하려는 행동에 대한 조작적 정의를 한 뒤 그러한 행동이 출현하였을 때 어떤 부호로 기록할 것인지를 사전에 결정하는 방법으로 행동의 시작과 끝이 분명한 경우에 적절하다.

그리고 최근 기술의 발달로 기계에 의한 기록이 널리 이용되고 있다. 기계에 의한 기록은 녹음기, 사진기, 비디오, 카세트, 컴퓨터 등 여러 가지 장비를 이용하여 간편하고 정확한 기록 및 장기적 보관을 위해 최근 점차로 그 사용이 증가하고 있다.

(2) 관찰활동

관찰 전 활동에서 관찰계획을 잘 수립했다면, 관찰계획에서 결정한 목적에 따라 관찰장면과 상황을 선정하여 관찰을 실제로 실시하고 기록하는 단계이다.

우선 관찰장면의 있는 그대로의 현상을 주의 깊게 살펴보는 과정이 필요하다. 관

찰장면을 주의 깊게 살펴본다는 것은 시각적인 관찰이 주된 방법이겠지만 청각, 후각, 촉각, 미각 등 모든 감각기관을 이용하여 살펴볼 수 있다. 아이들이 노는 모습을 보고, 그들의 말소리를 듣고, 그들 주변에서 나는 냄새를 맡고, 유아들의 몸의 열기를 느끼고, 그들이 만든 음식물의 맛을 보는 것 모두가 관찰의 방법이다.

물론 이때 직접 관찰현장에 참여하여 관찰을 실시할 수도 있고, 녹화나 녹음을 통해 관찰을 실시할 수 있으며, 이후 단계인 기록 단계를 동시에 실시할 수도 있고, 관찰 후 기록할 수도 있다.

관찰 기록은 가능하면 행동 발생 당시에 기록하는 것이 좋다. 즉각적인 기록이 이루어지지 못해서 기억에 의존하여 기록을 할 경우 오류가 발생할 수 있다. 기억이란 특징적인 것에 몰두하여 다른 장면이나 현상을 많이 관찰했다고 하더라도 인상적이었던 장면만을 기억하게 된다. 또는 기억한 것을 기록할 때까지의 경험이 기억을 희석시키기도 한다.

기록을 할 때 도움이 되는 몇 가지 준비물들을 살펴보면 작은 수첩, 접착식 메모지, 목걸이형 펜, 주머니 달린 앞치마, 미니 녹음기 등이 있다.

(3) 관찰 후 활동

관찰 후 활동은 관찰계획에 따라 수집한 관찰자료에 대한 정리, 요약, 활용 등이 포함된 활동으로 구체적으로 관찰 기록에 대한 추론, 평가, 결과 활용을 의미한다. 추론은 객관적 서술을 넘어 관찰된 행동의 원인, 그 행동을 할 때의 감정 등을 추측해 보는 것으로 어떤 행동이나 사건의 원인, 개인적 동기, 행동의 목적을 설명하려는 시도를 말한다. 즉, 실제로 보지 못한 이면에 대해 추측하는 단계이다.

이 단계에서는 관찰자의 참여대상에 대한 사전 정보나 발달이론에 대한 지식이 영향을 미치게 된다. 추론의 단계는 관찰자의 주관이 개입될 위험이 많은 단계이므로 매우 신중하게 이루어져야 한다. 어떤 추론을 내리려면 그러한 추론이 가능한 근거 행동을 명확히 하고 가능하면 한 가지 행동이 아닌 다양한 상황에서 나타나는 행동에 근거하여 추론을 내려야 한다. 추론이 적을수록 관찰의 신뢰도는 높다고 할 수 있으며, 많은 추리가 필요한 경우 행동의 의미를 신중히 파악해야 하고, 사전에 많은 훈련이 필요하다.

평가는 객관적으로 관찰 기록한 자료의 내용이 유아의 어떤 특성을 나타내는지를 결정하는 것이다. 수집된 자료들을 각 교육과정 영역별로, 그리고 시간 순서로 편집하여 유아들이 어떻게 발달하고 있는지, 그리고 그 발달의 수준이 어느 정도인지 판단한다.

이는 관찰에서 가장 주의를 기울여야 할 부분이다. 왜냐하면 이것은 행동에 어떤 가치를 부여하는 것이기 때문이다. 유아의 어떤 행동이 바람직한가 혹은 바람직하지 않은가, 긍정적인가 아니면 부정적인가, 정상적인 발달을 하고 있는가 아니면 발달이 지체되어 있는가를 판단하는 것이다.

끝으로 관찰자료는 다양한 교육활동에 피드백(feedback)되어야 하는데, 그것을 결과활용이라 명명하였다.

결과활용단계는 관찰이라는 과정에 직접 포함된 것이라기보다 관찰자료에 근거해서 교육적 개선을 위한 추후활동을 의미한다. 즉, 관찰한 것을 바탕으로 유아에게 필요한 교육활동을 준비하거나, 교사의 교수법을 바꾸거나, 부모와의 의사소통에 이용하거나, 추후 유아를 다른 기관에 의뢰할 때 기초 자료를 제공하는 등의 방식으로 활용할 수 있다.

관찰의 절차를 간략하게 요약하면 〈표 1-3〉과 같다.

〈표 1-3〉 **관찰의 절차**

관찰 전 활동	계획	• 관찰의 목적 • 관찰행동의 표집 (시간적 연속성, 공간적 대표성 고려) • 관찰장면의 선정 • 기록방법 선택
관찰활동	관찰	• 모든 감각기관 활용
	기록	• 관찰내용은 반드시 기록(동시, 혹은 사후) • 객관적 기록
관찰 후 활동	추론	• 행동의 동기, 원인, 목적 등을 추측
	평가	• 행동에 대한 가치부여
	결과 활용	• 교육과정에 반영, 유아 평가, 부모면담

자료 : 황해익, 송연숙, 정혜영(2003). 유치원교육과정에 따른 유아행동 관찰법. 서울: 정민사.

관찰의 Tip

■ **하나. 객관적인 관찰 기록이어야 한다.**

〈주관적인 기록을 피하기 위한 방법〉

① 관찰대상이 실제로 행동한 것만 기록해야 한다.

『객관적인 관찰 기록 : 행복한 듯 큰소리로 웃었다. (○) 행복해 보인다. (×)』

② 참여대상의 말을 사실 그대로 직접화법으로 기록해야 한다.

『직접화법으로 기록 :
-. 수빈이는 거북이 모양의 인형을 들고 두리번거리다 예림이 앞에 가서 "자."라고 말하자 예림이는 "나 필요 없어."라고 말한다. (○)
-. 수빈이는 예림이 앞에 가서 거북이 모양의 인형을 주었다. 그러나 예림이는 필요 없다고 말했다. (×)』

③ 관찰대상의 행동을 구체적으로 기록해야 한다.

『구체적으로 기록 : "블록 좀 빌려줘"하 며 작은 블록을 가져가자 아무 말 없이 민우의 팔을 내리쳐서 블록이 땅으로 떨어졌다. (○) 영성이가 친구를 때린다. (×)』

④ 사물을 관찰할 때에도 눈에 보이는 그대로 묘사하여야 하며, 관찰자의 추측이나 예측을 통한 관찰은 피해야 한다.

『관찰자의 추측이나 예측을 통한 관찰은 피해야 한다. :
-. 책장 앞에 있는 시계의 모양은 양쪽 기둥에 천하·지하 대장군 두 개가 서 있고 그 안에 둥근 시계가 있다. 시계 바늘은 긴 바늘은 1과 2 사이에 놓여 있고 작은 바늘은 6과 7사이에 놓여 있다. (○)
-. 책장 앞에 있는 시계의 모양은 양쪽 기둥에 천하·지하 대장군 두 개가 서 있고 그 안에 둥근 시계가 있다. 시계는 1시 35분이며, 한국적인 멋을 내기 위해 천하·지하 대장군을 세워 놓은 것 같다. 그리고 시계는 고장 난 것 같다. (×)』

■ **둘. 관찰 기록은 6하 원칙(5W 1H)으로 기술**

-. 6하 원칙(누가, 언제, 어디서, 무엇을, 왜, 어떻게)으로 기술시 유의사항

◆ '왜, 어떻게'에 유의하세요.

첫째, '왜'는 현재의 행동에 대한 원인이나 이유를 기록하는 부분이다. 관찰 기록은 있는 현상을 일어난 순서대로 있는 그대로 기록하는 것이니 결국 어떠한 추론을 내릴

수 있도록 제시되어야지 관찰자가 기록을 하면서 마음대로 추론을 해서는 안 된다.

〈예〉
☼1: '민수가 정희의 머리를 때렸다. 정희가 "왜 때려!" 하며 민수의 팔을 꼬집었다' (○)
☼2: '민수가 정희를 때렸기 때문에 정희가 민수를 꼬집었다' (×)

두 개의 기록을 비교해보면, 앞의 기록은 있는 현상을 순서대로 기술하였을 뿐 관찰자의 의견이나 추론이 개입되어 있지 않다. 반면에 두 번째 기록은 관찰대상자가 '왜' 그런 행동을 했는지에 대한 관찰자의 추론이 개입된 기록이다.
이러한 기록은 관찰 기록을 읽게 될 다른 사람들에게 객관적 자료를 제공한다는 점에서도 필요하지만 관찰자가 관찰대상에 대해 즉각적 인상으로 판단하는 것이 아니라 많은 자료와 상세한 주변 정황을 종합하여 행동을 평가하게 된다.

둘째, 우리가 행동이나 상황을 기록한다는 것은 '어떻게' 하고 있는가에 대해 기록하는 것이다.
'누가', '언제', '어디서', '무엇을' 하는지를 기록하는 것은 명확하게 기록할 수 있는 반면에 '어떻게' 하고 있는지를 기록하는 것은 상당히 미묘한 문제다. '어떻게' 하고 있는지의 부분은 행동을 서술하는 부분으로 주로 우리가 사용하는 어휘 중 동사, 부사, 형용사를 통해 표현된다.

〈예〉
☼1: '혜영이가 천진스럽게 웃는다'
이 기록을 읽는 사람들은 쉽게 혜영이가 천진스럽다고 판단을 내리게 될 것이다. 즉, 부사의 의미에 따라 한 유아에 대한 판단을 내린 것이다. 여기서 강조하고자 하는 것은 동사의 의미를 한정시켜 주는 부사의 사용과 추론이나 판단에 영향을 미치는 부사의 사용에 민감해지라는 것이다. 동사의 의미를 명확히 해주는 부사를 적절히 사용하고, 해석적으로 이용될 여지가 있는 부사는 피하되, 사용되었다고 해서 쉽게 판단을 내리지 말라는 것이다.
☼2: '혜영이는 천진스럽다'
이 기록은 짧은 특정 순간 유아의 행동을 보고 한 유아에 대한 판단을 내린 것이다. 판단은 많은 기록들이 모인 뒤 종합해서 내리는 것이 바람직하며, 특정 순간 유아의 한 단면으로 평가를 내리지 않아야 한다.

사람이나 사물의 상징이나 상태를 나타내는 형용사 또는 형용사구 역시 마찬가지이다. 예를 들어 '영리한 영미는 문제를 쉽게 해결했다'라고 기록하기보다는 '영미는 자신과 짝지인 지수 앞에 각각 귤을 한 개씩 놓고 남은 귤의 껍질을 까더니 두 조각으로 나누어 가졌다'라고 기록하는 것이 바람직하다는 것이다. '영리한'이라는 형용사가 사용되었다 하더라도 한 번의 기록으로 영미에 대한 판단을 내리지 말고, 영리함을 증명해주는 다양한 기록에 근거해서 판단을 해야 한다(황해익, 송연숙, 정혜영, 2003).

■ 셋. 추론과 평가하기

추론이란 객관적 관찰 기록에서 얻어지는 2차적 자료로 기록에 제시되어 있는 것을 넘어서 행동의 원인, 그 행동을 할 때의 감정 등을 추측해 보는 것이다. 즉, 어떤 행동에 대한 객관적인 기록이 추론에는 필수적이며, 그것이 이루어지지 않았다면 후속적인 추론은 타당성을 인정받을 수 없다.

〈예〉 관찰 기록 예

찬미가 교실 문 앞에서 엄마의 옷을 잡고 울고 있다. 옷걸이에 외투를 벗어 걸고 있던 진수가 찬미에게 다가와 "야, 나랑 놀자." 하며 찬미의 손을 잡는다. 찬미는 진수의 손을 살짝 빼더니 엄마에게 안겨서 운다.

〈추론 1〉
찬미는 유치원 생활을 싫어한다.

〈추론 2〉
찬미는 신경질적인 아이이다.

〈추론 3〉
오늘 찬미는 엄마와 헤어지는 것을 싫어한다.

여러 가지 추론이 가능하겠지만 찬미가 울고 있으며 친구의 손을 뿌리쳤다는 것만을 보고 유치원 생활을 싫어한다거나 신경질적인 아이라고 추론할 수 있을까? 찬미에 대한 일회적인 기록만으로 이러한 추론을 내리기는 부족하다. 즉, 여기서 우리가 알 수 있는 것은 오늘 찬미가 엄마와 헤어지기를 싫어한다는 것 뿐이다. 흔히 교사들은 유아들의 단편적인 일화를 유아의 전체적 특성인 양 확대하는 경우가 많은데, 절대 조심해야 한다. 여기서 강조하고자 하는 것은 추론은 반드시 객관적으로 보고들은 것에 근거해서 해야 한다는 점이다.

-. 추론을 위해서는 객관적인 기록이 선행되어야 한다.
-. 추론은 기록에 나타난 것에 근거하여 실시되어야 한다.

(황해익, 송연숙, 정혜영, 2003 참고).

■ 넷. 교육과정에 관찰 결과 반영하기

객관적이고 자세한 기록 후 교사가 할 일은 추론, 평가, 그리고 적절한 교육과정을 계획하여 실시하는 것이다. 유아 관찰의 주된 목적이 유아의 흥미, 요구, 발달수준 등을 파악하여 유아에게 적합한 교육활동 및 환경을 제공하는 것이다. 교사들은 하루 일과에서 각 유아들의 관찰을 바탕으로 개별 유아에게 적절한 교육내용을 제공함으로써 유아의 전인적 발달에 기여하게 될 것이다.

관찰에 따라 교육과정을 반영하는 예를 들면 다음과 같다.

〈동화 듣기 시간〉

동화 듣기 시간에 지환이는 선생님 방향으로 오른쪽 끝 파란 의자에 앉아서 선생님의 동화를 듣고 있다. 그러나 잠시 후 지환이는 오른손을 들어 검지로 시계 반대 방향으로 동그라미를 허공에 대고 그린다. 눈은 계속 책을 향한 채로 두 손으로 왼쪽 발을 잡고 올렸다가 내린 뒤 두 손으로 왼쪽 실내화를 만진다. 선생님이 동화 구연 끝나고 "우리 친구들 오늘 동화 재미있었나요? 가장 기억에 남는 이야기 말할 수 있는 친구 있어요?" 라고 질문을 한다. 그러자 아이들이 모두 "저요! 저요!" 하고 손을 든다. 지환이는 고개를 좌우로 흔들고 상하로 움직이다 다시 고개를 숙여 실내화를 바라본다.

〈이야기 나누기 시간〉

이야기 나누기 시간에 "우리가 살고 있는 세상"이라는 영상자료를 보고 있다. 지환이도 무지개 자리에 앉아서 영상자료를 보고 있다. 영상자료 보는 것을 모두 마치고 교사는 "우리가 본 것은 어떤 것들이 나왔나요?" 하고 선생님이 질문하자, 한 유아가 "택배 아저씨가 물건을 배달하고 있어요." 옆에 있는 친구들이 "저요! 저요!"라고 손을 들었다. 그러나 지환이는 뒤를 돌아보다가 계속 발로 바닥을 치는 행동을 하였다. 그때 선생님께서 "지환이 바르게 앉아야지, 그리고 발로 바닥을 치는 행동은 하지 마세요." 하고 주의를 주었다. 지환이는 잠깐 발로 바닥을 치는 행동을 멈추다가 다시 발로 바닥을 치는 행동을 한다.

위의 기록들을 살펴보면 지환이는 이야기 나누기 시간이나 동화 듣기 시간에 나타난 행동으로 볼 때 눈은 책을 향하고 있지만 끊임없이 몸을 움직이고 만지고 현재 하고 있는 활동과 관련 없는 다른 사물에 관심을 보이는 행동패턴을 보였다. 따라서 교사는 이야기 나누기 시간이나 동화 듣기 시간에 지환이가 관심을 가질 수 있는 좌석 배치 등에 유의해야 할 것 같다. 그리고 듣기와 관련한 활동을 할 때 지환이가 자신의 생각을 표현할 수 있는 기회를 부여하면서 수업을 진행하는 방법을 강구해야 한다. 즉, 듣는 중간 중간 지환이에게 "이 다음은 어떻게 될까?", "~에 대해 어떻게 생각하니?" 등과 같은 질문 유도가 필요할 것 같다. 그리고 수업활동 중간 중간 바르게 앉기 및 집중을 유도할 수 있는 손 유희나 활동들을 계획하는 것이 필요함을 알 수 있다. 나아가 지환이가 듣기나 경청에 도움을 줄 수 있는 "귓속말로 말 전달하기" 등과 관련한 재미있는 게임활동으로 듣기에 집중하는 능력을 기를 수 있도록 교육과정을 계획한다.

CHAPTER 02

관찰방법

본 장에서는 아동행동 관찰의 다양한 방법을 서술식 방법과 기호식 방법으로 나누어 살펴보았다. 서술식 방법에는 표본식 기록과 일화기록, 사건표집법이 있으며, 기호식 방법에는 시간표집법과 행동목록법, 평정척도법이 있다. 각 관찰방법의 정의 및 특징과 장단점, 관찰 기록을 위한 지침, 예시를 제시하였다.

1 서술식 방법

1) 표본식 기록

(1) 표본식 기록의 정의 및 특징

표본식 기록(specimen record)은 관찰자가 정해진 시간동안 관찰대상인 영유아를 지속적으로 관찰하면서 영유아의 행동이나 사건을 시간의 흐름에 따라 자세하게 기술하는 방법이다. 표본식 기록은 관찰장면의 모든 상황, 즉 영유아의 말과 표정과 행동, 관찰대상 영유아가 상호작용하는 상대방의 반응, 사건의 배경과 과정 및 결과 등을 있는 그대로 묘사하듯이 기술해야 한다. 묘사하듯이 기술한다는 것은 관찰장면을 보지 않은 사람도 기록을 읽으면 마치 그 장면을 보고 있는 것처럼 떠올릴 수 있도록 자세하게 기록되어야 한다는 것을 의미한다.

표본식 기록은 관찰대상 영유아들의 모든 행동과 사건을 가능한 자세하게 기록함으로써 관찰대상 영유아에 대한 많은 정보를 얻고자 할 때 실시한다. 영유아에 대한 기본적인 정보는 발달적 측면의 이해를 도울 수 있고 영유아가 지닌 문제행동이 무엇인지, 그리고 문제행동의 원인이 무엇인지 찾아볼 수 있는 자료가 되며, 학기 초에 교사들이 영유아들에 대하여 알고자 할 때 많은 정보를 제공해 줄 수 있다.

(2) 표본식 기록의 장단점

표본식 기록의 장점과 단점을 제시하면 다음과 같다(이정환, 박은혜, 1995; 김병선, 이윤옥, 1998; 전남련, 권경미, 김덕인, 이미순, 2005).

① 장점

첫째, 표본식 기록은 관찰장면에서 일어나는 영유아의 행동이나 사건을 모두 기록하기 때문에 영유아에 대한 많은 정보를 제공해 준다.

둘째, 표본식 기록은 관찰장면의 행동과 사건을 시간의 흐름에 따라 기록하기 때문에 사건의 전후관계를 이해하는 데 도움을 준다.

셋째, 표본식 기록은 학기 초에 영유아에 대한 정보를 얻거나 영유아들이 지닌 행동의 특성 등을 파악하는 데 도움이 된다.

넷째, 표본식 기록은 최소한의 필기도구만을 필요로 하기 때문에 기호식 기록방법에 비해 관찰 전에 준비할 사항이 적다.

② 단점

첫째, 표본식 기록은 관찰장면의 모든 행동과 사건을 기록하기 때문에 기록하고 평가하는 데 시간이 많이 걸린다.

둘째, 관찰대상 영유아에 대한 가능한 많은 정보를 제공해 주는 표본식 기록은 수집된 자료의 양이 많기 때문에 자료를 분류하고 분석하는데 많은 시간과 노력, 교사의 평가능력이 필요하다.

셋째, 표본식 기록은 최대한 객관성을 유지하면서 관찰장면을 기술・해석・평가해야 하지만 관찰자의 주관이 개입될 가능성이 있다.

넷째, 표본식 기록은 관찰대상의 모든 행동을 시간의 흐름을 따라가면서 기록해야 하기 때문에 한꺼번에 여러 명을 관찰하기 어렵다.

(3) 표본식 기록을 위한 지침

관찰대상과 장면, 관찰시간을 미리 정한 후 관찰대상의 모든 행동과 말, 상황 등을 일어난 순서대로 기록하는 표본식 기록을 할 때 유의해야 할 점이 있다(Brandt, 1972, 이정환, 박은혜, 1995, 재인용; 황해익, 송연숙, 정혜영, 2011).

첫째, 표본식 기록은 보통 10~30분 정도로 한다.

둘째, 관찰 날짜, 시간, 관찰대상, 관찰자의 이름을 반드시 기록한다.

셋째, 영유아의 행동이 관찰된 장소 및 장면을 표시한다.

넷째, 보고 들은 것을 그대로 기록한다. 즉, 객관적인 사실만 기록하며 관찰자의 해석이나 주관적인 판단, 혹은 추론은 포함시키지 않는다.

다섯째, 관찰대상 영유아뿐만 아니라 영유아와 상호작용하고 있는 사람들의 말과 행동도 함께 기록한다.

여섯째, 현재형으로 기술하며 영유아의 대화는 인용부호(“ ”)에 넣어 직접화법으로 기록한다.

일곱째, 사건이 일어난 순서대로 기록한다.

여덟째, 기록지의 왼쪽 여백에 10분 동안의 기록이면 매 1분마다, 30분 동안의 기록이면 매 5분마다 시간을 표시하거나 장면이 바뀔 때마다 시간을 표시해 둔다.

아홉째, 마지막에 발달 영역별로 간단하게 관찰의 내용을 요약해둔다.

(4) 표본식 기록의 예

표본식 기록의 양식에는 관찰지침에 제시되어 있는 바와 같이 관찰대상인 영유아의 이름과 성별, 연령, 관찰 날짜, 관찰자의 이름, 관찰 시간과 장소, 교육과정영역 등이 기록되어야 한다.

〈표 2-1〉 **표본식 기록의 예**

<table>
<tr><td>관찰대상</td><td>김빨강</td><td>연 령</td><td>2세</td><td>성 별</td><td>여</td></tr>
<tr><td>관 찰 자</td><td>김은주</td><td>관 찰 일</td><td>20**년 *월 *일</td><td>관찰장소</td><td>역할 영역</td></tr>
<tr><td>관찰시간</td><td>09:15~09:30</td><td>교육과정영역</td><td colspan="3">• 의사소통: 말하기-자신이 원하는 것을 말하기
• 자연탐구: 탐구하는 태도 기르기-반복적 탐색 즐기기</td></tr>
<tr><td>시 간</td><td colspan="5">기 록</td></tr>
<tr><td>09:15</td><td colspan="5">빨강이는 역할 영역에서 배추모형을 도마 위에 올려놓고 장난감 칼로 써는 시늉을 한다. 키위 모형을 주전자에 넣더니 컵에 따르는 시늉을 하고 세은이에게 내밀며 “이거”라고 한다. 세은이는 “고마워” 하며 컵을 들고 마시는 척하고 컵을 빨강이에게 돌려주자 다시 따르는 시늉을 하고 컵을 세은이에게 내민다. 세은이는 또 “고마워” 하고 마시는 시늉을 하고 돌려주자 컵과 주전자를 책상 위에 내려놓는다.</td></tr>
<tr><td>09:20</td><td colspan="5">빨강이는 오른손엔 검은색 핸드백, 왼손에는 하얀 휴대폰을 들고 교사에게 보여주며 “고장났네”라고 한다. 그리고 휴대폰을 교사의 귀에 대주더니 “엄마”라고 한다. 교사가 “엄마 전화야?” 묻자, 또 “엄마” 하며 전화를 계속 교사의 귀에 대준다.</td></tr>
</table>

09:23	핸드백 지퍼를 열고 바닥에 떨어져 있던 배추 모형을 주워서 담은 후, 싱크대 밑 음식통 안에 담겨있던 포도, 피망, 감 모형을 꺼내 핸드백에 넣고 지퍼를 잠근다. 그리고 교사에게 오더니 핸드백을 보여주며, "이거 간식이야"라고 한다. 미끄럼틀 매트로 가서 핸드백 안에 있던 과일 모형들을 매트 위에 쏟아 놓자 아이들이 몰려와서 매트 주위에 둘러앉는다. 빨강이는 매트에 앉아 포도 모형을 들고 "냠냠" 소리를 내며 먹는 시늉을 한다. 주위에 앉아 있던 승우가 역할 영역 싱크대로 가서 컵에 물을 떠오는 시늉을 하며 컵을 가져오자, 빨강이는 피망 모형을 들고 입에 대더니 "아, 매워" 하며 승우가 가져온 컵을 받아 마시는 시늉을 한다.
발달적 요약	• 물 따라 마시기, 전화하기, 음식 먹기와 같은 일상생활과 관련된 상징놀이(symbolic play)를 할 수 있다(인지발달). • 사물(칼, 핸드백, 휴대폰, 컵)을 용도에 맞게 사용할 수 있다(인지발달). • 지퍼를 열고 닫을 수 있는 눈과 손의 협응력, 소근육이 발달되어 있다(신체발달). • "이거", "엄마" 한 단어를 주로 사용하며 의사소통한다(언어발달).
교수계획	• 일상생활과 관련된 다양한 상징놀이 경험을 제공한다. • 상징놀이를 하면서 상호작용을 통해 문장으로 의사를 표현할 수 있도록 지도한다.

2) 일화기록

(1) 일화기록의 정의 및 특징

일화기록(anecdotal record)은 관찰 대상이나 장소, 시간을 미리 정해두고 관찰하는 표본식 기록과는 달리, 일과 중에 일어나는 여러 가지 사건들 가운데 영유아들의 발달과정을 이해하는 데 도움이 되거나 문제행동을 파악할 수 있는 행동이나 사건을 간단하게 기록하는 방법이다. 또한, 일화기록은 정해진 관찰시간 동안 일어나는 모든 행동과 사건을 기록하는 표본식 기록과는 달리 하나의 사건을 누가, 언제, 어디서, 무엇을, 어떻게 했는지 기록하는 것이다. 일화기록은 시간과 장소의 구애 없이 언제, 어디서든지 관찰자가 기록할 만한 이유나 흥미가 있는 사건이라고 생각되는 일화들을 간단하게 기록하는 것이기 때문에 현장에서 가장 많이 사용되는 관찰기록 방법 가운데 하나이다.

특정 사건만을 단편적으로 기록하는 일화기록에 반해, 연속기록(running record)은 시간의 흐름에 따른 사건의 순차성을 보여주는, 즉 목표로 하는 어떤 행동의 변화에 초점을 맞춘 추적기록이라는 점에서 일화기록과 차이가 있다. Clay(1993)에 의해 표준화된 연속기록은 예를 들면, 시간의 흐름에 따라 소리 내어 읽는 행동에 어떠한 변화가 있는지에 초점을 맞추어 연속적으로 기록하는 것이다.

(2) 일화기록의 장단점

일화기록의 장점과 단점을 제시하면 다음과 같다(이정환, 박은혜, 1995; 김병선, 이윤옥, 1998; 전남련 외, 2005; 황해익 외, 2011).

① 장점

첫째, 영유아의 말이나 행동을 보다 집중적으로 관찰하기 때문에 좀 더 명확하고 분명하게 관찰상황을 기록으로 남길 수 있다.

둘째, 사전 준비물이나 관찰장면의 통제 등 별도의 계획 없이도 진행될 수 있기 때문에 다른 관찰 기록방법에 비해 가장 간편하게 실시할 수 있다.

셋째, 일화기록은 아주 간결하게 기록되기 때문에 표본식 기록에 비해 시간이 적게 소요된다.

넷째, 여러 번에 걸쳐 누적된 일화기록은 영유아의 독특한 발달패턴, 행동 변화, 흥미, 능력, 필요 등을 정확하게 이해하는데 도움을 준다.

② 단점

첫째, 관찰자의 판단에 따라 관찰 기록으로 남길 것인지 아닌지가 결정되기 때문에 관찰자의 주관이 개입될 수 있다.

둘째, 시간이 지난 후에 기록할 경우에 관찰 당시의 상황을 정확하게 기억하지 못하거나 관찰자의 편견이 들어갈 수 있다.

셋째, 표본식 기록에 비해 상황묘사가 적지만 기호식 기록방법보다는 훨씬 많은 시간이 요구된다.

넷째, 일화기록은 영유아의 모든 행동에 대한 기록이 아니라 일부만을 기록한 것임에도 불구하고 해석할 때 마치 기록이 영유아의 모든 것을 대표하는 것으로 판단하는 오류를 범할 가능성이 있다.

(3) 일화기록을 위한 지침

일화기록은 누가, 언제, 어디서, 무엇을, 어떻게 했는지를 신문기사를 쓰듯이 객관적으로 기록하는 것이다. 일화기록을 할 때 관찰행동을 크게 세 가지 수준으로 나누어 기록할 필요가 있는데, 첫 번째는 행동의 전반적인 측면이나 주요행동을 기술하고, 두 번째는 주요행동의 하위행동을 기술하고, 세 번째는 하위행동의 진행 상황을 기술하는 것이다(황해익 외, 2011). 일화기록에서 유의해야 할 점을 살펴보면 다음과 같다(Brandt, 1972; 이정환, 박은혜, 1995; 전남련 외, 2005 재인용).

첫째, 관찰장면에서 여러 영유아가 관련된 여러 가지 사건이 동시에 관찰되었다고 하더라도 일화기록은 관찰대상 영유아별로 한 번에 한 가지 사건만을 기록한다.

둘째, 기록으로 남길 만한 가치가 있다고 판단되는 사건이나 행동이 관찰되었을 경우에 될 수 있는 대로 관찰 즉시 기록으로 남긴다.

셋째, 관찰대상 영유아의 행동과 말을 구별해서 기록하고, 행동을 진술하는 용어는 일관성이 있어야 하며, 영유아가 한 말은 인용부호(“ ”)를 사용하여 직접화법으로 기술하다.

넷째, 일화기록에는 관찰날짜, 관찰시간, 관찰장소, 관찰장면, 관찰영유아의 이름과 생년월일, 성별, 관찰자의 이름 등을 반드시 기록한다.

다섯째, 관찰대상인 영유아와 상호작용하고 있는 다른 사람들의 말과 행동도 직접화법을 사용하여 있는 그대로 기술한다.

여섯째, 행동의 맥락을 이해할 수 있도록 일화가 일어난 순서대로 기록한다.

일곱째, 관찰자의 주관적인 관점이나 편견을 배제하고 객관적이고 사실적으로 기록한다. 개별 일화에 대한 관찰자의 해석이 없는 일화들이 누적되었을 때 보다 객관적인 해석이 이루어질 수 있다.

(4) 일화기록의 예

일화기록의 양식에는 관찰지침에 제시되어 있는 바와 같이 관찰대상인 영유아의 이름과 성별, 연령, 관찰날짜, 관찰자의 이름, 관찰 시간과 장소, 교육과정영역 등이 기록되어야 한다.

〈표 2-2〉 **일화기록의 예**

관찰대상	이주황	연 령	1세	성 별	남
관 찰 자	권혜수	관 찰 일	20**년 *월 *일	관찰장소	쌓기 영역
관찰시간	09:50~09:55	교육과정영역	• 사회관계: 나와 다른 사람의 감정알기-다른 사람에게 주의 기울이기 • 사회관계: 더불어 생활하기-또래에 관심 갖기		
기 록	자유놀이 시간에 쌓기 영역 앞에서 병훈이가 벽돌블록 두 개를 세로로 쌓고 있는데, 주황이가 와서 병훈이가 쌓은 블록을 오른손으로 툭 밀쳐 무너뜨린다. 병훈이는 찡그린 얼굴로 주황이를 한번 쳐다보더니 다시 블록을 집어 세로로 쌓으려고 한다. 병훈이가 쌓고 있는 블록을 주황이가 빼앗자 병훈이는 주황이를 쳐다보며 "야~!" 하고 소리지르고, 주황이는 교구장 안의 블록을 모두 빼내기 시작한다. 주황이가 빼낸 블록은 교구장 앞으로 우르르 떨어지고, 그 앞에 앉아 있던 병훈이가 쌓고 있는 블록 위에 떨어진다. 병훈이는 찡그린 얼굴로 일어나서 역할 영역으로 가 버린다. 주황이는 병훈이가 가 버리고 나서도 블록을 모두 다 빼서 바닥에 떨어뜨린 후 쌓기 영역을 나간다.				
발 달 적 요 약	• 친구에게 관심은 있지만 함께 놀이하지는 않는다(사회성발달). • 블록을 바닥에 떨어뜨리는 것으로 부정적 감정을 표현한다(정서발달).				
교수계획	• 친구의 놀이를 방해하는 행동을 하면 안 된다는 것을 지도한다. • 친구와 함께 놀이하는 기회를 제공한다. • 가지고 논 장난감을 스스로 정리할 수 있도록 지도한다.				

3) 사건표집법

(1) 사건표집법의 정의 및 특징

사건표집법(event sampling)은 관찰자가 알아보고자 하는 특정행동이나 사건이 발생했을 때 사건의 전후 관계를 자세하게 기록하는 방법이다. 일화기록이 행동이나 사건 자체의 특성을 알아보기 위한 기록이라면 사건표집법은 행동이나 사건이 발생하게 된 원인과 결과를 발견하기 위한 목적으로 사용된다. 즉, 사건표집법은 관찰되는 행동의 동기가 무엇인지, 행동이 얼마나 지속되는지, 표집된 행동의 원인이나 행동의 심각성에 대한 정보를 제공해 주는(황해익 외, 2011) 관찰 기록 방법이다.

대표적인 사건표집법의 기록방법은 Bell과 Low(1977)가 고안한 ABC 서술식 사건표집법이다. ABC 서술식 사건표집법에서 A는 관찰하고자 하는 표집행동이 일어나기 전의 상황(antecedent event), B는 관찰하고자 하는 행동 자체(behavior), C는 사건이나 행동이 일어난 후의 결과(consequent event)를 의미한다. 사건의 발생 전, 사건, 결과를 시간의 흐름에 따라 순서대로 기록하기 때문에 영유아들이 보이는 행동의 원인을 파악하고자 할 때 가장 적절한 방법이다.

사건표집법의 또 다른 기록방법은 빈도 사건표집법이다. 빈도 사건표집법은 관찰의 표적이 된 행동을 미리 규정하고 범주화한 후 그 행동이 일어날 때마다 체크하는 방법이다. ABC 사건표집법이 행동의 원인이 무엇인지 알아볼 수 있는 질적인 정보를 제공해 주는 반면, 빈도 사건표집법은 표집이 된 행동이 얼마나 자주 일어나는지 알 수 있는 양적인 정보를 제공해 준다(전남련 외, 2005).

(2) 사건표집법의 장단점

서술식 사건표집법과 빈도 사건표집법의 기록방법이 다르므로 각각의 기록방법이 지닌 장점과 단점을 살펴보고자 한다(이정환, 박은혜, 1995; 전남련 외, 2005). 먼저, 서술식 사건표집법의 장점과 단점은 다음과 같다.

① 장점

첫째, 서술식 사건표집법은 관찰의 대상이 된 사건이나 행동의 전후 관계를 있는 그대로 기록한 것이기 때문에 행동의 원인을 파악할 수 있다.

둘째, 사건이 발생할 때만 기록하는 것이기 때문에 자주 발생하지 않는 행동을 연구하는 데 적합한 관찰 기록 방법이다.

셋째, 관찰대상 영유아의 다양한 행동을 관찰하고 기록하기 때문에 개별 영유아를 이해하는데 도움을 준다.

넷째, 특정 사건이 발생할 경우에만 관찰이 이루어지기 때문에 관찰, 기록하는 데 시간이 적게 소요된다.

② 단점

첫째, 서술식 기록이기 때문에 기호식 기록방법에 비해 시간과 노력이 많이 든다.

둘째, 서술식 사건기록법은 자료를 수량화하는 데 어려움이 있으며, 수량화되지 않은 자료이기 때문에 신뢰도에 의문이 제기될 수 있다.

셋째, 비정기적으로 발생하는 사건에 대한 기록이므로 관찰 시간이나 장소를 예측하기 어렵다.

다음으로 빈도 사건표집법의 장단점을 제시하면 다음과 같다.

① 장점

첫째, 미리 정해진 행동범주를 기준으로 제작된 관찰용지를 사용하여 행동이 관찰되었을 때 체크만 하면 되기 때문에 간편하게 기록할 수 있다.

둘째, 자료를 쉽게 수량화하고 통계적으로 분석할 수 있다.

셋째, 정해진 범주의 행동이 관찰될 때에만 기록하기 때문에 시간이 적게 소요된다.

넷째, 관찰하고자 하는 행동이나 사건을 명확하게 조작적 정의를 내리고 하위범주의 상호배타성이 확보된다면 다양한 영역에서 광범위하게 사용할 수 있다.

② 단점

첫째, 빈도 사건표집법은 관찰하고자 하는 행동이나 사건이 일어나는 빈도는 알 수 있으나 원인을 파악할 수 없다.

둘째, 빈도 사건표집법은 행동이나 사건의 양적인 정보는 제공해 주지만 개별 영유아에 대한 질적인 정보를 제공해 주지 못한다.

셋째, 관찰하고자 하는 행동이나 사건에 대한 조작적 정의의 객관성을 확보하고 하위 범주의 상호 배타성을 확보하는 데 어려움이 있다.

(3) 사건표집법을 위한 지침

사건표집법을 이용하여 관찰 기록을 하고자 할 때 다음과 같은 사항에 유의해야 한다(이정환, 박은혜, 1995; 전남련 외, 2005; 황해익 외, 2011).

첫째, 보다 정확한 관찰 기록을 위해서는 관찰하고자 하는 행동이나 사건을 명확히 규정할 수 있는 조작적 정의를 내릴 필요가 있다.

둘째, 관찰을 위한 적합한 시간과 장소를 결정하기 위해 관찰자는 관찰하고자 하는 행동이나 사건에 대하여 충분히 이해하고 있어야 한다.

셋째, 관찰자가 알고 싶은 것이 관찰된 행동이나 사건의 원인인지 얼마나 자주 일어나는 것인지에 따라 기록의 방법이 다르므로 서술식 사건표집법과 빈도 사건표집법 가운데 어떤 방법을 사용할 것인지 미리 결정해 둔다.

넷째, 관찰 기록의 방법이 결정되면 가능한 관찰자가 쉽고 편리하게 사용할 수 있는 관찰기록지를 만들어 둔다.

(4) 사건표집법의 예

① 서술식 사건표집법의 예

〈표 2-3〉 서술식 사건표집법의 예

<table>
<tr><td>관찰대상</td><td>김노랑</td><td colspan="2">연 령</td><td>3세</td><td>성 별</td><td>여</td></tr>
<tr><td>관 찰 자</td><td>조아람</td><td colspan="2">관 찰 일</td><td>20**년 *월 *일</td><td>관찰장소</td><td>쌓기 영역</td></tr>
<tr><td>관찰시간</td><td>09:40~09:55</td><td colspan="2">교육과정영역</td><td colspan="3">• 사회관계: 나와 다른 사람의 감정알고 조절하기-나와 다른 사람의 감정알고 표현하기
• 자연탐구: 탐구하는 태도 기르기-호기심을 유지하고 확장하기</td></tr>
<tr><td>시 간</td><td colspan="2">사 건 전
(Antecedent Event : A)</td><td colspan="2">사 건
(Behavior : B)</td><td colspan="2">사 건 후
(Consequence : C)</td></tr>
<tr><td>09:40
~09:44</td><td colspan="2">노랑이는 쌓기 영역에서 블록을 쌓다가 진하가 울면서 등원하자 진하를 쳐다본다.</td><td colspan="2">노랑이는 울고 있는 진하에게 다가가 두 팔로 진하를 안아 준다. 노랑이는 진하의 손을 잡고 언어 영역에 있는 소파에 앉아 "엄마랑 떨어져도 괜찮아. 나도 안 울잖아. 울지 마."라고 한다.</td><td colspan="2">진하가 울음을 그치자 노랑이는 진하가 가방 정리하는 것을 도와준다.</td></tr>
<tr><td>09:50
~09:55</td><td colspan="2">노랑이는 블록으로 집을 만들면서 교실 문이 열릴 때마다 교실 입구를 쳐다본다. 보민이가 등원한다.</td><td colspan="2">노랑이는 보민이에게 다가가 가방을 벗겨주려고 한다.</td><td colspan="2">보민이 옆에 있던 교사가 노랑이에게 "보민이 가방은 선생님이 도와줄게. 노랑이는 하던 놀이 계속 하세요."라고 하자 노랑이는 말없이 보민이를 바라본다.</td></tr>
<tr><td>발 달 적
요 약</td><td colspan="6">• 친구의 감정을 이해하고 공감하는 능력이 있다(정서발달).
• 친구의 가방 정리를 자발적으로 도와준다(사회성발달).
• 놀이규칙을 이해하지 못하여 놀이에 잘 집중하지 못한다(인지발달).</td></tr>
<tr><td>교수계획</td><td colspan="6">• 노랑이가 좋아하는 놀이를 제공하여 자신의 놀이에 집중할 수 있도록 지도한다.</td></tr>
</table>

② 빈도 사건표집법의 예

〈표 2-4〉 **빈도 사건표집법의 예**

<table>
<tr><th>관찰대상</th><td>강초록</td><th>연 령</th><td>5세</td><th>성 별</th><td>여</td></tr>
<tr><th>관 찰 자</th><td>곽혜미</td><th>관 찰 일</th><td>20**년 *월 *일</td><th>교육과정 영역</th><td>• 사회관계: 다른 사람과 더불어 생활하기-친구와 사이좋게 지내기</td></tr>
<tr><th>관찰시간</th><td>10:00~11:00</td><th>관찰행동</th><td colspan="3">놀이 중에 나타나는 부적응 행동
(놀림, 도중 포기, 던지기, 장난감 뺏기)</td></tr>
<tr><th>지 침</th><td colspan="5">① 영유아가 아래의 활동 영역에 해당되는 행동을 보였을 때 해당 난에 ∨로 표시한다.
② 관찰하고 싶은 영역을 중심으로 영역을 더 줄이거나 늘일 수 있다.</td></tr>
<tr><th>빈도 표집</th><td colspan="5">
<table>
<tr><th>영역</th><th>놀림</th><th>도중 포기</th><th>던지기</th><th>장난감 뺏기</th></tr>
<tr><td>쌓기 영역</td><td>∨</td><td></td><td>∨</td><td>∨</td></tr>
<tr><td>역할 영역</td><td>∨</td><td></td><td></td><td></td></tr>
<tr><td>언어 영역</td><td></td><td></td><td></td><td></td></tr>
<tr><td>수조작 영역</td><td></td><td>∨</td><td></td><td></td></tr>
<tr><td>과학 영역</td><td></td><td></td><td></td><td></td></tr>
<tr><td>미술 영역</td><td></td><td></td><td></td><td></td></tr>
<tr><td>음률 영역</td><td></td><td></td><td></td><td></td></tr>
</table>
</td></tr>
<tr><th>발 달 적 요 약</th><td colspan="5">• 쌓기 영역에서 놀림, 던지기, 장난감 뺏기 행동이 주로 나타난다(사회정서발달).
• 수조작 영역의 활동방법에 대한 이해가 부족하여 중도에 잘 포기한다(인지발달).</td></tr>
<tr><th>교수계획</th><td colspan="5">• 친구와 함께 놀이할 수 있는 쌓기놀이 활동자료를 제공한다.
• 자신의 행동에 따른 친구의 기분을 이해할 수 있도록 돕고, 친사회적 행동을 보일 때 칭찬과 격려를 통해 사회적행동을 강화한다.
• 수조작 영역 놀이의 수준을 고려하여 제공하고 놀이에 집중할 수 있도록 지도한다.</td></tr>
</table>

2 기호식 방법

1) 시간표집법

(1) 시간표집법의 정의 및 특징

시간표집법은 관찰하고자 하는 행동이 일정한 기간 동안 얼마나 자주 일어나는지를 알아보기 위한 기록방법이다. 짧은 시간 동안 일정한 시간 간격으로 반복하여 관찰하고자 하는 행동의 발생 유무를 기록하기 때문에 자주 발생하지 않는 행동의 관찰에는 적절하지 않은 방법이다. Arrington(1943)은 평균 15분에 한 번 정도 발생하지 않는 행동에는 시간표집법을 사용하기 어렵다고 하였다.

시간표집법을 사용하기 위해서는 먼저 관찰하고자 하는 행동이나 사건을 명확하게 하여야 하고, 행동을 관찰할 시간과 간격과 관찰횟수를 정하고, 관찰의 결과를 기록할 때 사용할 부호체계 등을 결정하여야 한다. 시간표집법을 이용하여 관찰의 결과를 기록하는 방법에는 세 가지가 있다. 첫째는 행동의 출현 유무만을 기록하는 방법과 둘째는 행동의 빈도뿐만 아니라 강도를 함께 표시하는 방법, 세 번째는 행동의 빈도와 지속시간을 표시하는 방법이다(조윤경, 김경혜, 2010).

(2) 시간표집법의 장단점

일정한 시간 동안 관찰하고자 하는 행동의 발생 유무와 빈도를 기록하는 시간표집법은 다음과 같은 장점과 단점이 있다(이은해, 1995; 전남련 외, 2005; 황해익 외, 2011).

① 장점

첫째, 관찰하려는 행동에 대한 조작적 정의가 분명하기 때문에 다른 관찰 기록방법에 비해 객관성과 신뢰도가 높다.

둘째, 짧은 시간 내에 부호를 이용하여 기록하기 때문에 서술식 기록방법에 비해 시간과 노력이 절약된다.

셋째, 시간표집법은 행동이나 사건의 발생빈도를 부호화하여 나타내기 때문에 수량화하기 쉽다.

넷째, 동시에 여러 명의 영유아를 관찰, 기록할 수 있기 때문에 자료의 수집이 용이하다.

② 단점

첫째, 시간표집법은 비교적 자주 발생하는 행동이나 사건에 관한 자료를 수집하는 데 용이한 방법이기 때문에 빈번하게 일어나지 않는 행동일 경우에는 적용하기 어렵다.

둘째, 행동 그 자체의 출현 유무와 빈도만을 보여주기 때문에 행동이나 사건의 전후 맥락이나 영유아들 간의 상호작용 유형과 같은 행동의 질적인 측면의 정보를 얻을 수 없다.

셋째, 시간표집법은 관찰 가능한 행동에만 관심이 있으므로 서술식 기록방법과 달리 영유아들의 내면적 생각이나 감정 등을 이해할 수 있는 정보는 제공해 주지 못한다.

넷째, 관찰하고자 하는 행동에 대한 조작적 정의와 관찰기록 방법의 결정에 따라 미리 관찰기록지를 제작하여야 하는 어려움이 있다.

다섯째, 타당성 있는 조작적 정의가 이루어지지 않을 경우에는 관찰자의 주관이 개입될 가능성이 높다.

(3) 시간표집법을 위한 지침

미리 표집된 행동을 정해진 시간 동안 반복적으로 관찰기록하는 시간표집법을 사용하고자 할 때 다음과 같은 점을 유의해야 한다(이정환, 박은혜, 1996; 전남련 외, 2005; 황해익 외, 2011).

첫째, 관찰하고자 하는 행동에 대한 조작적 정의를 분명히 함으로써 관찰행동의 범주를 구체화해야 한다. 조작적 정의를 통해 행동의 범주화가 제대로 이루어지지 않을 경우에 관찰의 결과에 대한 타당도를 확보하기 어렵다.

둘째, 시간표집법을 사용하여 관찰 기록하기 위해서는 짧은 시간 내에 빈번하게 발생하는 행동인가를 확인해야 한다.

셋째, 관찰하려는 행동의 특성과 발생빈도에 따라 시간 간격을 결정하고, 시간 간격이 결정되면 관찰시간과 기록시간, 관찰의 전체 횟수를 결정한다.

넷째, 관찰된 행동을 어떠한 부호체계를 이용하여 기록할 것인지 결정한 후 관찰기록지를 사전에 만들어 둔다.

(4) 시간표집법의 예

〈표 2-5〉 시간표집법의 예(놀이행동 분석)

관찰대상	김파랑	연 령	3세	성 별	여
관 찰 자	김보미	관 찰 일	20**년 *월 *일	관찰장소	역할 영역, 쌓기 영역
관찰시간	10:00~10:05	교육과정영역	• 사회관계: 다른 사람과 더불어 생활하기-친구와 사이좋게 지내기		

초 (15초)	비놀이 활동		사회적 놀이				메모 (Memo)
	몰입하지 않는 행동	쳐다보는 행동	혼자 놀이	평행 놀이	연합 놀이	협동 놀이	
15초				∨			벽돌을 쌓음
15초					∨		그릇을 친구에게 줌
15초					∨		“물” 하며 친구를 먹여 줌
15초(1분)				∨			칼로 자르는 시늉
15초				∨			그릇 들고 싱크대로 감
15초					∨		“불 껐어.” 하며 가스레인지를 봄
15초					∨		냉장고에 음식을 넣으며 “여기” 한다.
15초(2분)				∨			그릇을 정리함
15초					∨		“나도 줘.” 하며 그릇 챙김
15초		∨					지혜를 쳐다봄
15초				∨			음식 자르는 시늉
15초(3분)					∨		“엄마” 하며 친구를 흔듦
합계	0	1	0	5	6	0	

발달적 요약	• 파랑이는 평행놀이와 연합놀이를 주로 한다(사회성발달). • '~하는 척' 하는 놀이를 할 수 있다(인지발달). • 친구에게 물을 먹여주는 사회적 행동을 보인다(사회성발달).
교수계획	• 다양한 자료를 제시하여 역할놀이 경험이 확장될 수 있도록 돕는다. • 교사는 유아의 상호작용을 지원한다.

자료 : 전남련, 권경미, 김덕일, 이미순(2005). 영유아교육 현장 적용을 위한 영유아관찰평가의 이론과 실제. 양서원. p. 116.

2) 행동목록법

(1) 행동목록법의 정의 및 특징

행동목록법은 관찰하고자 하는 행동의 목록을 미리 만들어 놓고 그 행동이 나타나는지 아닌지를 기록하는 방법이다. 관찰 시점에 행동목록에 제시되어 있는 행동이 출현하면 "예", 그렇지 않으면 "아니요"가 표시된 란에 체크(check)하는 방식으로 기록되기 때문에 사전에 영유아의 발달이나 행동특성의 목록을 계열성 있게 작성해 두어야 한다. 영유아를 평가하기 위한 목적으로 만들어진 각 연령이나 발달수준에 따른 영역별 행동목록(check list)은 영유아의 발달을 이해하기 위한 목적뿐만 아니라 교육과정을 개발할 때 지침으로 사용되기도 한다.

행동목록법은 관찰을 통해 가시적인 외현적 행동의 출현 유무를 확인하고자 할 때 사용하는 방법이기 때문에 행동의 빈도나 지속시간, 행동의 원인 등에 대한 정보를 얻을 수는 없다. 그러나 같은 행동목록을 시간의 차이를 두고 반복해서 사용할 경우에 행동의 변화를 알 수 있다.

(2) 행동목록법의 장단점

행동목록법의 장점과 단점은 다음과 같다(이은해, 1995; 김병선, 이윤옥, 1999; 전남련 외, 2005; 황해익 외, 2011).

① 장점

첫째, 만들어진 목록에 제시되어 있는 행동의 출현 유무만을 기록하면 되기 때문에 편리하게 사용할 수 있다. 서술식 기록과 비교하면 객관적인 기록을 위한 사전 훈련이 필요 없고 자료를 해석하는 데 시간이 적게 소요되기 때문에 손쉽게 사용할 수 있다는 것이다.

둘째, '예/아니요'의 형태로 기록되기 때문에 자료에 대한 기초적인 통계적 분석이 가능하다.

셋째, 같은 행동목록을 일정한 시간 간격을 두고 반복적으로 사용할 경우에 행동의 변화 여부와 정도를 알 수 있다.

넷째, 행동목록은 영유아의 발달을 이해하기 위한 평가의 도구이기도 하지만 교육과정을 개발하는 지침으로도 사용할 수 있다.

② 단점

첫째, 행동목록에 제시되어 있는 행동의 출현 유무에만 관심이 있기 때문에 서술식 기록에서 보여주는 행동의 자세한 특징이나 전후 맥락과 같은 행동의 질적인 측면의 정보를 얻을 수 없다.

둘째, 행동목록의 각 범주에 들어갈 내용을 규정하고 목록 간의 배타성을 지니면서 계열성 있게 행동목록을 작성하는 것이 어렵다.

(3) 행동목록법을 위한 지침

행동목록법을 사용하여 관찰기록을 하는 데 있어서 다음과 같은 점을 유의해야 한다(홍순정, 1993; 전남련 외, 2005; 황해익 외, 2011).

첫째, 관찰을 하기 전에 미리 행동목록이 준비되어야 한다.

둘째, 행동목록에 제시되어 있는 항목은 관찰 가능한 외현적 행동을 기술한 것이어야 한다.

셋째, 각각의 항목들은 관찰하고자 하는 행동의 범주에 포함되면서 항목 간의 배타성을 지니고 있어야 한다. 즉, 항목 간에 의미가 중복되는 문항이 없어야 한다는 것이다.

넷째, 항목은 난이도나 복잡성의 순서에 따라 계열성 있게 구성되어야 관찰 기록하기가 편리하다.

(4) 행동목록법의 예

〈표 2-6〉 **행동목록의 예(Wortham의 행동발달목록, 6~12개월 영아기 및 걸음마기)**

관찰대상		연 령		성 별	
관 찰 자		관 찰 일		교육과정영역	
신체-언어발달				예	아니오	메모
1. 혼자 앉는다.						
2. 한 손에서 다른 손으로 물체를 옮긴다.						
3. 컵으로 마신다.						
4. 엄지와 검지로 작은 물체를 잡는다.						
5. 숨겨놓은 장난감을 찾아낸다.						
6. 그림책을 본다.						
7. 두 개의 장난감을 잡는다.						
8. 이야기 소리를 모방한다.						
9. 한 지점에서 다른 지점으로 기어간다.						
10. 독자적으로 앉기 자세를 취한다.						
11. 무엇인가에 지탱하여 선다.						
12. 무엇인가에 지탱하여 걷는다.						
13. 상자 속에 물체를 떨어뜨리거나 놓는다.						
14. 물체를 조작한다.						
15. '엄마', '아빠' 같은 간단한 단어를 말한다.						
16. 행동을 모방하여 따라한다.						
17. 컵과 숟가락, 혹은 손가락으로 스스로 먹으려는 시도를 한다.						
발 달 적 요 약						
교수계획						

참조 : Wortham, Sue C. (2006). *Early childhood curriculum: Developmental bases for learning and teaching*(4th ed.) ⓒ 2006, p.82. Reprinted by permission of Pearson Education, lnc., Upper Saddle River, NJ.

3) 평정척도법

(1) 평정척도법의 정의 및 특징

평정척도법은 연속성 있는 단계로 나누어진 척도를 이용하여 관찰된 행동의 질적인 측면에 가치를 부여하는 방법이다. 행동목록법과 마찬가지로 관찰하고자 하는 행동에 대한 조작적 정의와 그에 따른 행동의 목록이 필요하다. 행동목록법이 행동의 출현 유무에 관심이 있는 반면 평정척도법은 행동의 출현 유무뿐만 아니라 행동의 질적인 수준도 함께 알아볼 수 있는 방법이다.

평정척도를 제작할 때는 평정의 단위를 몇 개로 할 것인지, 그리고 단계를 홀수로 할 것이지 짝수로 할 것인지를 결정해야 한다. 적은 수의 분할은 평정자의 평정 기회를 제한하는 반면, 많은 수의 분할은 단계 간의 구별이 명확하지 않아 평정을 어렵게 하는 단점이 있다. 홀수형 단계는 보통 내지 평균의 가운데 지점이 있어 판단을 내리기가 쉬운 반면, 행동의 질적인 수준을 평정하기 어려운 경우에 가운데를 표시하는 경향으로 인해 성실하지 못한 평정이 될 가능성이 있다. 짝수형 단계는 긍정적 또는 부정적인 방향성을 결정해야 하기 때문에 분명한 방향성을 파악하고자 할 때는 짝수형 단계를 사용할 수 있다.

(2) 평정척도법의 장단점

평정척도법의 장점과 단점은 다음과 같다(이정환, 박은혜, 1996; 김병선, 이윤옥, 1999; 전남련 외, 2005; 황해익 외, 2011).

① 장점

첫째, 평정척도법은 관찰하면서 기록하지 않아도 되며, 교사가 편한 시간에 사용할 수 있기 때문에 시간이 많이 소요되지 않는다.

둘째, 동시에 여러 발달 영역을 평가할 수 있기 때문에 효율적이다.

셋째, 평정척도법은 행동의 질적 수준을 평가할 수 있다.

넷째, 서술식 기록방법에 비해 사용방법이 간단하여 사전 훈련 없이도 손쉽게 사용할 수 있다.

② 단점

첫째, 관찰자가 평가하고자 하는 행동의 범주를 잘 반영한 정확하고 객관적인 항목으로 구성된 평정척도를 만드는 것이 쉽지 않다.

둘째, 관찰장면에서 바로 기록하는 방법이 아니라 관찰자의 기억에 의존하여 평정이 이루어지기 때문에 관찰자의 주관이 개입될 가능성이 높다.

셋째, 서술식 기록과는 달리 관찰장면에서 일어나는 행동의 전후 사정을 알 수 없기 때문에 행동의 원인을 파악하기 어렵다.

(3) 평정척도법을 위한 지침

평정척도법을 이용하여 관찰한 바를 기록할 경우 다음과 같은 사항을 유의해야 한다(홍순정, 1993; 이정환, 박은혜, 1996; 전남련 외, 2005; 황해익 외, 2011).

첫째, 평정의 목록 또는 기술형 척도의 항목은 가능한 명확하고 간결해야 하며 관찰 가능한 행동용어로 기술해야 한다.

둘째, 평정척도의 항목 간 의미의 중복이 없어야 한다.

셋째, 여러 가지 발달 영역에 관한 평정을 동시에 실시할 경우에 한 가지 특성에 대하여 모든 관찰대상 영유아를 평정한 후에 다른 영역의 특성을 평정하여 평정자의 기준이 일관성 있게 유지되도록 한다.

넷째, 행동특성의 질적인 수준을 평정하기 때문에 개인적인 편견이 개입될 여지가 많으므로 관찰자가 범할 수 있는 오류를 줄이기 위해 노력해야 한다.

평정척도법을 이용하여 관찰할 때 다음과 같은 오류에 주의해야 한다.

첫째, 기준의 오류이다. 관찰자의 기준이 관대한가 아니면 엄격한가에 따라 같은 행동이라도 다르게 평정할 수 있다. 관대한 기준을 적용할 경우에는 관용의 오류, 엄격한 기준을 적용할 경우에는 엄격의 오류라고 한다.

둘째, 중심화의 오류이다. 관찰자가 잘 모르는 특성을 판단할 때나 극단적인 판단을 피하기 위하여 중간 정도로 평가해버리는 경향을 의미한다.

셋째, 인상의 오류이다. 관찰대상에 대하여 기존에 가지고 있는 다른 정보들이 현재의 특성을 판단하는 데 영향을 미치는 것으로 '후광효과'라고도 한다.

넷째, 논리의 오류이다. 전혀 다른 두 가지 행동의 특성을 서로 비슷한 것으로 판단하여 같은 평정을 하게 되는 것을 말한다. 예를 들면, 어휘력이 풍부한 것과 문장력이 뛰어난 것은 다른 특성임에도 불구하고 논리적으로 관계가 있다고 생각하여 유사하게 평정하는 것을 의미한다.

다섯째, 근접의 오류이다. 떨어져 있는 문항 간의 평정보다 연달아 있는 문항의 평정 간에 훨씬 유사함을 의미한다.

여섯째, 대비의 오류이다. 관찰자가 지니고 있는 특성을 관찰대상이 갖고 있으면 낮게 평가하고 관찰자에게 없는 행동특성인 경우에는 높게 평가한다는 것이다.

(4) 평정척도법의 예

① 기술 평정척도법의 예

〈표 2-7〉 기술 평정척도의 예(문해능력)

관찰대상		연 령		성 별	
관 찰 자		관 찰 일		교육과정영역	
지 침	① 영유아의 행동을 가장 잘 진술한 범주에 ∨표시를 한다. ② 문항 내의 진술문 중 어느 하나도 현재 영유아의 행동을 설명하지 못하거나 덧붙일 내용이 있으면 기타 난에 적는다.				
기 록	1. 영유아의 읽기 능력이 어느 정도 발달되어 있는가? ( ) 아직 글자를 구별할 줄 몰라서 읽기 활동에 관심이 없다. ( ) 영유아의 주변에서 익숙한 단어를 여러 개 읽을 수 있다. ( ) 읽기 활동에 관심을 보이며 쉬운 문장을 읽을 수 있다. ( ) 자주 페이지를 넘기면서 책을 읽거나 읽은 내용을 말한다.				

<table>
<tr><td></td><td>
( ) 다양한 문장 또는 간단한 이야기를 읽는다.
기타 :
2. 영유아의 읽기 활동에 어느 정도 관심을 보이고 있는가?
( ) 이야기를 읽어 줄 때 흥미와 관심이 없다.
( ) 짧은 이야기를 읽어 주면 관심을 보이고 읽어 달라고 요구한다.
( ) 읽어 준 이야기에 대해 질문, 대답하거나 이야기를 한 부분 따라 할 수 있다.
기타 :
3. 책에 관한 지식은 어느 정도 관심을 보이고 있는가?
( ) 책을 바르게 놓는 방법을 아직 모르고 있으며 그냥 집어서 들고 있다.
( ) 책을 집어 들고 페이지를 차례대로 넘기면서 계속 본다.
( ) 책 표지나 책 속의 그림을 보고 이야기를 하거나 느낌, 생각을 말한다.
기타 :
4. 영유아의 책에 대해 관심은 어느 정도인가?
( ) 책에 전혀 관심이 없고 독서 영역을 찾지 않는다.
( ) 가끔씩 독서 영역을 이용하며 책에 대해 약간의 관심을 보인다.
( ) 자주 독서 영역을 이용하거나 책에 대해 많은 관심을 보이고 있다.
기타 :
5. 책을 읽는 지식은 어느 정도 발달되어 있는가?
( ) 눈동자가 글자의 방향과는 관계없이 그림만 보고 읽는다.
( ) 눈동자가 정확한 방향(왼쪽에서 오른쪽으로, 위에서 아래로)으로 움직이면서 책의 글자를 따라가며 읽는다.
( ) 책을 읽는 것처럼 행동을 보이거나, 실제로 책을 읽을 수 있다.
기타 :
6. 쓰기에 대한 관심, 흥미는 어느 정도인가?
( ) 글씨를 쓰는 것에 흥미를 보이지 않는다.
( ) 긁적거리기 등 여러 개의 선을 그어 놓고 글씨를 썼다고 한다.
( ) 자주 글씨를 쓰는 것에 관심, 흥미를 보인다.
기타 :
7. 쓰기에 대한 능력은 어느 정도 발달되어 있는가?
( ) 전혀 쓰는 방법을 모르고 시도하려 하지 않는다.
( ) 꾸불꾸불한 선을 그리면서 글자처럼 표기한다.
( ) 자기 이름 등 자신에게 의미 있는 글자를 베껴 쓰거나 적는다.
( ) 자기 이름 외에 몇 개의 단어와 짧은 문장을 쓴다.
( ) 다양한 문장을 쓴다.
기타 :
</td></tr>
<tr><td>발달적 요약</td><td></td></tr>
<tr><td>교수계획</td><td></td></tr>
</table>

② 숫자 평정척도법의 예

〈표 2-8〉 **숫자 평정척도의 예(기본생활습관, 4, 5세용)**

관찰대상		연 령		성 별		
관 찰 자		관 찰 일		교육과정영역		

기본생활습관	아주 못함	못함	보통	잘함	아주 잘함
1. 장난감을 정리, 정돈 할 수 있다.	1	2	3	4	5
2. 미술작업 후 책상 정리를 한다.	1	2	3	4	5
3. 간식, 점심식사 후 주변을 정리한다.	1	2	3	4	5
4. 간식, 점심식사 전에 손을 씻는다.	1	2	3	4	5
5. 음식을 골고루 먹는다.	1	2	3	4	5
6. 식사 후 혼자 양치질을 할 수 있다.	1	2	3	4	5
7. 혼자서 신발을 신고 벗을 수 있다.	1	2	3	4	5
8. 좌우를 구별하여 신발을 바르게 신고 벗을 수 있다.	1	2	3	4	5
9. 혼자서 옷을 입고 벗을 수 있다.	1	2	3	4	5
10. 낮잠을 잔다.	1	2	3	4	5
11. 자신의 이부자리를 정리, 정돈한다.	1	2	3	4	5
12. 물건을 소중히 다루고 아껴 쓴다.	1	2	3	4	5
13. 화장실 사용 후 뒤처리를 혼자 한다.	1	2	3	4	5
14. 교사나 웃어른에게 존댓말을 사용한다.	1	2	3	4	5
15. 교사의 지시를 잘 이해하고 따른다.	1	2	3	4	5
16. 자신의 의사를 표현할 수 있다.	1	2	3	4	5
17. 고마워, 괜찮아, 미안해 등의 말을 적절하게 사용한다.	1	2	3	4	5
18. 놀이활동을 스스로 선택할 수 있다.	1	2	3	4	5
19. 놀이시간, 활동시간 중 친구에게 양보를 구할 수 있다.	1	2	3	4	5
20. 자신이 실수한 일은 스스로 해결하려고 노력한다.	1	2	3	4	5
발달적 요약					
교수계획					

③ 도식 평정척도법의 예

〈표 2-9〉 **도식 평정척도의 예**

관찰대상		연 령		성 별	
관 찰 자		관 찰 일		교육과정영역	
지 침	관찰영유아를 선택하고 각 항목에 알맞은 평점을 준다.				

1. 다양한 놀이에 참여한다.	1 ├---┼---┼---┼---┤ 5	1. 다양한 놀이에 참여하지 않는다.
2. 친구들과 함께 놀이를 한다.	1 ├---┼---┼---┼---┤ 5	2. 혼자서 논다.
3. 친구에게 놀이를 하자고 제안하거나 먼저 시작하는 경우가 많다.	1 ├---┼---┼---┼---┤ 5	3. 친구에게 놀이 제의를 못한다.
4. 친하게 지내는 친구가 많다.	1 ├---┼---┼---┼---┤ 5	4. 친하게 지내는 친구가 없다.
5. 새로운 환경이나 교구에 흥미를 보인다.	1 ├---┼---┼---┼---┤ 5	5. 새로운 환경이나 교구에 흥미가 없다.
6. 이미 진행되고 있는 놀이에 자연스럽게 끼어든다.	1 ├---┼---┼---┼---┤ 5	6. 놀이 중간에 끼어들지 못한다.
7. 문제상황이 생겼을 때 친구를 때리거나 밀지 않고 말로 해결한다.	1 ├---┼---┼---┼---┤ 5	7. 문제상황이 생겼을 때 말로 해결하지 못한다.
8. 친구의 놀이나 활동을 방해하지 않는다.	1 ├---┼---┼---┼---┤ 5	8. 친구의 놀이나 활동을 방해한다.
9. 다른 친구의 물건을 사용할 때 친구의 허락을 구한다.	1 ├---┼---┼---┼---┤ 5	9. 다른 친구의 물건을 사용할 때 허락을 구하지 못한다.
10. 친구가 도와주면 고맙다고 말한다.	1 ├---┼---┼---┼---┤ 5	10. 친구의 도움에 고맙다는 말을 못한다.
11. 자기보다 약한 친구를 도와주며 친구들이 좋아한다.	1 ├---┼---┼---┼---┤ 5	11. 친구들이 좋아하지 않으며 남을 돕지 않는다.
12. 집단생활에서 여러 친구들과 협동한다.	1 ├---┼---┼---┼---┤ 5	12. 여러 친구와 협동하지 않는다.
13. 친구와 약속을 지킨다.	1 ├---┼---┼---┼---┤ 5	13. 친구와 약속을 지키지 않는다.
14. 집단생활에서의 규칙을 알고 지킨다.	1 ├---┼---┼---┼---┤ 5	14. 집단생활에서 규칙을 지키지 않는다.
15. 새로운 활동에 적극적으로 참여한다.	1 ├---┼---┼---┼---┤ 5	15. 새로운 활동에 참여하지 않는다.

16. 내 물건과 다른 사람의 물건을 구별하여 사용한다.	1 ├---┼---┼---┼---┤ 5	16. 내 물건과 다른 사람의 물건을 구별하여 사용하지 않는다.
17. 차례를 잘 지키고 잘 기다리는 편이다.	1 ├---┼---┼---┼---┤ 5	17. 차례를 지키고 기다리지 못한다.
18. 어떤 활동을 할 때 자신감을 갖고 한다.	1 ├---┼---┼---┼---┤ 5	18. 어떤 활동에도 자신감이 없다.
19. 교사와의 관계가 능동적이고 친밀하며 상호작용을 잘 한다.	1 ├---┼---┼---┼---┤ 5	19. 교사와의 관계가 소극적이고 상호작용을 잘 못한다.
20. 친구들의 이름을 알며 가끔 친구에 대해 이야기한다.	1 ├---┼---┼---┼---┤ 5	20. 친구들의 이름을 모르며 친구에 대해 말하지 않는다.
21. 다른 영유아와의 문제를 해결하기 위해 교사나 다른 성인의 도움을 요청한다.	1 ├---┼---┼---┼---┤ 5	21. 다른 영유아와 문제해결을 위해 교사, 성인의 도움을 요청하지 않는다.

발달적 요약	
교수계획	

자료 : 전남련, 권경미, 김덕일, 이미순(2005). **영유아교육 현장 적용을 위한 영유아관찰평가의 이론과 실제.** 양서원. pp. 173~174.

CHAPTER 03

포트폴리오 평가

포트폴리오 평가는 구성주의의 출현과 전통적인 평가방식인 표준화 검사의 문제점을 보완할 수 있는 대안적 평가로 인식되면서 최근 유아교육 현장에서 많이 활용되고 있는 평가이다.

이 장에서는 포트폴리오 평가에 대한 이해를 돕기 위해 먼저 포트폴리오 평가의 개념, 특성과 목적, 그리고 장점과 단점을 알아보고자 한다. 다음으로 포트폴리오 평가의 유형과 구성요소를 파악하고, 유아교육 현장에서 적용할 수 있는 포트폴리오 평가 실제에 대해 살펴보고자 한다,

1 포트폴리오 평가의 이해

1) 포트폴리오 평가의 개념

1990년대 이후 유아교육계에서는 형식적 평가의 한계점을 인식하고, 이를 극복하기 위한 연구를 실시하였다. 그 결과 포트폴리오 평가가 대안으로 관심을 받게 되었다. 즉, 형식적 평가인 표준화 검사나 각종 테스트들을 통해 인위적 상황에서 유아의 발달과 학습을 평가하는 것은 유아의 발달특성에 적합하지 않으며, 각 유아의 다양한 생활과 문화를 반영하지 못한다는 문제점이 대두된다. 이에 대한 대안으로 제시된 포트폴리오 평가는 자연스러운 교수-학습 상황에서 개별 유아의 발달과 학습을 지속적으로 평가하는 실제평가이다.

포트폴리오(portfolio)란 새롭게 등장한 개념은 아니며, 각 분야별로 많이 활용되는 개념이다. 사전적 의미에서 포트폴리오(portfolio)는 "보관, 유지가 가능한 서류철로서 그림, 작품 등의 진술증거를 수반하는 용기이며, 공무원, 정부관리, 관료들의 문서목록이다. 또 상업적인 문서나 은행의 투신을 위한 안전보장에 관한 문서목록"(Webster, 박영충, 1997에서 재인용)이다. 즉, 경제계에 종사하는 사람에게는 자신이 소유하고 있는 주식이나 채권 등의 거래목록을 모은 것이며, 예술가 입장에서는 최고의 작품을 선정하여 모아둔 것을 뜻하며, 교육자에게는 학습자의 성장이나 발달을 보여주는 작품이나 기록물들을 모은 것을 의미한다.

포트폴리오의 의미를 좀 더 자세히 이해하기 위해 여러 학자들이 포트폴리오에 대해 정의한 내용을 아래에 제시하였다.

특정 분야에서 학습자가 나타낸 성취, 진보, 노력 등을 보여줄 수 있는 작품을 의도적으로 수집한 것(Arter, 1990)

포트폴리오 수집과 포트폴리오 평가는 구분되어져야 한다. 포트폴리오 수집은 개인 파일에 유아의 작품이나 기록물들을 모으는 것이며, 포트폴리오 평가란 수집된 기록물들을 기초로 유아들의 학습과 수행력을 증진시키거나 모니터하기 위해 고안된 것(Shaklee et al., 1997)

물리적으로는 폴더, 파일, 박스, 디스크, 학생이 학습한 증거를 포함하는 용기라는 의미가 있고, 유아의 지속적인 발달과 학습을 기록하는 조직화되고 의도적으로 수집한 것이며, 개별 유아의 변화와 발달과정을 단편적, 일회성으로 평가하지 않고 전체적, 지속적으로 평가하기 위한 방법 (McAfee & Leong, 2007)

유아의 발달과 학습을 평가하기 위해 비형식적인 수행평가로부터 나온 교사 자료와 유아의 작품을 수집한 것으로, 유아에 의해 만들어진 유아 포트폴리오, 교사에 의해 조직화된 교사 포트폴리오, 그리고 유아와 교사 공동으로 만든 포트폴리오 모두를 포함하는 개념(Wortham, 2008)

포트폴리오를 유아 평가도구로 이용한다는 것은 유아의 활동과정 및 결과를 증명해 줄 자료들을 장기간에 걸쳐 수집하여 시간의 흐름에 따라 유아의 어떤 변화를 보이는지, 개인 내적으로 어떤 발달 영역이 우수한지 등을 살펴보고 평가한다는 것(황해익 외, 2009)

위에서 제시한 여러 학자들의 개념을 살펴볼 때 포트폴리오는 의도성, 장기성, 협동성의 요소를 포함하고 있음을 알 수 있다. 즉, 포트폴리오 평가는 단순히 자료를 모으는 것이 아니라 목적을 정하고 그에 따른 수집이 이루어져야 한다. 그리고 단기간이 아닌 장기간 지속적으로 수집된 것이어야 하며, 유아와 교사가 함께 협력하여 수집하는 것에 의미를 두고 있으며, 그리고 조직화 주체를 유아와 교사 모두를 포괄적으로 포함하고 있음을 알 수 있다.

위에서 살펴본 포트폴리오의 개념을 중심으로 포트폴리오 평가의 개념 정의를 하고자 한다. 포트폴리오 평가란 정해진 목적에 따라 장기간에 걸쳐서 개별 유아의 작품, 교사의 자료, 그리고 유아와 교사의 공동자료를 모두 수집하여 교사와 유아가 협력하여 평가하는 방법이다.

2) 포트폴리오의 특성과 목적

포트폴리오의 특성을 이해하는 것은 개념을 더 잘 파악하는 데 도움이 된다. 포트폴리오의 특성에 대한 여러 논의 중 대표적인 견해를 다음과 같이 서술하였다.

먼저 Oosterhof(1994)와 Barton & Collins(1997)가 제시하고 있는 특성들을 살펴보면서 포트폴리오에 대한 이해를 돕고자 한다.

Oosterhof(1994)는 다음과 같이 포트폴리오의 특성을 설명하였다.

첫째, 개별화 수업에 쉽게 적용할 수 있는 평가이다.

둘째, 학습 결과물인 작품 위주로 구성되므로 활동 성과물 중심의 평가이다. 또한 포트폴리오 자료 내부에는 변화과정과 결과가 모두 나타나 있다.

셋째, 학습자의 단점보다는 장점을 발견하기 위한 평가이다.

넷째, 평가과정에 학습자를 적극적으로 참여하도록 하는 평가이다.

다섯째, 학습결과물을 통해 다른 학습자들과 의사소통을 촉진하는 평가이다.

다음으로 Barton & Collins(1997)가 제시한 포트폴리오 특성의 내용이다.

첫째, 유아에 대해 다양한 정보제공을 하며, 교수와 학습과정과 평가를 직접 연결해 준다.

둘째, 유아의 변화과정을 보여주며, 분명한 목적이 포함되어 있어야 한다.

셋째, 유아의 자기반성과 자기 평가가 포함되어야 하며, 이를 통해 유아는 자기주도적 학습을 할 수 있다.

위에서 살펴볼 때 Barton & Collins(1997)는 유아 개인을 중심으로 포트폴리오의 특성에 초점을 맞추고 있으나 Oosterhof(1994)는 개별 유아뿐만 아니라 타인과의 관계도 중요시하고 있다.

요약하면, 포트폴리오 활동은 교사뿐만 아니라 유아를 적극적으로 참여시키고, 서로 간의 의사소통을 촉진시키며, 변화과정을 파악할 수 있다는 특성이 있음을 알 수 있다.

그리고 포트폴리오의 내용은 목적에 따라 달라질 수 있으므로 포트폴리오를 실시할 경우에는 목적을 명확하게 정해야 한다. 포트폴리오의 목적은 학자에 따라 달라지는데, 여기서는 Meisels & Steele(1991)과 Hart(1994), 그리고 황해익(2009)을 중심으로 알아보고자 한다.

먼저 Meisels와 Steele(1991)은 포트폴리오의 목적을 네 가지 측면에서 설명하고 있다.

첫째, 평가활동이 교수활동에 통합될 수 있다.

둘째, 유아와 교사뿐만 아니라 부모 등에게도 유아교육기관에서 이루어지는 활동 전반에 대한 이해를 돕는다.

셋째, 유아가 직접 참여할 수 있는 기회가 마련된다.

넷째, 다양한 방법으로 유아의 모든 활동을 평가할 기회가 제공된다.

다음은 Hart(1994)가 제시한 포트폴리오의 목적에 대한 내용이다.

첫째, 교사는 유아의 발달과 성취에 대해 평가한다.

둘째, 부모와 교사는 유아의 활동에 대해 효과적으로 의사소통한다.

셋째, 교사와 기관 운영자는 교수 프로그램을 평가한다.

넷째, 유아는 평가과정에서 교사와 동반자적 역할을 담당한다.

그리고 황해익(2009)은 다음과 같이 포트폴리오의 목적을 제시하고 있다.

첫째, 유아의 진보 및 발전을 확인한다.

둘째, 교수 계획의 도구가 된다.

셋째, 가족 및 행정가와의 의사소통에 유용하다.

넷째, 유아의 학습동기 증진 및 자율성을 향상시킨다.

다섯째, 연계성 있는 교육을 위한 정보를 제공한다.

이와 같이 포트폴리오의 목적에 대한 여러 학자들의 견해를 살펴볼 때 포트폴리오는 교사 입장에서는 유아에 대한 이해와 교수학습활동의 기초자료를 제공받아 평가할 수 있으며, 유아 입장에서는 적극적인 참여를 통해 정서적 발달이 기대되고, 부모와 교육 관계자들에게도 의사소통 증진에 목적이 있음을 알 수 있다.

3) 포트폴리오의 장점 및 단점

포트폴리오 평가는 유아의 활동 결과물을 단순히 수집하는 것은 아니다. 유아와 관련된 모든 자료를 수집하는 총체적 평가이다. 이러한 평가방법은 유아, 교사, 그리고 부모에게도 긍정적 효과를 주는 장점이 있는 반면 한계점도 포함하고 있다(박영충, 1997; 정혜영, 2001; 배예경, 2008; 권미희, 2006; Worthen, 1993; Wortham, 2008).

(1) 장점

먼저 포트폴리오 평가를 실시할 경우 긍정적인 측면에 대해 살펴보고자 한다.

① 유아 입장

- 유아는 포트폴리오 평가과정에 참여하면서 자신의 변화과정을 알 수 있으며, 자신에 대한 반성적 사고 및 통찰력을 증진시킨다.
- 유아는 포트폴리오 평가에 적극적으로 참여하면서 자신감, 성취감, 그리고 자아존중감이 증진되어 정서발달을 돕는다.
- 유아의 소속감이 강화되면서 또래와의 협력을 통해 사회성 발달에도 긍정적 영향을 미친다.

② 교사 입장

- 자연스런 상황에서 장기간 이루어지므로 광범위한 평가가 가능하다.
- 교사는 포트폴리오의 내용을 유아에게 보여주면서 유아의 개별적 요구에 부합하는 교수학습 활동이 가능하게 된다.
- 포트폴리오 평가를 실시함으로써 교사의 전문성이 향상된다.

③ 기타

- 부모는 포트폴리오를 통해 유아의 전반적 발달 변화를 이해하고, 교사와의 상

호작용이 촉진된다.

- 부모나 행정가에게 가치로운 정보자료가 된다.

(2) 단점

다음으로는 포트폴리오 평가를 실시할 경우 나타나는 한계점에 대해 제시하였다.

① 포트폴리오를 실시하기 위해서는 많은 시간과 노력이 필요하며, 표준화 검사에 비해 비용이 많이 든다.

② 포트폴리오 평가에서 신뢰도와 타당도가 결여되어 있다.

③ 교사가 포트폴리오를 실시하는 과정에서 성, 인종 등에 대한 편견이 작용될 수 있다.

④ 교사의 능력에 따라 평가의 질적 차이가 있다. 포트폴리오 평가의 경험 여부와 신임교사와 경력교사 간의 경력차이로 인해 질적 수준의 차이가 있게 된다.

2 포트폴리오 평가의 구성

다음에서는 포트폴리오 평가를 구성하는 유형과 구성요소에 대해 살펴보고자 한다. 포트폴리오의 목적이 정해지면 이를 가장 잘 수행할 수 있는 유형을 결정하게 된다. 포트폴리오의 유형은 목적이 무엇인지, 어떤 형태가 조직되는지, 누구에게 제시되는지에 따라 다양하게 구분된다. 그리고 포트폴리오의 구성요소에는 다양한 항목이 있으나 개념, 특성 그리고 목적 등을 고려하여 신중하게 선정하여야 한다.

1) 포트폴리오의 유형

McMillan(1997)은 전시, 기록 그리고 평가 포트폴리오로 구분하고 있으며, Shores & Grace(1998)은 개인, 학습, 인수 포트폴리오로 제시하고 있다. 그리고 Wortham(2008)

은 작업, 평가, 쇼 케이스, 그리고 기록 포트폴리오로 네 가지 유형으로 구분하였다. 이 중에서 Shores & Grace(1998)와 Wortham(2008)이 제시한 유형을 중심으로 살펴보고자 한다.

먼저 Shores & Grace(1998)가 구분한 유형은 다음과 같다.

① 개인 포트폴리오(private portfolio)

이것은 유아와 부모의 사적인 정보를 수집한 포트폴리오를 의미한다. 예를 들면, 유아의 의료기록이나 전화번호이다. 그리고 자료수집의 주체는 교사로, 교사의 일화기록, 부모면담기록, 가정환경조사서 등이 포함된다. 이러한 자료들은 시간적 흐름에 따른 유아의 개인적 정보가 담겨있으므로 특히 비밀보장이 되도록 유의해야 한다.

② 학습 포트폴리오(learning portfolio)

이 유형에서는 유아가 자료수집의 주체이다. 현재 교수학습과정에서 이루어지고 있는 활동에 대한 기록, 초안, 작업표본, 유아의 학습일지 등이 포함된다.

③ 인수 포트폴리오(pass-along portfolio)

이 포트폴리오는 학년말에 1년 동안 유아의 활동을 정리하여 내년 담임교사에게 자료를 전하기 위한 것으로, 유아의 뚜렷한 변화나 문제를 보이는 자료 중심으로 구성된다. 그리고 이 포트폴리오는 교사, 유아 그리고 부모가 함께 협의하여 대표적인 작품을 선정하여 구성하는 것이다.

다음으로 Wortham(2008)은 포트폴리오 유형을 작업, 평가, 쇼케이스 그리고 기록 포트폴리오로 구분하여 제시하였다.

① 작업 포트폴리오(working portfolio)

이 유형은 평가를 위해 일정 기간 동안 유아 작품을 모두 수집하는 것이다. 다음 작품을 위한 계획하기와 진행노트는 중요한 구성요소이다. 이 포트폴리오의 항목들이 다른 포트폴리오 형태의 부분이 될 수 있다.

② 평가 포트폴리오(evaluative portfolio)

교사가 형성적인 자료와 종합적인 자료를 바탕으로 유아의 성장을 평가하기 위해 수집하는 가장 보편적인 포트폴리오이다. 유아의 발달적 진보와 필요로 하는 사항을 평가하는 데 사용하며, 부모와 행정가에게 보고하고, 교육과정과 교수를 계획하는 네 사용하는 포트폴리오이다.

③ 쇼케이스 포트폴리오(showcase portfolio)

이것은 전시를 할 목적으로 유아의 가장 대표적인 작품을 선정하는 것이다. 부모와 함께 유아의 성취를 공유하거나, 특별한 행사를 기획하거나, 또래 친구들과 학습내용이나 결과물들을 공유할 수 있다.

④ 기록 포트폴리오(archival portfolio)

유아의 내년 담임교사에게 정보를 제공할 목적으로 구성되는 것이다.

위에서 제시한 내용을 살펴볼 때 유아교육기관에서 포트폴리오의 유형은 목적에 따라 달라진다. 즉, 포트폴리오의 목적이 유아 개인의 자료수집, 평가, 인수 그리고 전시 목적인지에 따라 구분하여 선정되는 것이 바람직할 것이다.

2) 포트폴리오의 구성요소

일반적으로 포트폴리오의 구성요소에는 유아의 작업표본뿐만 아니라 교사의 관찰 기록, 부모상담 결과, 그리고 표준화 검사 결과를 포함하는 경우도 있다.

아래에서는 포트폴리오에 공통적으로 포함할 수 있는 내용을 살펴보고자 한다(정혜영, 2001; 황해익 외, 2008).

① 내용목차

이것은 수집될 내용물들을 미리 표로 만들어 내용물이 첨가될 때 날짜와 영역을 표시하는 일종의 요약표이다. 보통 포트폴리오의 가장 앞부분에 넣고 타인들에게 작업표본에 대한 정보를 제공하여 이해를 돕는다.

② 날짜

포트폴리오에 작업표본으로 선정된 자료에는 반드시 날짜를 적어야 한다. 특히 오랜 기간 동안의 작업일 경우, 최종 완성작품이 만들어지기 전에 작업일정들을 기록하여 유아들의 변화과정을 알 수 있도록 해야 한다.

③ 작업표본

작업표본들은 포트폴리오의 유형과 목적에 따라 결정된다. 일반적으로 유아 포트폴리오의 경우 시간의 흐름에 따른 유아의 변화과정을 살펴보는 것을 목적으로 한다. 여기에는 글이나 그림 등의 평면적인 작품, 활동과정을 촬영한 비디오 자료나 사진자료, 대화나 노래 등의 녹음, 유아가 읽은 책의 목록 등 다양한 자료가 포함된다.

④ 자기 평가

유아가 자신의 활동에 대해 목표에 비추어 반성하거나 느낀 점, 새로 알게 된 것, 다음의 목표 등을 스스로 정리하고 확인하는 것으로, 유아 포트폴리오 활동의 핵심이라고 할 수 있다.

⑤ 학습일지

이것은 유아들이 활동과정에서 경험한 것을 기록한 것이다. 유아의 경우 기록능력이 부족하므로 교사가 유아-교사 면담을 통해 함께할 수 있다. 이 구성요소는 유아의 사고에 초점을 맞추어 배우고 있는 것과 다음에 배울 것에 대한 반응을 적을 수 있으며, 그 외에도 활동 진행과정이나 상황에 대한 설명 어려움, 실수, 의문점, 그리고 좋은 점 등을 포함할 수 있다.

⑥ 관찰 기록

관찰 기록이란 교사가 유아의 활동과 그 결과물을 지켜보고 남긴 기록이다. 유아는 자신의 활동에 대해 표현하는 능력이 제한적이므로 교사의 관찰기록은 포트폴리오 평가에서 중요하다. 관찰 기록을 할 경우 일화기록, 표본기록, 평정척도 그리고 체크리스트 등의 다양한 기법을 사용할 수 있다.

⑦ 조언

조언이란 교사, 부모, 그리고 또래가 유아의 활동에 대한 개인적 의견을 기록하는 것이다. 이는 협동적 평가의 산물로 유아에게 새로운 목표 및 준거의 지침이 된다.

3 포트폴리오 평가의 실제

유아교육 현장에서 포트폴리오 평가를 실행할 때 단일화된 절차가 있는 것은 아니며, 현장의 상황에 따라 다양한 방식으로 융통성 있게 접근되어야 한다.

다음에서는 유아교육 현장에서 일반적으로 이루어지는 절차를 중심으로 살펴보고자 한다(김지은 외, 2006; 황해익 외, 2008; 황해익, 2009). 포트폴리오를 실시할 경우에는 교육기관의 상황, 교사의 실행여건, 그리고 유아의 발달 정도를 고려하여 적절히 변형하여 사용할 수 있다.

1) 계획단계

포트폴리오 평가의 실제에서 계획은 가장 핵심적인 단계이다. 만일 충분한 계획 없이 포트폴리오 평가가 이루어진다면 단순한 자료수집으로 이어질 가능성이 높으므로, 구체적으로 계획되어야 한다.

포트폴리오 평가의 계획단계에서는 먼저 규정을 정하고, 관련된 참여자들의 이해를 돕기 위해 유아, 교사, 부모에게 포트폴리오 평가에 대한 연수 및 안내를 해야 한다.

(1) 규정 설정하기

규정이란 포트폴리오 평가를 실시하기 위한 계획, 혹은 약정을 말하는 것으로, 포트폴리오 평가를 실시하는 목적, 수집될 내용물, 채점준거, 실시방법과 포트폴리오의 활용방법 등을 결정하는 것이다. 일단 규정이 정해지면 평가가 지속되는 동안 지침이 되므로 신중하게 결정되어야 하며, 내용은 아주 구체적이고 세부적으로 작성되어야 한다.

그리고 규정을 정할 때에는 유아와 부모의 참여를 최대한 보장할 수 있는 방향으로 작성되어야 한다. 이는 의사소통을 원활하게 진행하여 유아에 대한 이해와 학습을 촉진시키기 위함이다.

규정 설정의 예

1. 포트폴리오 평가는 개별 유아에 대해서 다양한 방법으로 자료를 수집하여 발달적으로 적합한 실제를 제공하기 위함이다.
2. 포트폴리오에 수집될 항목은 교육과정 영역(신체운동·건강, 의사소통, 사회관계, 예술경험, 자연탐구)별로 필수 항목을 연 3회(학년 초, 1학기 말, 2학기 말)에 걸쳐 수집하고, 개별화된 포트폴리오 항목은 연중 수시로 첨가한다.
3. 유아 포트폴리오에 넣은 작품은 유아가 선정하는 것을 원칙으로 한다.
4. 유아의 작품에 유아, 교사, 학부모의 논평을 첨가한다.
5. 포트폴리오 협의회는 연 4회를 기본으로 하여, 부모들의 편의에 따라 시간과 장소를 변경할 수 있다.
6. 다음해로 인수인계할 포트폴리오에 넣을 항목은 유아, 교사, 부모가 함께 결정한다.

7. 교사들은 각 학기 말에 포트폴리오의 내용물을 서술적으로 요약하여 가정으로 보낸다.
8. 학기 말에 유아의 학습활동 포트폴리오는 가정에, 인수 포트폴리오는 유치원에 보관한다.
9. 유아의 개인적 정보들은 공개되지 않으며, 이는 유아의 학습활동 포트폴리오와 분리해서 보관한다.

(2) 참여자에 대한 연수 및 안내하기

유아를 대상으로 한 포트폴리오 평가에서는 유아, 교사, 그리고 부모의 이해와 도움이 많은 영향을 미치므로 이들에게 포트폴리오 평가에 대한 연수와 안내를 해야 한다.

포트폴리오 평가에서는 다양한 자료수집을 하게 된다. 교사는 유아의 활동 결과물뿐만 아니라 활동과정을 제시하기 위하여 촬영, 녹음, 녹화기술을 익혀야 한다.

또한 포트폴리오 평가에서는 교사의 관찰 기록도 중요한 자료이므로 다양한 관찰기법과 기록화 능력을 길러주는 연수도 필요하다.

그리고 포트폴리오 평가는 유아와 교사 그리고 부모가 협동적으로 참여하는 평가이므로 유아와 부모에게도 이에 대한 소개를 해야 할 필요가 있다.

유아에게는 일상생활 속에서 수집된 자료들이 유아의 발달변화를 나타냄을 보여주어 유아들의 자기반성, 자기평가, 그리고 또래평가 등 다양한 활동을 경험하는 기회를 주는 것이 바람직하다.

부모에게는 기존의 평가방법과의 비교를 통해 새로운 포트폴리오 평가의 목적, 가치, 장점, 유아에게 미치는 영향, 그리고 규정 등을 안내해야 한다. 그리고 평가과정에서 부모들이 참여해야 할 부분을 충분히 설명하여 가정에서도 유아의 활동에 관심을 갖고 적극적으로 참여하도록 한다. 예를 들면, 유아의 활동 결과물의 중요성과 활동 결과물에 대한 반응 방법 등을 알려주는 것이다.

부모들에게 포트폴리오 평가를 안내하는 방법은 부모교육 모임이나 가정통신문, 워크숍, 학부모 면담 등의 공식적인 절차를 통해 이루어질 수도 있고, 일상적인 전화면담이나 개별면담, 그리고 등·하원 지도를 할 때 이루어질 수 있다.

가정통신문의 예

알려드립니다.

본 유치원에서는 유아의 발달변화 과정을 쉽게 판단할 수 있는 포트폴리오 평가를 실시하고자 합니다.

포트폴리오 평가는 유치원에서 실제 생활하고 있는 유아의 기록물들(글쓰기 자료, 그림 자료, 사진 자료 등)과 유아의 행동을 관찰한 관찰 기록물들을 수집하여 변화과정을 평가하고자 하는 방법입니다.

포트폴리오의 교육적 효과를 높이기 위해서는 부모님의 견해가 중요합니다. 가정에서 생활하시면서 특별한 유아의 행동이나 발달상황을 알려주시고, 주기적으로 집으로 보내드리는 자료에 대한 의견을 보내 주신다면 유치원에서 실시하는 포트폴리오의 계획과 실시에 도움이 될 것입니다. 부모님들의 많은 관심과 참여가 있으시길 부탁드립니다.

20○○년 월 일
○○유치원장

2) 실행 단계

이 단계는 다양한 자료를 수집하는 것과 동시에 그에 대한 평가활동이 함께 이루어진다. 유아교육기관에서 유아의 활동들과 그 결과물, 유아에 대한 교사의 관찰 기록물, 가정에서 보내준 유아에 대한 정보들, 그리고 다양한 활동 결과물에 대한 교사, 부모, 유아 자신의 평가자료가 필요하다.

유아 포트폴리오 평가 관련 자료

✤ 배경 정보 : 가정환경 조사서, 건강기록물, 가족 질문지, 발달검사 자료 등
✤ 시간의 흐름에 따른 작업표본 : 도표나 그래프 복사한 것, 그림, 도서일지, 유아가 읽은 도서목록, 수학활동 자료, 사진, 유아의 활동과정을 녹화한 것, 노래나 대화를 녹음한 것, 유아가 이야기한 것, 유아가 직접 쓰거나 교사가 받아쓴 것, 협동 작품 등
✤ 유아의 활동 계획표 및 평가표
✤ 면접 자료 : 유아–교사, 유아–교사–부모 협의회를 녹음 · 녹화한 자료

자료 : 황해익(2009). 유아교육평가의 이해. 정민사. p. 281.

〈표 3-1〉 유아 포트폴리오 자료의 영역별 항목

영역	핵심 항목의 예	수집활동의 예
신체 · 건강 영역	• 신체인식 · 조절 · 활동 참여에 대한 기록 • 기본운동능력에 대한 기록 • 기본적인 생활습관에 대한 기록	• 체격 검사 기록표 • 기본운동 활동 결과물 • 대 · 소근육 발달보고서 • 실내 · 외 활동 관찰기록 • 기본생활습관 관찰기록
의사소통 영역	• 문장이나 이야기를 듣고 이해하며 표현한 기록 • 자신의 느낌이나 생각을 말하는 기록물 • 책에 관심을 가지고 읽거나 글자를 적은 기록물	• 도서계획표 • 영유아 말하기 녹음자료 • 자신의 이름과 친숙한 물건의 명칭을 쓴 자료 • 의사소통 평정척도 기록
사회관계 영역	• 나 · 가족 · 다른사람 · 지역사회에 관심을 갖고 표현한 기록물 • 사회적 관계를 나타내 주는 기록물	• 적응일지 작성표 • 교우관계도 기록 • 가족과 이웃에 관한 활동자료 기록물 (예:가족 역할놀이, 시장놀이 등)
예술경험 영역	• 음악 · 미술 · 움직임에 관심을 탐구하려는 태도 • 자신의 생각과 느낌을 표현하는 결과물 • 다양한 예술을 감상하려는 태도	• 다양한 소리, 움직임, 색과 모양 등을 탐색하고 표현한 기록 • 자신의 느낌과 생각을 표현한 작품이나 활동자료 • 다양한 재료나 도구를 활용한 기록 • 예술활동에 참여하여 표현한 과정이나 결과에 대한 기록
자연탐구 영역	• 주변 자연과 사물에 대한 관심을 표현한 기록 • 수학에 관심을 갖고 문제를 해결하는 기록 • 생명체와 자연환경에 관심가지고, 자신의 생각과 질문을 나타낸 기록 • 생활속 도구와 기계에 대한 활용 기록	• 자료의 비교나 순서짓기에 관련된 수학활동 사진이나 자료 • 자료를 분류하고 그래프로 나타낸 기록물 • 요리활동 결과표 • 식물의 성장기록표 • 도구와 기계의 장단점 기록물

(1) 보관함 준비하기

포트폴리오 평가에서 자료를 수집하기 이전에 보관할 장소를 먼저 결정해야 한다. 여기에서는 유아 개인별로 다양한 작품 및 활동 결과물들을 수집하고 보관하기 위해서 보관함이 필요한데, 3공 바인더, 아코디언 파일, 서류봉투, 뚜껑이 있는 상자, 스크랩 북 등 기관의 상황을 고려하여 적절하게 준비한다.

포트폴리오 보관함을 구성할 때 참고해야 할 사항을 아래와 같이 제시하고자 한다(김지은 외, 2006에서 재인용).

- 보관함은 몇 부분으로 나누어 특정 시기 동안 수집한 자료들을 구분할 수 있어야 한다. 예로 일 년을 한 달이나 두 달 간격으로 나누어 정리하는 것이다.
- 보관함은 최소의 공간을 차지해야 한다.
- 유아교육기관에서 보내는 동안 유아들이 활동한 모든 결과물들을 보관함 속에 포함할 수 있도록 해야 한다.
- 보관함은 저렴해야 한다.
- 파일이나 바인더의 경우 내용물이 증가할 때마다 내용물 보관 속지를 보충할 수 있는 첨가형이 좋다

(2) 내용목차 작성하기

이것은 포트폴리오 내용물에 대한 예상 목록으로 포트폴리오에 자료가 첨가될 때마다 표시함으로써 포트폴리오 내용물을 쉽게 파악할 수 있다. 이때 날짜와 함께 자료와 형태를 함께 기록해 두면 자료가 원본인지, 복사물인지, 녹음자료인지, 사진인지 등을 쉽게 파악할 수 있다.

〈표 3-2〉 **포트폴리오 내용 목차**

번호	영역	세부내용	날짜 (형태)	날짜 (형태)	날짜 (형태)	날짜 (형태)	날짜 (형태)	날짜 (형태)
1	신체운동건강	신체인식하기						
		신체조절과 기본운동하기						
		신체활동에 참여하기						
		건강하게 생활하기						
		안전하게 생활하기						
2	의사소통	듣기						
		말하기	5/4 (녹음)					
		읽기						
		쓰기						
3	사회관계	나를 알고 존중하기						
		나와 다른 사람의 감정 알고 조절하기						
		가족을 소중히 여기기						
		다른 사람과 더불어 생활하기						
		사회에 관심갖기						
4	예술경험	아름다움 찾아보기						
		예술적 표현하기						
		예술 감상하기	4/9 (사진)					
5	자연탐구	탐구하는 태도 기르기						
		수학적 탐구하기						
		과학적 탐구하기						
6	기타							

(3) 시간에 따른 다양한 작업표본 수집하기

작업표본은 유아의 활동과정 및 결과를 나타내는 증거물로서 이 활동은 포트폴리오 평가에서 가장 중요한 요소라고 볼 수 있다.

그리고 개별 유아가 유아교육기관에서 새롭게 적응하기 시작한 시점에서 수집된 작업표본은 기준 작품으로서 이후 발달의 기준이 되므로 영역별로 세심한 수집이 필요하다.

또한 포트폴리오 평가는 개인 간 비교가 아니라 개인 내 비교라는 점을 기억해야 한다. 따라서 작업표본을 수집할 때 유아의 특정 발달상황을 평가하기 위해서 인위적으로 수행과제를 주지 말아야 하며, 다른 유아들과 비교하여 특정 영역의 작품이 부족할 경우 그 영역의 활동을 강요하지 않아야 한다.

그리고 작업표본이 사회성 발달의 경우와 같이 직접적인 결과물로 남지 않거나, 크고 작은 입체물이어서 보관하기 힘든 경우이거나, 혹은 유아가 작품을 집으로 가지고 갈 경우에는 사진이나 비디오로 촬영하여 보관할 수 있다. 촬영한 내용에 대해서는 사건의 전후 상황, 목적, 일시, 장소, 참여 유아의 이름, 각 장면의 의미를 기록해 두는 것이 좋다. 이를 위한 포트폴리오 양식을 다음과 같이 제시하였다.

〈표 3-3〉 **사진 포트폴리오 양식**

관찰대상	○○○	연 령	년 개월	성 별	
관 찰 자		관 찰 일	20**년 *월 *일	관찰장소	
관찰시간		교육과정영역			
	기 록				
사 진 기 록	<사진첨부>				
장면설명					
발달적 요약					
교수계획					

(4) 활동일지 기록하기

활동일지는 유아가 계획된 활동에 참여한 이후에 활동의 과정이나 결과, 소감, 계획 등을 기록하는 것으로 현재의 활동상황에 대한 평가와 함께 미래에 대한 계획을 포함한다. 문해능력이 부족한 유아의 경우에는 교사와 유아가 면담이나 협의회 등으로 정기적으로 만나서 교사가 기록을 하다가 이후 유아가 글을 쓸 수 있으면 유아가 쓰도록 하면 된다. 그런데 교사가 여러 명의 유아를 맡고 있을 경우에는 개별 유아마다 1~2주 동안 진행된 내용에 대해 일지를 기록하는 것이 가능하다.

활동일지 양식의 예를 다음과 같이 제시하였다.

〈표 3-4〉 **활동일지 양식**

관찰대상	○○○	연 령	년 개월	성 별	
관 찰 자		관 찰 일	20**년 *월 *일	관찰장소	
관찰시간		활 동 명			
	기 록				
질문내용	• 무엇을 알게 되었나요? • 무엇을 더 알고 싶어요? • ○○을 알아보기 위해 어떤 계획을 세웠어요?				
교사의 의견					

(5) 관찰 기록하기

포트폴리오 평가에서는 유아의 작업표본뿐만 아니라 교사의 관찰기록 자료도 포함한다. 교사는 자연스런 상황에서 유아를 관찰하여 다양한 정보를 얻게 된다. 일반적으로 많이 사용하는 관찰기법에는 일화기록, 체크리스트, 평정척도 등이 있다.

여러 관찰기법을 이용하여 수집한 자료는 개인정보를 수집하는 별도의 파일에 각 유아마다 정리하여 교사가 보관하는 것이 좋다(* 관찰기법은 2장 관찰방법 참조).

(6) 자기반성 및 조언자료 수집하기

포트폴리오 평가에서는 활동자료의 수집과 함께 그 활동에 대한 반성자료, 조언자료 그리고 평가자료의 수집도 병행되어진다. 즉, 유아의 활동자료에 대해 유아 자신, 교사, 부모, 그리고 또래 친구들도 칭찬하고 싶은 점, 새로운 점, 진보한 점에 관해 의견을 제시할 수 있다. 부모의 조언을 얻기 위해서 별도의 양식지를 작성하여 가정으로 보낼 수 있다. 이러한 조언자료를 기초로 유아의 새로운 활동을 계획할 수 있다는 이점이 있다.

〈표 3-5〉 **유아용 반성자료의 예**

<table>
<tr><td>관찰대상</td><td>○○○</td><td>연 령</td><td>년 개월</td><td>성 별</td><td></td></tr>
<tr><td>관 찰 자</td><td></td><td>관 찰 일</td><td>20**년 *월 *일</td><td>관찰장소</td><td></td></tr>
<tr><td>관찰시간</td><td></td><td>작 품 명</td><td colspan="3"></td></tr>
<tr><td></td><td colspan="5">기 록</td></tr>
<tr><td>유아의
자기 작품
평가</td><td colspan="5">• 무엇을 그렸는지(꾸몄는지, 만들었는지) 이야기해 주겠니?

• 네가 그린 것 중에서(꾸민 것, 만든 것) 중에서 다르게 하고 싶은 것이 있니? 만약 있다면 어떻게 하겠니?

• 왜 그렇게 생각하니?</td></tr>
</table>

〈표 3-6〉 **또래용 조언기록지의 예**

관찰대상	○○○	연 령	년 개월	성 별	
관 찰 자		관 찰 일	20**년 *월 *일	관찰장소	
관찰시간		작품명			
	기 록				
또래 조언	• 친구의 작품 중에서 마음에 드는 부분은 무엇인가요? • 친구 작품을 보면서 칭찬해 주고 싶은 것은? • 만약 친구와 함께 작품을 만든다면 어떤 부분을 바꾸고 싶나요?				

〈표 3-7〉 **부모용 조언기록지의 예**

관찰대상	○○○	연 령	년 개월	성 별	
관 찰 자		관 찰 일	20**년 *월 *일	관찰장소	
관찰시간		작 품 명			
	기 록				
부모 평가	• 작품에서 좋은 부분을 유아에게 이야기하고 기록하세요. • 이 작품에서 추가하면 좋은 부분에 대해 유아에게 이야기하고 기록하세요. • 유아의 작품과 관련하여 유치원에서 추가적으로 필요한 활동이 있다면 기록하세요. 학부모 : ○○○ (인)				

〈표 3-8〉 교사용 조언기록지의 예

관찰대상	○○○	연 령	년 개월	성 별	
관 찰 자		관 찰 일	20**년 *월 *일	관찰장소	
관찰시간		작 품 명			
	기 록				
교사 평가	• 유아의 작품은 유아가 주도한 것인가? 혹은 교사가 주도한 것인가? • 이 작품에서 좋은 부분을 유아에게 알려주고 기록하세요. • 유아의 발달수준을 고려하여 평가하고, 다음 활동을 제공할 때 유의할 점에 대해 기록하세요.				

3) 평가 및 활용 단계

이 단계에서는 실행단계에서 수집한 자료들을 기초로 포트폴리오 요약서를 마련하고, 포트폴리오 협의회를 실시하며, 유아의 활동과 발달상황에 대한 정보 공유를 위해 전시회를 개최할 수 있다. 이러한 과정을 통해 한 해 동안 유아의 발달을 총정리하고 다음해 새로운 담임에게 인계할 인수 포트폴리오를 준비한다.

(1) 포트폴리오 요약서 준비하기

이것은 한 학기 또는 한 해 동안 수집한 개별 유아의 많은 정보들을 요약하는 서술문이다.

이를 작성하기 위해서 교사는 발달 영역별, 혹은 생활 영역별로 편집하여 시간의 흐름에 따라 작품들을 정리해야 한다. 또한 기준 작업 표본과 비교할 때 어떤 변화가 있었는지를 정리한다. 그리고 가정으로 포트폴리오 요약서를 보내어 부모의 의견을 알아보기도 한다. 이렇게 작성된 포트폴리오 요약서는 다시 유아의 부모에게 보내기도 하며, 교사가 생활기록부를 기재할 때 참고자료로 활용하기도 한다.

포트폴리오 요약서의 예를 다음의 양식에 제시하고 있다.

〈표 3-9〉 **포트폴리오 요약서의 예**

유아명		연령 (성별)	세 (남, 여)	기록일	년 월 일

발달영역	
신체	
인지	
언어	
사회성	
정서	
총평	

부모님 의견	

(2) 포트폴리오 협의회 실시하기

유아-교사-부모 협의회는 유아, 부모, 그리고 교사가 만나서 포트폴리오 자료를 활용하는 것을 의미하는데, 이는 포트폴리오 평가의 공식과정으로 유아의 장단점, 발달상황, 유아에 대한 정보를 공유하는 기회가 된다. 이것은 주기적 혹은 비주기적으로 실시할 수 있으며, 생활주제가 바뀔 때 또는 장기 프로젝트 전시회를 마친 후 실시할 수 있으며, 1년에 3~4회 형식적 협의회를 실시할 수도 있다.

학년말 포트폴리오 협의회에서 교사와 부모는 포트폴리오 요약서를 기초로 유아에 대한 정보를 공유하고 요약서의 내용을 수정할 수도 있으며, 인수 포트폴리오에 넣을 항목들을 유아, 교사, 그리고 부모가 협의하여 선정할 수도 있다.

(3) 포트폴리오 전시회 개최하기

포트폴리오 전시회는 모든 유아의 개별 포트폴리오를 전시할 수도 있고, 혹은 유아가 소개하고 싶은 대표 작품들을 전시할 수도 있다. 유아의 부모, 가족, 동료교사, 그리고 전문가들과 공유하기 위한 것으로 전시회를 단독으로 개최해도 되고, 부모참여 수업을 할 때 한 코너에 전시할 수도 있다.

전시회를 준비하기 위해 유아들과 함께 초대할 사람을 선정하고, 초대장을 발송하고, 전시장을 꾸미고, 자신의 작품을 배치하는 과정을 통해 유아는 주도적인 역할을 함으로써 긍정적 영향을 주게 된다.

(4) 인수 포트폴리오 준비하기

인수 포트폴리오는 교사, 유아, 부모 또는 교사와 유아가 협의하여 대표적인 작업 표본을 정하고, 포트폴리오 요약서 및 기타 평가기록들을 모아둔 얇은 수집물로서 내년 담임교사에게 전달하며, 계속 유아교육기관에 보관한다.

인수 포트폴리오에 넣을 항목은 포트폴리오 평가 계획 단계에서 규정을 설정할 때 결정해야 한다.

인수포트폴리오를 구성할 때 고려할 사항은 다음과 같다.

- 포트폴리오 협의회에서 인수 포트폴리오에 넣을 항목을 결정할 수 있다.
- 유아에게 다음 교사에게 보이고 싶은 항목을 생각해 보게 한다.
- 부모, 유아, 교사의 선택에 있어 균형을 맞추도록 하며, 가능한 한 원본은 유아의 개인 포트폴리오에 넣어서 가정으로 보내도록 한다.
- 반드시 유아의 이름, 날짜, 어떤 중요성이 있는지 간략하게 기록한다.
- 인수 포트폴리오를 유아교육기관에 보관한다.

CHAPTER 04

행동관찰 평가의 활용

본 장에서는 행동관찰 및 평가를 통해 영유아 발달 이해, 교육과정 평가 및 계획수립에 반영, 부모 면담의 활용방법에 대해 살펴보고자 한다.

1 영유아 발달 이해

관찰은 자연스럽게 나타나는 행동을 기술 또는 기록함으로써 특정현상에 대한 객관적 자료를 수집하는 방법을 말한다(김정환, 2005). 관찰을 통해 유아의 자연스럽고 자발적인 행동을 평가할 수 있다. 따라서 관찰은 영유아의 행동을 이해하기 위한 필수적인 방법으로 관찰의 결과는 모든 영유아 교육활동의 성과를 재는 출발점이 된다.

본 장에서는 관찰을 통해 영유아기의 신체·운동발달, 인지발달, 언어발달, 정서발달, 사회성 발달에 대한 이해를 돕고자 한다. 우선적으로 영유아의 발달에 대한 일반적인 원리를 숙지하면서 관찰이 이루어져야 한다.

〈아동 발달의 원리〉

발달이란 난자와 정자가 수정되는 순간, 즉 수태에서부터 시작되는 계속적인 과정을 말한다. 수태하는 순간부터 세포분열이 시작되는데, 하나의 세포인 수정란은 수백만개 세포가 형성될 때까지 아주 빠른 속도로 분열을 계속한다. 새로 형성된 세포들은 세분화된 역할을 맡아 신체의 여러 기관을 형성하게 된다. 성장과정은 태내기나 출생 후나 매우 복잡한 것이지만, 아동발달에는 몇 가지 일반적인 원칙이 있다(정옥분, 2006).

첫째, 발달에는 일정한 순서가 있다.
예를 들면, 신체발달의 경우에 앉기, 서기, 걷기의 순으로 발달하고, 언어발달의 경우에는 옹알이, 한단어로 말하기, 간단한 문장으로 말하기, 복잡한 문장으로 말하기 순으로 발달한다.

둘째, 발달은 일정한 방향으로 진행된다.

① 두미(cephalocaudal) 발달 원칙
머리에서 발 방향으로 발달이 진행된다. 즉, 머리 부분이 몸통이나 사지보다 일찍 발달한다는 것이다.

② 근원(proximodistal) 발달 원칙
안에서 바깥쪽으로 발달이 진행된다. 즉, 중심부가 말초신경보다 먼저 발달한다는 것이다. 팔, 손목, 손, 손가락의 순서대로 발달이 이루어진다.

③ 세분화(general to specific) 발달 원칙
일반적인 것에서 특수한 것으로 발달이 진행된다. 유아 초기의 행동은 몸전체를 사용하는 거칠고 산만하고 분화되지 않은 것이지만 점차적으로 분화되고 정밀한 행동으로 대체된다.

셋째, 발달은 계속적인 과정이지만 발달의 속도는 일정하지 않다.
신체가 급속도로 성장하는 기간이 있는가 하면, 심리적 발달이 급속도로 이루어지는 기간이 있다. 예를 들면, 출생 후 첫돌까지는 신장과 체중이 크게 증가한다. 생식기관은 아동기에는 그 발달이 매우 느리지만, 사춘기에는 급속도로 발달한다.

넷째, 발달에는 개인차가 있다.
모든 아동들의 발달은 일정한 순서대로 이루어지지만, 발달의 속도와 양상은 영유아마다 개인차가 있다. 특히 사춘기와 같은 성적 성숙의 시기에는 상당한 개인차가 있다.

다섯째, 발달의 각 영역은 상호밀접한 연관이 있다.
생물학적 발달, 인지적 발달, 사회정서적 발달은 서로 상호작용을 한다. 사회정서적 과정이 인지적 과정에 영향을 미치고, 인지적 과정은 사회정서적 과정에 영향을 미치며, 생물학적 과정은 또 인지적 과정에 영향을 미친다.

영유아의 발달 평가는 유아교사들에게 영유아의 발달에 적합한 교수학습 방법을 계획하고 실행하는 주요한 자료로 활용된다. 영유아의 발달 평가는 다음과 같은 교육적 의미가 있다.

첫째, 영유아의 현재 발달수준을 파악하여 영유아의 최적의 발달을 도울 수 있다. 특히 영유아기는 다른 어느 시기보다 발달이 급속도로 이루어지는 시기로서 영아의 자조기술, 대·소근육, 언어, 사회정서, 인지 발달에서의 현재의 조건이나 상황에 따라 발달이 적합한 수준에 와 있는지, 발달 영역마다의 수준 차이는 어떤 양상을 보이고 있는지를 파악할 수 있다. 또한 영유아기의 경험과 할 수 있는 것을 파악하고 영유아의 장점, 흥미, 태도 성향을 파악하여 실제 상황에서 자신의 지식을 적용할 수 있는 능력을 발견할 수 있다.

중요한 것은 영유아 발달 평가 결과는 영유아의 발달패턴과 개인의 강점

및 약점을 발견하여 영유아의 건전한 성장발육을 도모하는데 도움을 줄 수 있도록 활용될 수 있으며, 개별 영유아의 흥미와 관심을 반영한 교육 계획 및 경험을 제공할 수 있다.

둘째, 영유아에게 제공하는 경험의 적절성을 평가할 수 있다. 영유아 교육 프로그램은 초기에는 일반적으로 제시되는 연령별 발달 지표에 의해 계획되어 운영되며, 프로그램 운영과정에서 관찰에 의해 영유아의 발달 정도가 평가된다. 이러한 평가결과는 다음 영유아 프로그램 계획에 반영된다. 또한 영유아의 발달 평가에 기초하여 구성한 프로그램의 효과를 판단하기 위해서도 프로그램 투입 후 영유아 발달이 평가될 수 있다(이영자, 외, 2001).

1) 영유아의 발달과업과 관찰의 실제

(1) 12개월 이전-반사운동

반사는(reflex)는 우리 눈에 이물질이 들어가면 눈을 깜빡거리는 것과 같이 외부의 자극에 대한 무의식적이고도 자동적인 반응을 말한다. 신생아는 외부의 자극에 대해 여러 가지 반사행동을 보이는데, 반사행동에는 생존반사와 원시반사의 두 종류가 있다. 생존반사는 신생아의 생존에 필요한 것으로 호흡반사, 눈깜빡거리기 반사, 빨기반사, 삼키기 반사, 근원반사 등이 있다. 생존반사는 유해한 자극에 대해 보호기능을 할 뿐만 아니라 유아의 기본 욕구를 충족시키는 기능도 한다(정옥분, 2006).

12개월 이전의 신생아는 여러 형태의 선천적인 반사기능을 가지고 태어난다. 이들 반사기능은 인간의 생존에 필요하며 지속적으로 유지되는 생존반사와 종 특유의 반사기능이면서도 생후 일정기간이 지나면 사라지는 원시반사로 구분된다(Shaffer, 1993: 송명자, 1996 재인용). 생존반사(survival reflexes)는 생존에 필요한 것으로 호흡반사(breathing reflex), 눈깜박거리기 반사(eye-blink reflex), 빨기 반사(sucking reflex), 삼키기 반사(swallowing reflex), 근원반사(rooting reflex) 등이 있다.

원시반사(primitive reflexes)는 신생아의 생존과 관계가 없는 반사로 인류의 진화과정의 흔적으로 보인다. 모로반사(Moro reflex), 바빈스키반사(Babinski reflex), 수영반사(swimming reflex), 잡기반사(grasping reflex), 걸음마 반사(stepping reflex) 등이다. 원시반사는 수개월 이내에 사라지는데, 이는 대뇌피질이 발달함에 따라 신생아의 반사운동이 점차적으로 의식적이고 자발적인 행동으로 대체되기 때문이다. 그러나 원시반사가 기능적인 가치는 별로 없다 하더라도 발달상태를 평가하는 데에 매우 유용하다. 만약 이러한 반사행동이 출생 시 나타나지 않거나 수개월이 지나도 사라지지 않으면 신경계에 어떤 문제가 없는지를 살펴보아야 한다(송명자, 1996; 정옥분, 2006).

원시반사의 출현과 소멸시기 특징은 〈표 4-1〉과 같다.

〈표 4-1〉 **영아의 반사운동 발달시기**

반사행동 \ 개월		0	1	2	3	4	5	6	7	관찰의 초점
원시반사	모로반사	■	■	■	■	■	■	■		갑작스런 큰소리, 머리위치의 변화에 대해 팔과 다리를 벌리고 손가락을 펴며 몸쪽으로 팔과 다리를 움추림(생후 6~7개월경에 사라짐)
	바빈스키반사	■	■	■	■	■	■	■	■	발바닥을 긁으면 처음에는 다리를 움츠리고, 다음 발가락을 쫙 펴는 반사작용(생후 8개월에서 1년 사이에 사라짐)
	수영반사	■	■	■	■	■	■	■		아기를 물속에 놓으면 물위에 뜨기 위해 적절한 팔다리 운동과 호흡을 함
	잡기반사	■	■	■	■	■				손바닥에 물체를 대며 꼭 쥐는 반사로서 3~4개월에 의도적으로 잡는 행동이 대치되면서 사라짐
	걸음마 반사	■	■	■	■	■	■			신생아의 겨드랑이를 잡고 살짝 들어 올려 바닥에 발을 닿게 하면, 걸어가듯이 무릎을 구부려 발을 번갈아 땅에 내려놓는 반사운동

자료 : 송명자(1996). 발달심리학. 서울: 학지사; 정옥분(2006). 아동발달의 이해. 서울: 학지사.

(2) 영아의 영역별 발달과업

발달과업은 인간이 환경에 적응하기 위하여 각 발달단계에서 반드시 성취해야 할 일들이다. 해비그허스트(R. Havighurst)는 개인이 한 단계에서 발달과업을 잘 성취하면 다음 단계의 과업을 원만히 수행할 기초를 마련하나, 그렇지 못하면 장차의 과업 수행에 곤란을 겪게 된다고 하였다. 그는 어떤 과업을 성취할 준비가 되었을 때 교육의 적정시기가 온 것이라고 주장하였다. 발달과업은 대체로 연령에 따라 계열화되어 있다(특수교육학 용어사전, 2009).

영아의 각 영역별 발달과업을 12개월 미만, 24개월 미만, 36개월 미만으로 나누어 살펴보면 다음과 같다. 영아의 연령에 따른 발달과업은 황해익, 임재택(2000)의 저서를 참조하여 제시하였다.

① 0~12개월 영아

영역	발달과업
언어발달	1. 혼자 옹알이를 하며 '이어, 우우, 무' 등의 소리를 낸다.
	2. 우는 소리와 울지 않는 소리를 낸다.
	3. 말하는 사람 쪽으로 고개를 돌리고 쳐다본다.
	4. 소리의 모방이 시작된다(예: 맘마, 싫어).
	5. 단어를 사용하기 시작한다(예: 엄마, 아빠, 맘마).
	6. 선별적으로 단어를 구분한다.
	7. 한 단어를 상황에 맞춰 여러 가지 뜻으로 표현한다.
	8. 물건 혹은 사람에게 명칭을 붙이는데 의미 있게 한 단어를 사용한다.
	9. 소리를 모방하고 싶지만 발음이 잘 나오지 않는다.
	10. 간단한 명령을 이해한다.
	11. 안녕하며 손을 흔들 수 있다.
인지발달	1. 새로운 물건을 바라보며, TV화면에 관심을 보이고 사람의 얼굴에 관심을 보인다.
	2. 주변에 대한 호기심이 나타난다. 가까이에 있는 물건에 손을 뻗친다. 사물을 바라봄으로써 외부세계를 이해한다.
	3. 가지고 놀던 물건이 사라지면 사라진 쪽을 바라본다.
	4. 자신의 몸을 이해하기 시작한다.

	5. 사람, 사물, 사건에 있어서 신기한 것과 이상한 것을 깨닫기 시작한다.
	6. 간단한 몸짓을 따라한다.
	7. 시행착오의 반복을 통해 지식을 얻는다.
	8. 무슨 일이 일어나는지를 알려고 의도적으로 실험을 한다. 장난감을 떨어뜨리고 집어 올린다.
	9. 보이지 않는 물건에 대한 대상영속성 개념이 생긴다. 숨겨진 장난감을 찾는다.
	10. 무슨 일이 일어나려고 하는지 일상적인 일을 예측할 수 있다.
	11. 책에 나와 있는 그림이나 사진 등에 관심을 보인다.
	12. 가전제품, 장난감의 소리, 동물소리를 흉내 낸다.
	13. 놀이에서 다른 영아의 소리를 흉내 낸다.
기본생활습관	1. 우유병을 혼자 잡고 먹을 수 있다.
	2. 도움을 받아서 음식을 푼 숟가락을 입에 댄다.
	3. 숟가락으로 스스로 먹는다.
	4. 옷을 입혀 줄 때, 팔, 다리를 벌린다.
신체발달	1. 몸을 받쳐주면 머리를 자유롭게 움직인다.
	2. 누워서 몸을 좌우로 뒤집는다.
	3. 도움을 받아 앉을 수 있게 되면 손으로 잡지 않고 앉는다.
	4. 붙잡고 일어서며 양손을 떼고 서 있게 된다. 혼자 설 수 있다.
	5. 아무렇게나 물건을 던진다.
	6. 입, 눈, 손가락을 사용하여 사물의 성질을 이해하기 시작한다.
	7. 최소한의 도움을 받고 걷게 되며 두발로 걷기 시작한다.
	8. 물건을 입속에 넣을 수 있다.
	9. 간단한 악기를 칠 수 있다(단지 두드리는 수준이다).
	10. 한 번에 그림책을 여러 장 넘긴다.
	11. 줄을 잡아당길 수 있다.
	12. 한 손으로 물건을 잡으며 물건을 한 손에서 다른 손으로 옮길 수 있다. 그러나 한 손에 하나를 쥐고 있는 상태에서 다른 것을 주면 쥐고 있던 것을 떨어뜨리고 새 것을 잡는다.
	13. 엄지와 검지로 물건을 잡는다.
	14. 나무토막을 얹는 정도의 활동을 할 수 있으며 블록을 2개 쌓는다.
	15. 소리에 대한 관심이 높아지면서 입으로 소리를 내고 듣는다.
	16. 손뼉을 친다.

영역	내용
	17. 그릇 속에 작은 물건을 넣으며 서서히 바구니에서 물건을 꺼낼 수도 있게 된다.
	18. 움직이는 물체를 시각적으로 추적한다.
	19. 소리 나는 쪽으로 고개를 돌린다.
	20. 단맛과 단맛이 아닌 것을 구별한다.
사회·정서 발달	1. 즐거운 표정이나 불쾌한 표정을 짓는다.
	2. 음악과 리듬에 즐거운 표정을 짓는다.
	3. 엄마에 대한 애착이 더욱 강해지게 되며, 보살핌을 받을 때 때때로 눈 마주치기를 원한다.
	4. 사람에 대해 특별한 관심을 갖게 되며 얼굴, 목소리로 사람을 접촉하게 되면 조용해진다. 사람의 얼굴을 그려 보여 주면 웃는다.
	5. 친숙한 사람에게 미소 짓고, 소리를 내며, 온몸을 움직여 기쁨을 표시하며 껴안거나 입을 맞추는 등 애정표현을 한다.
	6. 손을 내밀어 어른에게 장난감이나 물건을 건네준다.
	7. 어른을 모방하여 손뼉을 치며 짝짜꿍을 한다.
	8. 자기 이름에 대한 반응으로 바라보거나 가까이 온다.
	9. 기분이나 감정의 변화를 표현하면서 정서를 더욱 분명하게 표현한다.
	10. 타인의 주의를 끌며 주의를 끌기 위해 말을 하며 애정을 받고자 하는 사회적 신호가 나타난다. 사람과의 접촉도 많아져 인간관계가 확장되기 시작한다.
	11. 격리불안이 나타나기 시작하며 낯선 사람을 두려워 한다. 헤어졌던 엄마를 보면 반가워 한다.
	12. 교사의 도움을 받으려는 경향이 두드러진다.
	13. 크게 소리 내며 놀기 시작한다.
	14. 모방으로 인사, 청결, 배변습관 등의 사회적 놀이를 할 수 있다.
	15. 해서는 안 되는 것과 해도 되는 것을 안다.
	16. 기분이 좋으면 교사에게 뽀뽀한다. 화가 나면 교사를 때리거나 물건을 던진다.
	17. 무서우면 울거나 숨는 흉내를 낸다.
	18. 심술이나 외고집이 나타난다.

② 13~24개월 영아

영역	발달과업
기본생활습관	1. 말이나 몸짓을 사용해 화장실 갈 의사를 표시한다.
	2. 변기나 아기변기에 잠시 동안 앉아 있으며 변기에서 소변을 보는 것을 꺼리지 않는다.
	3. 모자를 쓰고 벗으며 양말을 벗는다.
	4. 단추를 풀어 주었을 때 외투를 벗는다.
	5. 도움 없이 컵으로 마신다.
	6. 혼자서 숟가락을 사용하여 음식을 먹는다.
신체발달	1. 혼자 걷는다.
	2. 손이나 난간 등을 잡고 계단을 오른다.
	3. 서 있는 자세에서 몸을 굽혀 물건을 집어 올릴 수 있다.
	4. 공을 굴리거나 차려고 하거나 던질 수 있다.
	5. 무릎을 구부리고 쭈그리고 웅크리고 앉았다가 일어선다.
	6. 기어 올라가기를 즐기며 계단을 기어오른다.
	7. 미숙하게 뛰기 시작한다.
	8. 작은 의자에 혼자 앉는다. 목마나 흔들의자에서 몸을 앞뒤로 흔든다.
	9. 근육의 발달로 들기, 밀기, 당기기, 두드리기, 오르기 등 운동 기능 연습을 즐긴다. 모퉁이 돌기나 가다가 멈추기 등의 근육조절 능력이 생긴다.
	10. 한 발로 몸의 균형을 잡을 수 있다.
	11. 장난감을 밀고 당길 수 있어 끈에 매달린 장난감을 끌면서 달린다.
	12. 손가락을 사용하며 손의 조작능력이 발달한다.
	13. 뒷걸음질을 할 수 있다.
	14. 나무토막 2개를 잘 쌓을 수 있다.
	15. 한 번에 두 세장씩 책장을 넘긴다.
	16. 1~3조각 그림 맞추기가 가능하다.
	17. 상자 안에 물건을 넣었다가 꺼낼 수 있다.
	18. 손가락으로 그림을 그린다.
	19. 낙서를 한다.
	20. 가로 긋기가 가능하다.
	21. 크레용이나 연필을 손으로 쥐고 긁적거린다.
	22. 신문지나 종이를 손으로 찢는 것을 좋아한다.

	23. 소리를 듣고 소리 나는 물체를 찾아낸다.
	24. 먼 거리에서 아는 사람을 알아볼 수 있다.
	25. 따뜻한 것과 높은 곳을 식별할 수 있다.
사회·정서 발달	1. 격리불안이 나타나기 시작한다.
	2. 가장 애착을 갖는 사람을 안전의 근거로 삼아 주변의 환경을 탐색한다.
	3. 애정의 반응이 분화된다.
	4. 웃음과 관심을 끌 행동을 반복한다.
	5. 자기주장을 하기 시작한다.
	6. 혼자서 지내는 비사회적인 활동시간이 많아진다.
	7. 걷거나 사물에 대한 관심이 이전보다 강해진다. 주변 사물이나 대상을 관찰하기를 좋아한다.
	8. 사람에 대한 관심이 일시적으로 줄어든다.
	9. 사람들이 하는 일에 관심이 많으며 단순한 일에 어른을 모방한다.
	10. 자신을 보살펴 주는 사람들의 욕구를 깨닫고 행동을 통제할 수 있다(순간적인 통제이다).
	11. 감정을 명확히 표현한다.
	12. 사회성의 기본이 형성된다. 잘 아는 또래 아동이나 친숙한 어른들에게 인사를 하며, 성인이 얘기하면 다른 어린이와 물건. 음식을 나누어 갖거나 먹는다.
	13. 다른 사람에게 어떤 행동이나 물건을 보여주기 위해 사람을 끌어당긴다.
	14. 각기 별개의 행동을 하면서 다른 영아와 논다. 자기것이나 마음에 드는 것에 집착하여 친구들과 싸운다.
	15. 공놀이 같은 사회적 게임을 시작한다.
	16. 즐거운 감정이 나타나며, 불안 및 공포의 감정도 나타난다.
	17. 고집을 피우기도 하며 싫어하는 감정도 나타낸다. 형제에 대해 질투하는 감정이 나타난다.
	18. 리듬에 맞추어 몸을 움직이거나 흥얼거린다.
	19. 자신의 감정을 동작 또는 언어로 나타낼 수 있다.
	20. 음악 듣기, TV 보기, 그림책 보기를 좋아한다.
언어 발달	1. 특정한 음에는 특정한 의미가 있다는 것을 알게 된다.
	2. 혼자서 중얼거린다.
	3. 사물의 명칭에 관심이 많으며 친숙한 것을 가리키며 이름을 말할 수 있다.
	4. 자신을 가리킬 때 자신의 이름을 사용한다.
	5. 단어와 소리의 이해력이 향상된다. 단어를 듣고 그 말을 반복할 수 있다.

	6. 말을 연결시켜 문장을 만들려고 시도한다. 동사, 형용사를(예: 간다, 우와, 지지), 혹은 동사, 형용사를 명사와 결합하여 사용할 수 있다(예: 손 지지, 아빠 맴매, 빵 줘).
	7. 두 단어 문장을 사용한다.
	8. 동물 소리를 내거나 동물 이름 대신에 그 소리를 사용한다.
	9. 의사소통에 관심을 갖는다. 어른의 말이나 남의 말을 흉내 내려 한다.
	10. "있다", "없다" 등과 같은 사물의 존재 여부를 확인할 수 있다.
	11. "멈춰라", "앉아라" 등의 간단한 두 가지의 지시어를 따를 수 있다.
	12. 긍정 혹은 부정의 질문에 "예/아니오"로 대답한다.
	13. 제법 어려운 성인의 말도 이해할 수 있다.
	14. 그림책 보기와 듣기를 좋아한다.
	15. 자신의 욕구를 말로 표현한다.
인지발달	1. 신체의 한 부분을 가리킨다.
	2. 새로운 것을 탐색하려고 한다. 호기심을 갖고 사물을 계속 탐색한다.
	3. 숨겨진 놀이감에 흥미를 갖는다. 놀이하고 있는 장난감이 없어졌을 때 찾아낸다.
	4. 갖고자 하는 물건에 다가가기 위해 방해물을 치울 줄 안다. 원인과 결과를 이해하기 시작한다.
	5. 어떤 행동을 보고 그 행동을 재현하는 지연모방이 가능하다.
	6. "누구는 어디 있니?"라고 물을 때 자신을 가리킨다.
	7. 자신의 가족을 알게 된다.
	8. 매일매일 달라지는 것에 관심을 갖는다.
	9. 그림을 그릴 수 있는 것과 없는 것을 구분할 수 있다.
	10. 수를 세기 시작하며 둘(2)은 정확히 안다.
	11. 같은 물건을 짝 짓는다.
	12. 종이에 끄적거리고 표시한다. 크레용이나 색연필로 아무렇게나 선을 긋는다.
	13. 책에 나오는 물건을 알아보며 이름을 불러주면 그림을 찾는다.
	14. 약병을 들고 도망가거나 교사의 출입 시 따라 나서려는 행동을 보인다.

③ 25~36개월 영아

영역	발달과업
기본생활습관	1. 약간 흘리면서 숟가락이나 컵으로 스스로 먹는다.
	2. 수건을 주었을 때 도움 없이 손을 닦는다. 손과 얼굴을 씻으려 한다.
	3. 어른의 행동을 모방하여 이를 닦는다.
	4. 낮 동안에 옷 입은 채로 변을 보기 전에 화장실에 가자고 한다.
	5. 혼자서 옷을 입거나 벗으려고 한다.
	6. 부모의 지시에 따라 인사할 수 있다.
	7. 뾰족한 가구 모퉁이나 난간 없는 층계 등 위험물을 피한다.
	8. 주전자에서 도움 없이 물을 컵에 붓는다.
신체발달	1. 어른의 손이나 난간을 붙잡고 계단을 잘 올라가며 곧 어른의 도움 없이 난간을 붙잡지 않고 계단을 올라간다.
	2. 넘어지지 않고 잘 달린다.
	3. 양 발을 모으고 제자리에서 높이 점프한다.
	4. 바닥에 있는 공을 앞으로 찬다.
	5. 발끝으로 걷게 되며 서서히 뒤로도 걸을 수 있게 된다.
	6. 1.5m 떨어진 곳에 있는 어른에게 공을 던진다.
	7. 5~6개 블록으로 담을 쌓는다.
	8. 그림책을 한 장씩 넘긴다.
	9. 옷에 달린 똑딱 단추를 푼다.
	10. 방문 손잡이나 꼭지를 돌린다.
	11. 사탕이나 바나나의 껍질을 벗길 수 있다.
	12. 종이 반접기를 모방한다.
	13. 빨대 없이 음료수를 마신다.
	14. 수도꼭지를 돌릴 수 있다.
	15. 엄지·중지·집게손가락을 이용하여 연필을 잡는다.
	16. 단추나 벨트를 풀어주면 혼자서 옷을 입는다.
	17. 무거운 것과 가벼운 것을 구별할 수 있다.
	18. 밝고 어두운 것을 구별할 수 있다.

영역	내용
	19. 단맛과 짠맛을 구별할 수 있다.
사회·정서 발달	1. 간단한 집단놀이(박수치기, 춤, 노래 등)에 참여하며 다른 사람과 함께 협동적으로 놀이한다.
	2. 성인의 간단한 지시에 잘 따른다.
	3. 사랑, 분노, 슬픔, 즐거움 등과 같은 감정을 드러내 보인다.
	4. 놀이할 때 친구들과 어울리는 즐거움을 알게 되며 자연현상에 대해 불안 및 공포의 감정을 나타낸다.
	5. 해야 할 일에 대해 고집을 피우기도 하며 형제에 대해 질투하는 감정도 보인다.
	6. 방해받으면 싫어하고 저지당하면 화를 낸다.
	7. “아냐”, “싫어”, “내거야” 등의 거부적인 언행을 자주 보인다.
	8. 낯선 사람에게 수줍은 감정을 드러낸다.
	9. 엄마, 아빠 이외에 친척(할머니, 할아버지, 이모, 고모, 삼촌 등)을 따른다.
	10. 교통 놀잇감을 좋아하며, 그림책을 좋아한다.
	11. 이야기 듣기를 좋아하게 되며 약 10분 정도 음악이나 이야기를 들을 수 있다.
	12. 다른 사람과 함께 협동적으로 놀이하기 시작한다.
언어발달	1. 간단한 질문(예 : 누구, 어디에, 언제 등)에 답할 수 있다.
	2. 소유를 표현하기 위해서 두 단어를 연결하여 말한다.
	3. “이게 뭐야?”라고 질문을 할 수 있다.
	4. 잘못 발성된 소리를 고쳐주면 따라 한다.
	5. 상황에 따라 음성 크기 및 음색의 강약을 조절할 수 있다.
인지발달	1. 동물의 소리와 사물의 소리를 흉내 낼 수 있다.
	2. 소리를 듣고 그 대상이나 물건의 명칭을 안다.
	3. 줄긋기를 할 수 있으며, 점차 십자 긋기를 모방한다.
	4. 물어볼 때 큰 것과 작은 것을 가리킨다.
	5. 지시할 때 물건을 “위”나 “아래”에 놓는다.
	6. 외출 시간 및 실외 놀이 시간을 안다.
	7. 양이 많고 적음을 구별할 수 있다.

(3) 유아의 영역별 발달과업

유아교사는 관찰을 통한 유아의 발달 정도를 평가하기 위해서는 유아의 각 영역별 발달과업에 대한 이해가 우선되어야 한다. 유아의 연령별 발달과업을 제시하면 다음과 같다.

연령	3세 발달과업	4세 발달과업	5세 발달과업
신체 발달	• 앞으로 달리기를 할 수 있으며 달리는 속도를 조절할 수 있다. • 옆으로 혹은 뒤로도 걸을 수 있다. • 두발을 모아 제자리에서 높이뛰기를 할 수 있다. • 발뒤꿈치를 들고 걸을 수 있다. • 세발자전거를 탈 수 있다. • 방향이나 목표를 정하지 않고 공을 던질 수 있다. • 공을 발로 찰 수 있다. • 겉옷을 입고 벗을 수 있다. • 흘리지 않고 숟가락을 사용할 수 있다. • 네 개의 구슬을 꺄울 수 있다. • 책장을 한 장씩 넘길 수 있다. • 크레용을 잡을 수 있다. • 곡선과 직선을 그을 수 있다.	• 선위로 걸을 수 있다. • 한발을 들고 잠시 서있을 수 있다. • 한 발로 껑충 뛰기를 할 수 있다. • 높은 곳에 올라가기를 좋아한다. • 15㎝ 정도의 높이에서 뛰어 내려 두발을 모으고 설 수 있다. • 자전거 타기가 맹 익숙해져서 시합을 할 수 있다. • 원하는 방향으로 공을 던질 수 있다. • 주전자에서 물을 흘리지 않고 따를 수 있다. • 커다란 단추를 채울 수 있다.	• 대부분의 대근육 발달이 완성되어 달리기, 점프하기, 높은 곳에 오르기 등이 매우 숙달되어 있다. • 70~80%의 영유아가 껑충뛰기, 말처럼 달리기, 스키핑 등도 할 수 있게 된다. • 줄넘기나 두 발 자전거 타기를 시도해 본다. • 양발을 바꾸어 가면 계단을 오르내릴 수 있다. • 도움 없이 이를 닦을 수 있다. • 세모를 그릴 수 있다. • 글자 쓰기를 시작하는데 아직까지 글자의 크기가 일정하지 않다.
사회정서 발달	• 자기정체성이 생기고 자아개념이 생기기 시작한다. • 자아에 대한 느낌이 계속 발달하면서 자신의 정서와 느낌을 강하게 표현한다. • 기분의 변화가 심하다. • 다른 사람의 의견이나 느낌에 대해 이해는 거의 없다. • 다른 친구들이 노는 것을 구경하기도 하고 둘이서	• 주변의 세계에 관심을 가지기 시작한다. • 유머 감각이 생기기 시작한다. • 무엇이든지 자기가 해보려는 자립심이 생기기 시작한다. • 5분 정도 앉아서 이야기를 들을 수 있다. • 친구들과의 상호작용이 늘면서 특별히 좋아하는 친	• 여러 명의 친구들과 함께 집단으로 놀이를 하면 협동놀이나 게임 등을 시작한다. • 남자와 여자가 같이 노는 경우가 드물어지고 성역할에 대한 고정관념이 확실해진다. • 놀이의 주제가 다양해지고 놀이의 시간도 길어진다. • 차례를 기다릴 줄 알고 물

	함께 놀기도 한다. • 자기 물건에 대한 소유의식이 생기기 시작한다. • 자기중심적이어서 다른 영유아와 놀잇감을 나누어 쓰기 어렵다.	구가 생기게 되고 연합놀이에 많이 참여한다. • 공격적 행동이 많이 나타나는데 이는 적개심보다는 좌절감에서 오는 경우가 많다. • 교사의 도움이 있으면 순서를 기다릴 줄 안다. • 교사의 요청이 있을 때 자신의 물건을 나누어 가진다. • 화장실을 혼자서 갈 수 있다.	건도 나누어 쓸 수 있다. • 교사의 지시를 잘 따른다. • 갈등상황을 말로 해결할 수 있다.
언어/인지발달	• 호기심이 많고 탐구심이 강하기 때문에 끊임없이 질문하고 관찰하고 조작한다. • 항목을 조직, 분류, 추론할 수 있는 능력이 증가한다. • 물건을 분류하기 시작하고 양, 수에 대해 아주 제한적인 아이디어가 발달하기 시작한다. • 물건을 둘까지 셀 수 있다. • 놀이에서 상징을 사용하기 시작한다(즉, 베개를 아기라고 한다). • 안, 밖 등의 간단한 공간개념을 이해한다. • 두 가지 사물을 비교할 수 있다. • 언어발달이 급격히 이루어져 어휘수가 매우 풍부하다. • 사용하는 문장의 길이가 길어지고 문법적인 문장을 사용하기 시작한다. • 조절된 긁적그리기 단계의 쓰기 현상이 나타난다. • 얼굴모양에 막대모양으로 팔과 다리를 구분한 그림 그리기가 나타난다.	• 원과 십자가를 그릴 수 있다. • 기본 색깔을 안다. • 5가지 셀 수 있다. • 자신의 성별과 나이를 안다. • 과거와 미래 시제를 사용한다. • 극화놀이와 상상놀이에 참여한다. • 옆, 사이, 멀리, 가까이, 앞, 뒤 등의 공간 개념을 이해한다. • 두 가지의 지시문을 이해하고 실행한다(예를 들어 가방을 가져오고, 신발은 신발장에 넣어 주겠니?). • 왜, 만약에 등으로 시작하는 질문을 하기 시작한다.	• 사물을 그 공통되는 특성에 따라 분류할 수 있다. • 사물과 숫자의 일대일 대응이 가능해진다. • 3~5가지 사물을 크기 순서대로 늘어 놓을 수 있다. • 오른쪽, 왼쪽의 개념이 생긴다. • 그림을 보며 이야기를 꾸밀 수 있다. • 사람을 그릴 때 3~6가지 신체 부위를 포함시켜 그린다. • 실제와 가깝게 극화놀이를 한다. • 적목으로 복잡한 구성물을 만들 수 있다. • 간단한 세 가지 지시사항을 이해하고 실행할 수 있다. • '어떻게'로 시작되는 질문을 하기 시작한다. • 그리고, 그러나 등의 접속사를 사용하여 말을 한다.

자료 : 이정환, 박은혜(1995). 교사를 위한 영유아의 관찰 워크북. 한국어린이육영회. pp. 94-98.

2) 영유아 발달의 이해를 돕는 관찰의 실제

1세 영아기는 인간의 일생에서 신체적 성장이 가장 빠른 속도로 이루어지는 시기이다. 특히 출생 후 첫 1년간은 신체와 뇌의 성장이 급속도로 이루어진다. 태내기와 영아기는 두뇌발달의 결정적 시기이며, 이 시기 동안의 영양결핍은 두뇌의 성장·발달을 저해하는 요인이 된다.

다음은 1세 영아의 신체운동 발달에 대한 이해에 도움을 줄 수 있는 놀이활동 관찰 사례이다.

관찰대상	김우람	연 령	1세	성 별	남
관 찰 자	김지숙	관 찰 일	20**년 *월 *일	관찰장소	교실
관찰시간	09:15~09:25	교육과정영역	• 신체운동: 신체조절과 기본운동하기-소근육조절하기 • 예술경험: 예술적 표현하기-자발적으로 미술활동하기		
시 간	기 록				
기 록	병아리 밑그림 자료, 색연필을 테이블 위에 제시하고 영아들이 관심 있게 놀이하는지 교사는 지켜보고 있다. 우람이는 책상 위에 밑그림 종이를 가지고 서 있는다. 교사가 크레용을 보여주며 우람이에게 "무슨 색을 좋아하니?" 하고 묻자 우람이는 "주황색"이라고 대답한다. 친구들이 병아리 밑그림에 긁적거리기를 하자 우람이도 일어선 채로 종이에 색칠을 하려고 한다. 교사가 "우람이도 앉아서 할까?"라고 말하자 우람이도 교사 옆으로 가서 앉는다. "꼬꼬 꼬꼬" 하며 병아리 밑그림에 주황색으로 색칠한다. 교사가 "병아리 다리는 무슨 색으로 칠하지?" 하고 질문하자 파란색을 잡고 색칠한다. 밑그림의 중간 부분만 조금 색칠하고 선생님에게 병아리 그림을 주고 다른 곳으로 이동한다.				
발 달 적 요 약	• 손 전체를 이용하여 크레용을 잡을 수 있으며 직선, 사선 형태의 긁적거림이 나타나는 것으로 보아 소근육의 조절과 협응력이 발달하고 있음을 알 수 있다(신체발달). • 색의 이름을 안다(인지발달). • 자신이 좋아하는 색의 이름을 정확하게 말할 수 있다(언어발달). • 병아리의 신체구조 및 색깔 등에 대해 정확한 이해력은 부족하다(인지발달).				

교수계획	• 소근육의 조절과 협응력이 발달할 수 있는 다양한 활동 제공한다. • 동물의 신체구조 및 색깔 등에 관련한 학습활동을 제공한다. • 부분과 전체의 구조를 이해할 수 있는 다양한 색칠공부 활동 등에 참여할 수 있는 기회를 제공한다.

3세 유아의 놀이는 탐색과 환상에 의해 지배를 받는다. 이들은 놀이를 통해 자신의 기술을 연마하고 생활의 각본을 연출한다. 3세 유아는 자신의 생각을 표출하는 놀이시간 동안 혼자 놀이 또는 병행놀이로 대부분의 시간을 보낸다(고문숙, 임영심, 2011).

다음의 일화기록은 3세 유아의 놀이행동을 관찰한 후 유아의 전반적인 발달에 대하여 추론 및 평가를 기술한 관찰 사례이다.

관찰대상	이성우	연 령	3	성 별	남
관 찰 자	최영희	관 찰 일	20**년 *월 *일	관찰장소	교실
관찰시간	09:10~09:20	교육과정영역	• 신체운동 · 건강: 신체조절과 기본운동하기-신체조절하기 • 사회관계: 다른 사람과 더불어 생활하기-친구와 사이좋게 지내기		
시 간	기 록				
기 록	성우는 자유선택활동시간에 3가지 색깔의 플라스틱 컵 교구를 가지고 놀고 있다. 성우: (분홍색 컵을 사용하여 1층에 7개를 나열한다. 남은 컵을 그 위로 피라미드형으로 쌓는다. 그리고 분홍색의 컵의 왼쪽에 연두색 컵을 이어 쌓는다. 오른쪽으로 간 후 남은 연두색 컵을 이용하여 바닥부터 두 개씩 쌓아올린다.) 성우: (계단을 한 칸 내려와 눈을 크게 뜨고 웃으며) 나 이렇게 큰 것은 처음 봤어! 교사: 성우는 정말 크게 만들었구나? 성우: (피라미드를 쳐다보며) 피라미드보다 내 키가 더 커요. 성우: (남은 주황색 컵을 이용하여 피라미드 형태를 만들어 나간다.) 성우의 손에 살짝 부딪혀 컵 피라미드가 와르르 쏟아진다. 성우: (쓰러지는 컵들을 모며) 헉! 영빈: (다가오며) 시끄러워! 성우와 영빈이는 함께 바닥에 떨어진 컵들을 주워서 함께 다시 쌓기 시작한다. 영빈: 이거 집 같아! 집! 성우: (컵을 무너뜨리며) 우리 우리가 들어갈 수 있는 집 만들자. 영빈: 컵을 넓게 해서 공간을 비워두고 이렇게 우리가 들어가는 거야.					

	성우: (컵과 벽 사이의 공간을 더 넓히며) 이 정도면 돼? 영빈: 아니. 우리 친구들 다 들어와야 하는데. 성우: (컵과 벽 사이의 공간을 더 넓히며) 다 들어갈 수 있을까? 영빈: 한 줄로 하면 친구들 다 들어올 수 있겠는데? 성우: (자신이 앉을 수 있을 만큼의 공간을 두고 컵을 한 줄로 만들어 집을 만든다). 성우: 그럼 이제 우리 들어가야지! (컵으로 만든 집안으로 들어가 왼쪽 가장자리에 앉는다).
발달적 요약	• 색깔의 패턴과 규칙성을 안다(인지발달). • 사물의 크고, 작음을 비교할 수 있다(인지발달). • 친구와 협력하여 활동을 할 수 있다(사회성발달). • 다른 사람을 배려하고 함께 할 수 있는 일을 즐긴다(사회성발달)
교수계획	• 사물의 크고 작음의 표현을 명확하게 표현할 수 있는 다양한 활동들을 제공한다. • 다양한 색깔의 패턴과 규칙성을 이해할 수 있도록 과제의 난이도를 조절하여 제공한다. • 공간의 개념을 확충할 수 있는 놀이를 제공한다.

4세 유아들은 달리고 풀쩍 뛰고 기어오르고 하는 과정에서 놀이기술을 연마하고 세련시키고 자신의 개인적 능력을 실험한다. 4세 유아들은 그들의 규칙을 바꾸고 게임의 내용을 변화시키기도 한다. 교사가 소개한 처음의 놀이 형식을 유아들은 놀이를 하는 동안 새로운 규칙으로 다시 탄생하기도 한다(고문숙, 임영심, 2011).

다음의 표본식 기록은 4세 유아의 놀이행동을 관찰한 후 유아의 전반적인 발달에 대하여 추론 및 평가를 기술한 관찰 사례이다.

관찰대상	양권률	**연　령**	4	**성　별**	남
관 찰 자	김순희	**관 찰 일**	20**년 *월 *일	**관찰장소**	역할 영역
관찰시간	09:20~09:40	**교육과정영역**	• 자연탐구: 수학적 탐구하기-공간과 도형의 기초 개념 알아보기 • 의사소통: 말하기-느낌, 생각, 경험 말하기		
시　간	**기　록**				
09:20	권률이가 매트를 들고 와서 바닥에 편다. 일어나서 역할놀이 영역으로 향한다. 역할놀이 영역에서 '케이크 장식하기' 교구를 들고 와서 자신의 매트 자리로 돌아와 앉는다. 도건이도 권률이 옆에 매트를 펴고 들고 와서 앉는다.				

09:23	권률이가 케이크에 꽂혀 있는 장식을 다 빼서 그릇에 담는다. 초코 생크림 모형과 딸기 생크림 모형, 초콜릿 모형, 딸기 모형, 블루베리 모형, 귤 모형, 촛불을 종류별로 분류해서 매트 위에 나열한다. 조각 케이크마다 한 종류의 모형만 꽂아서 장식한다.
09:27	권률이가 도건이에게 "도건아! 니가 좋아하는 케이크는 뭐야? 나는 초코 생크림 좋아하는 데"라고 말한다. 도건이가 권률이에게 "나는 초코릿!" 이라고 대답한다. 권률이가 도건이에게 "오케이! 알았어. 내가 초코릿 맛 케이크 줄게" 라고 말하며 장난감 칼을 들고 케이크에 초콜릿 모형만 꽂혀있는 부분을 잘라 조각내어 도건이에게 준다. 초콜릿 케이크를 받은 도건이는 웃으면서 먹는 시늉을 한다.
09:30	권률이가 도건이에게 자신이 장식한 케이크를 가르키며 "이쪽은 딸기 생크림 케이크, 여기는 내가 제일 좋아하는 초코 생크림만 모아 뒀어. 여기는 블루베리 케이크, 여기는 귤 케이크, 과일 케이크도 맛있어. 여기는 딸기 케이크!" 하고 말한다. 도권이는 권률이에게 초코릿 케이크를 주면서 "이것도 얼른 합쳐" 라고 말한다.
09:35	권률이에게 케이크 장식을 다 빼고 두 가지 종류로 분류해서 다시 장식한다. 그리고 나서 도건이에게 " 도건아, 이건 반반 세트야. 아까 만든 건 초코만 있었는데 이건 초코랑 딸기 섞어서 반반세트!" 라고 말한다. 도건이는 말없이 권률이를 바라본다.
09:40	권률이가 두 가지 분류해서 장식한 케이크 조각들을 합친다. 동그란 타원형이 된 케이크를 다시 장난감 칼로 잘라 조각낸다. 조각 케이크 두 개를 합치면서 "이거 두 개를 합치면 반반세트 투"라고 말한다. 조각 케이크 세 개를 합치면서 "이건 반반세트 쓰리!" 라고 말한다. 도건이는 권률이를 바라보면서 웃는다.
발달적 요약	• 장식모형을 종류별로 분류해서 케이크를 꽂는 것으로 보아 같은 것끼리 짝을 지어 분류할 수 있으며, 사물의 규칙성을 안다(인지발달). • 케이크 조각을 두 개씩 또는 세 개씩 합치면서 "반반세트 투", "반반세트 쓰리" 라고 명명하는 것으로 보아 전체와 부분의 관계, 영어의 수개념을 안다(인지발달, 언어발달). • 친구에게 놀이를 제안할 수 있으며, 친구의 생각을 배려하며, 놀이를 이끌어 가는 리더십과 친사회성이 발달되어 있다(사회성발달).
교수계획	• 사물의 규칙성을 인지할 수 있는 다양한 사물을 분류하는 활동을 제공한다. • 다양한 색깔의 패턴과 규칙성을 이해할 수 있도록 과제의 난이도를 조절하여 제공한다. • 공간의 개념을 확충할 수 있는 놀이를 제공한다. • 확장활동으로 음식점놀이를 제공하여, 전체와 부분의 관계, 친사회성을 확장할 수 경험을 제공한다. 일상생활과 관련된 다양한 상징놀이 경험을 제공한다.

2 교육과정 평가 및 계획수립

영유아의 성장과 발달변화를 기록하고 평가하는 일은 유아, 교사, 부모 모두를 위해 필요하다.

교육과정 계획수립 시 교육평가에 대한 계획을 수립해야 하며 교육과정을 계획할 때는 교육목표, 내용, 방법, 평가 등 일련의 교육전개과정을 체계적으로 수립해야 한다.

교사는 영유아평가를 통해 영유아의 전인적 성장에 필요한 적절한 교육활동과 경험을 계획하고 자신이 수립한 교육계획의 목표가 성취되었는지 평가할 수 있다. 또한 영유아를 관찰하고 기록하고 평가한 내용을 부모에게 알려줘서 부모가 자녀의 성장과정을 보다 잘 이해하도록 지원해 줄 수 있는 근거가 평가이며, 교육과정 평가는 영유아들의 교육활동 계획을 수정・보완할 수 있는 근거를 제공해주는 필요한 과정이다.

교육과정을 평가한다는 일은 교육계획, 교육전개, 교육평가의 일련의 과정을 평가하는 일이지만 우선, 연결성 및 조화와 균형의 문제의 측면에서 고려해야 할 사항들이 적지 않다. 교사는 영유아교육계획안을 수립하고자 할 때 우선, 우리나라 정부고시의 교육과정 문서를 어떻게 현장에서 적용할 것인지를 생각하게 된다. 즉, '3~5세 연령별 누리과정'의 문서를 기초로 교사용 지도서와 지침서를 어떻게 연결지으며 일간, 주간, 월간, 연간교육계획안 작성하고, 매 순간 적용할 단위교육활동 계획안을 예상해야 한다. 교사용 지도서는 각급 기관의 실정과 지역사정을 고려하여 영유아들의 생활경험과 연결되도록 운영할 수 있도록 돕기 위한 안내서이다. '3~5세 연령별 누리과정'과 교사용 지도서를 이해하고 적용하며 평가할 때 생활주제, 주제, 소주제가 누리과정 관련요소들과 균형 및 조화를 이룰 수 있도록 계획하고 평가할 수 있어야 한다.

1) 생활주제, 주제, 소주제 계획 및 평가

교사들은 유아들을 위한 교육활동을 전개하기 위한 생활주제를 선정하고자 할 때 그 주제가 교육적 가치가 있는지 고민하게 된다. 가령 '세계 여러 나라'라는 생활주제는 타당한가?의 질문을 던져보고 동료 교사들과 토론해 본다. 유아기부터 교사는 문화의 다양성을 존중하는 태도를 가질 수 있도록 돕고, 우리나라와 다른 나라의 생활과 문화에 관심을 갖고 공통점과 차이점을 인식하는 일은 다문화시대에 필요한 기본적 자질이 될 것이다. '세계 여러 나라' 주제는 교육적으로 가치가 있으며 다문화가정이 급속하게 늘어나는 추세에 맞추어 이 주제는 유아들의 삶과 직결된다. 또한 지구촌의 다양한 나라의 문화를 상호 존중함으로써 '세계 여러 나라'의 생활주제로 월간교육계획을 시도하는 일은 필요하다.

'세계 여러 나라' 생활주제는 '3~5세 연령별 누리과정' 교사용 지도서에도 제시되어 있다. 그러나 지도서에 제시되어 있는 생활주제를 그대로 적용하기보다 우리 기관에 적합하도록 재구성할 수 있다. 유아들은 여러 나라의 전통 문화나 생활 풍습과 관련되는 내용이 다소 생소하고 추상적인 개념일 수 있으므로 추석이나 설날과 같은 명절을 계기로 주제를 도입하여 우리나라와 다른 나라의 생활과 문화를 자연스럽게 경험할 수 있도록 도울 수 있다면 좋을 것이다.

이때 교사는 부모, 교사, 유아들의 요구가 잘 반영될 수 있도록 노력을 기울일 수 있어야 한다. 부모의 욕구반영을 위해 교사는 부모회나 부모상담을 통해 요구도 조사가 가능할 것이고, 교육활동에 필요한 자원을 지원할 수 있도록 협의할 수 있을 것이다. 특히 다른 문화권에서 온 유아가 있다면, 교사는 다른 나라의 문화를 이해하기 위해 그 유아의 부모에게 자원을 지원받거나 일일 보조교사로 활동해줄 수 있는지 요청할 수 있을 것이다. 그럴 경우 그 학급의 유아들은 자연스럽게 우리나라와 다른 나라의 새해맞이, 옷, 음식, 집의 생활 모습에 관심을 가지고, 날씨와 지역 조건에 따라 나라마다 사는 모습이 서로 다를 수 있음을 이해할 수 있도록 한다.

부모의 요구와 함께 교사나 유아들의 요구도 중요하며, 이를 위해 흔히 사용하는 방법이 브레인스토밍이다. 교사용 지도서에 제시되어 있는 주제망은 브레인스토밍의 표준적 결과로 볼 수 있다. 이를 기초로 해서 우리 반 유아들의 욕구를 반영하기 위해 유아들과 함께 브레인스토밍해보면 다음과 같다.

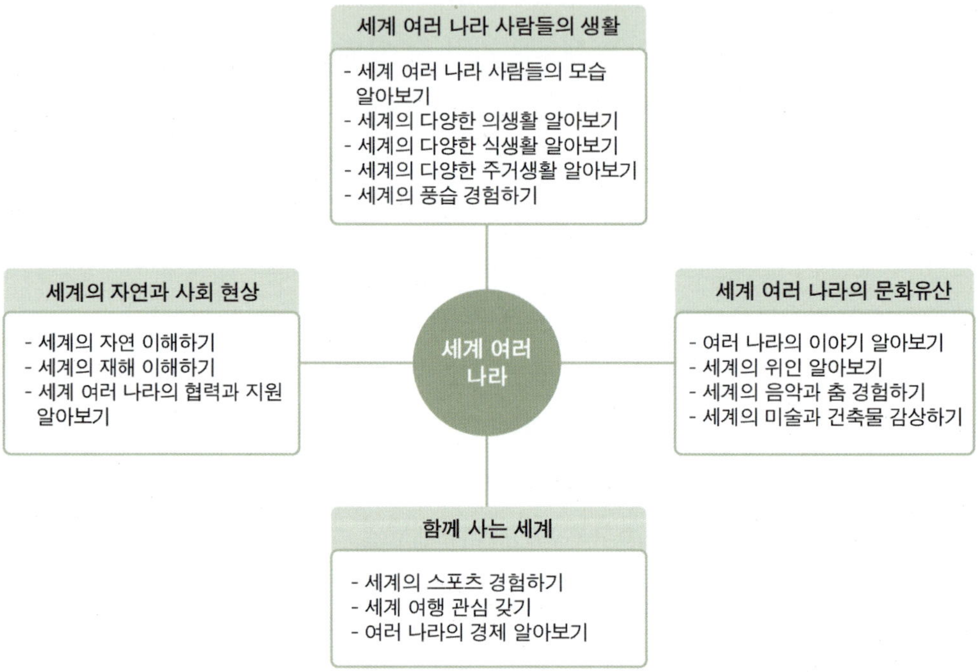

[그림 4-1] 생활주제 '세계 여러 나라' 주제망 계획

참조 : 5세 누리과정 교사용 지도서 '세계 여러 나라'

> 유아들과 함께한 '세계 여러 나라'에 대한 브레인스토밍한 결과를 생활주제, 주제, 소주제로 유목화하여 이를 망으로 그려보자. 그런 다음 동료교사들과 다음의 질문들을 토의해보자.
> – 교사용 지도서에 제시되어 있는 생활주제, 주제, 소주제와 무엇이 어떻게 같으며, 또 다른가?
> – 유아들의 특별한 요구가 무엇이며 교육과정에 어떻게 반영시킬 수 있을까?

교사를 위한 Tip

브레인스토밍의 결과는 작은 토픽에서부터 큰 토픽에 이르기까지 다양할 것이다. 이들을 어떻게 조직화할 것인가에 따라서 계획하기가 달라질 수 있다. 교사용 지도서에 제시된 주제망이 각급 기관이나 교실에 적합한지 우선 고민해보자. 이에 대한 보완이 필요하다면, 왜 필요한지 어떤 주제가 더 필요한지 필요성에 대한 이유나 배경을 설명해보자. 크게 보완할 필요성이 없을 경우, 지침서에 제시된 주제망을 그대로 적용해보는 것도 좋을 것이다.

2) 교육계획안 계획 및 평가

교사는 교육계획안 평가의 범위를 어떻게 정할 것인가를 결정해야 한다. 교육계획안을 어떻게 평가할 것인가는 관찰자의 철학과 지식수준에 따라 달라질 수 있다. 유아교사가 일일계획안을 작성할 때 유아의 전인적인 발달을 위해서 누리과정의 6개 생활영역별 활동이 골고루 안배되도록 해야 하고, 실내-실외활동, 정적-동적활동, 개별, 소집단-대집단활동, 유아중심의 활동-교사중심의 활동 등과 같이 활동의 성격이나 유형이 서로 다른 활동 간의 균형을 고려해야 한다. 결국 교사는 계획안 내에 구슬처럼 알알이 엮여있는 단위활동들에 대한 세부적 평가와 그 활동들 간의 연결성에 대한 적합성 여부에 관심을 기울이지 않을 수 없게 된다. 때문에 교사는 거시적 안목의 교육과정이라는 틀 속에서 미시적 안목의 단위활동에 대한 계획을 수립하고자 문서를 작성할 때에도 일일교육계획안이나 주간교육계획안을 작성할 때와 마찬가지로 누리과정의 기본방향을 잘 숙지해야 한다.

누리과정은 유아가 사회의 구성원으로 건강하게 성장하도록 돕는 것을 지향하기 때문에 유아교육기관-지역사회, 가정-유아교육기관, 유아교육기관-초등학교 간의 연계를 통한 사회적 통합을 기본 정신으로 한다. 교사는 단위활동을 전개해 나갈 때에도 교사가 주도가 되는 활동과 유아가 주도가 되는 활동의 균형도 고려해야 한다. 유아-교사 간의 상호작용, 유아-유아 간 상호작용, 유아-환경 간 상호작용 등의 균형도 이루어져야 한다. 이처럼 교육활동계획안에 대한 평가는 무엇보다 미시적으로 계획된 단위활동들이 어떻게 거시적 방향성을 향해 고려해야 하는 다양한 변인들을 균형적으로 안배되어 개별 유아들의 성장과 발달에 기여하고 있는가?에 대한 과제를 해결하고자 하는 주요요인들이 평가의 기준이 되어야 할 것이다. 교사는 학습자인 유아의 흥미, 요구, 연령의 변인과 함께 부모, 지역사회, 지구촌이 지향하는 사회·문화적 요구에 해당하는 다양한 변인을 고려해서 교육계획안을 작성하게 되므로 교육과정의 평가범위를 결정하는 수준 역시 다양할 수밖에 없다.

- 개인적 변인과 관련되는 평가범위는 주로 연령, 발달수준, 흥미에 적절한 활동인가에 초점을 맞출 수 있을 것이다.
- 교육과정계획안이 갖추어야 할 내용의 구성체계와 관련되는 평가범위는 단위활동의 목표, 내용, 자료, 유아-교사 상호작용의 적절성과 상호관련성 있게 계획되었는가에 초점을 맞출 수 있을 것이다.
- 특히, 단위활동평가는 활동의 유형, 활동이 이루어지는 장소와 시간, 활동의 크기나 성격 등에 따라 다양한 방식으로 그 적절성에 초점을 맞출 수 있을 것이다.

(1) 월간교육계획안

'세계 여러 나라' 주제망 계획하기가 완성되면 이를 기초로 월간교육계획안을 계획·수립할 수 있을 것이다. 물론 유아들의 흥미에 따라 생활주제는 1개월보다 더 오랜 기간 동안 전개될 수 있지만 교육전개기간을 1개월로 예상하여 계획을 수립하게 되므로 이를 월간교육계획안으로 간주할 수 있을 것이다.

9월 교육계획안

■ 생활주제 : 세계 여러 나라

활동 \ 주		1주	2주	3주	4주
		세계 여러 나라 사람들의 생활	세계의 자연과 사회현상	세계 여러 나라의 문화유산	함께 사는 세계
자유선택활동	쌓기	세계 지도 구성하기 아시아 만들기	종이 블록 이글루 수상 가옥 짓기	세계 건축 일주	내가 만든 UN 본부
	역할	스포츠 방송국 미니 월드컵	선수촌 식당에서 세계 여러 나라 선수 분장	세계 여러 나라 선수 인터뷰하기 명화 주인공 되어 보기	모의 UN 회의
	미술	지구 마을 구성하기 <콜라주> 세계의 친구들 <지도상상화 그리기> 프랑스는 닭이래요 그림 속 다른 나라 친구 찾기	마을을 지켜주는 장승과 토템폴 내가 오르고 싶은 봉우리는 맑음이 인형 만들기 지구마을 구성하기	내가 만든 글자 명화가면 <찰흙> 세계 여러 나라의 탑 세계문화유산 만들기 피나타 만들기	평화 깃발 만들기 평화의 띠 구성하기 명화 '천만인의 꿈'
	언어	<동시 짓기> 내가 가 보고 싶은 나라 '맛있다' 사전 만들기 : 다른 나라 말 알아보기	자연 탐험 여권 다윈의 동물 탐험 지도 내가 만든 세계 여행 무지개 책 갈라파고스 섬의 동물들	세계 보물 스크랩 세계 축제 달력 콩쥐가 신데렐라를 만난다면 세계 여러 나라의 생일 잔치	마법의 가방 세계 어린이 보호 운동 전단지 만들기 인도친구 라냐와 수수께끼하기 <녹음하기> 반기문 총장께 보내는 우리들의 생각
	수·조작	세계의 국기 카드 <게임> 동화나라 여행 세계 친구 도미도	쌀 음식 빙고 게임 죽과 스프 비교하기 집과 사람 도미노 인천 공항에서	<그래프> 만화 속 친구들은 어디서 왔을까? 탈 짝 맞추기 세계 악기 빙고 명화 퍼즐	<보드게임> 초콜릿 케이크를 먹으려면 세계여행 빙고 <퍼즐> 세계는 하나
	과학	지구본 : 먼 나라 이웃나라 5대양 6대주	세계 여러 나라의 집 : 따뜻한 얼음집, 시원한 흙집	한과와 서양과자 국수가 스파게티가 되었어요	자동차를 싣고 가는 배, 석유를 싣고 오는 배

활동 \ 주		1주	2주	3주	4주
		세계 여러 나라 사람들의 생활	세계의 자연과 사회현상	세계 여러 나라의 문화유산	함께 사는 세계
		세계 축구 선수 유니폼 비교하기		왜 그런 옷을 만들었을까?	
자유선택활동	음률	여행 앞으로	세계 민속 노래 '체체쿨레' 수건돌려라	라쿠카라차 런던다리	작고 작은 이 세상
	실외활동	오랏말 오랏말 세계지도 구성하기 우리 성으로 오세요	인디언 텐트 짓기 아프리카 자연탐험 세계의 산맥 만들기	피나타 놀이 축구경기	평화 행진 세계 여행 놀이 글자 기차 만들기 석유를 싣고 오는 배 만들기
대·소집단활동	이야기 나누기	세계 여러 나라 생각 모으기 사는 곳이 달라요 미니 월드컵 계획하기	여행 갔던 경험 이야기 나누기 세계 사람들은 어떤 집에 살까? 세계 사람들은 어떤 음식을 먹을까?	세계 친구들과 인사해요 세계 여러 나라의 민속춤	세계를 돕는 사람들 모두 함께 행복하게 살아가는 법
	문학	<동화> 수호의 말 <동화> 신기한 요술 붓	<동극> 세상에서 가장 힘센 건 여자	쥐돌이는 화가 여우와 시인 <동화> 스피가노나 할머니의 요술 솥단지 북미친구 수잔	어린이 권리 선언 배고픈 아이들이 많아요 지구가 100명의 마을이라면
	수·과학	<컴퓨터> 실이의 아프리카 여행기	세계 산맥과 강, 호수 찾아보기 흙집짓기	<요리> 스파게티	<게임> 모두 함께 나누어 먹어요 Unicef 사이트 방문하기
	음악	여러 나라 악기 소리 듣기	종이 상자 오케스트라	해금과 바이올린	We are the world 감상
	신체	세계 동물 여행 게임 미니 월드컵	씨름, 스모, 레슬링	내가 만약 예술의 전당에서 춤을 춘다면 우리같이 인사해요	미니 올림픽

주 / 활동	1주	2주	3주	4주
	세계 여러 나라 사람들의 생활	세계의 자연과 사회현상	세계 여러 나라의 문화유산	함께 사는 세계
미술	세계 여러 나라 흙 그릇 만들기 축구선수 옷 만들기	종이죽으로 세계 음식 만들기 아프리카 동물원 만들기	<명화 감상> '춤추는 사람들' 축구공에 담긴 세계	평화 포스터 그리기
기본생활습관	외국인과 만나면 반갑게 인사하기	세계 여러 나라 생활모습에 관심 가지기	우리 문화와 세계의 문화유산을 소중히 생각하고 감상하기	서로 도우며 살아가는 마음 가지기

월간교육계획안 평가를 위한 교사를 위한 Tip

■ **월간교육계획안에 반영된 주제와 소주제 간의 연결성은 어떠한가?**

세계 여러 나라 생활주제는 다른 나라의 문화와 우리나라의 문화를 함께 이해할 수 있어야 한다. 첫째주 주제 '세계 여러 나라 사람들의 생활', 둘째주 주제 '세계의 자연과 사회현상', 세째주 주제 '세계 여러 나라의 문화유산' 넷째주 주제 '함께 사는 세계'는 세계 여러 나라와 관련되는 다양성을 이해를 돕는다.

(2) 주간교육계획안

위에서 진술했듯이 월간교육활동계획안은 어디까지나 교사가 유아와 함께 전개할 수 있기를 기대하고 예상하는 계획안이다. 이를 기초로 해서 9월 첫째 주의 주간교육계획안 또한 다음과 같이 예상할 수 있다.

주간 교육계획안

■ 주제 : 세계 여러 나라 사람들의 생활

■ 실시 기간 : 9월 1주

<table>
<tr><th colspan="2">요일 / 활동</th><th>월</th><th>화</th><th>수</th><th>목</th><th>금</th><th>토</th></tr>
<tr><td colspan="2">등원 및 맞이하기</td><td colspan="6">어린이 반갑게 맞이하기 부모와 간단히 대화하기</td></tr>
<tr><td rowspan="7">오전 실내 자유선택활동</td><td>쌓기</td><td colspan="6">세계 지도 구성하기 아시아 만들기</td></tr>
<tr><td>역할</td><td colspan="6">스포츠 방송국 미니 월드컵</td></tr>
<tr><td>미술</td><td colspan="6">지구마을 구성하기 <콜라주> 세계의 친구들
프랑스는 닭이래요(지도상상화 그리기)</td></tr>
<tr><td>언어</td><td colspan="6">세계 여러 나라 인사말 : 다른 나라 인사말과 우리나라 인사말</td></tr>
<tr><td>수·조작</td><td colspan="6">세계의 국기 카드 : <게임> 세계 친구 도미노, 동화 나라 여행</td></tr>
<tr><td>과학</td><td colspan="6">지구본 : 먼 나라 이웃 나라 5대양 6대주</td></tr>
<tr><td>음률</td><td colspan="6">여행 앞으로</td></tr>
<tr><td colspan="2">정리정돈 및 전이활동</td><td colspan="6">세계 여러 나라의 국기 소개하기 여러 나라 악기 소리 맞히기</td></tr>
<tr><td colspan="2">대·소집단활동</td><td><이야기나누기>
세계 여러 나라 생각 모으기</td><td><동화>
수호의 말
<이야기나누기>
사는 곳이 달라요
<신체>
세계 동물 여행 게임</td><td><음악>
여러 나라 악기 소리 듣기
<수·과학>
실이의 아프리카 여행</td><td><이야기나누기>
미니 월드컵 계획하기
<미술>
축구 선수 옷 만들기</td><td><신체>
미니 월드컵
<동화>
신기한 요술 붓</td><td><미술>
세계 여러 나라 흙 그릇 만들기</td></tr>
<tr><td colspan="2">실외활동</td><td colspan="6">오랏말 오랏말</td></tr>
<tr><td colspan="2">점심 및 낮잠</td><td colspan="6">세계의 자장가 듣기</td></tr>
<tr><td colspan="2">오후 자유선택활동</td><td colspan="6">• 실내
<미술> 그림 속 다른 나라 친구 찾기 <과학> 세계 축구 선수 유니폼 비교하기
• 실외
세계 지도 구성하기 우리 성으로 오세요</td></tr>
<tr><td colspan="2">기본생활습관</td><td colspan="6">외국인과 만나면 반갑게 인사하기</td></tr>
<tr><td colspan="2">귀가 및 가정과의 연계</td><td colspan="6">다양한 나라, 사람들에 대한 책 찾아보기, 신문 스크랩해 보기</td></tr>
</table>

참고사항	• 오랏말 오랏말 : 육영회(1997) • 지도로 만나는 세계 친구들 : 뜨인돌 어린이(2004) • 세계 지도로 보는 세계, 세계인 : 계림닷컴(2005)

(3) 일일교육계획안

교육활동의 일일계획과 평가는 이전 활동과 다음 활동의 연속성을 파악하기 위해 체계적으로 수행되어야 한다. 하루 일과 속에 수행되어야 할 여러 가지 활동들이 조화와 균형을 이루고 있는지를 살펴보아야 할 것이다. 동적 활동과, 정적 활동, 일상적 활동과 학습활동, 바깥놀이활동과 실내활동 등의 균형과 조화를 살펴야 할 뿐만 아니라 모든 활동은 유아들의 욕구를 반영해야 하며 발달수준을 고려해서 짜야 하고 하루 일과를 일관성 있게 운영할 수 있도록 계획해야 한다. 유아들은 매일의 생활을 통해 유아교육기관의 하루 일과에 대한 규칙성을 이해할 수 있어야 한다. 일반적으로 하루 일과는 등원 → 자유선택활동 → 정리정돈 → 대・소집단 활동 → 점심 및 낮잠 → 오후 자유선택활동 → 귀가 등의 활동이 일관되게 반복적으로 이루어진다. 이러한 규칙성은 유아로 하여금 하루 일과의 맥락을 예측하도록 도와 안정감있게 생활하도록 돕는다. 하루 일과를 계획할 때 간식, 배변, 휴식 등 유아의 신체적 욕구를 고려하여야 한다. 유아는 편안하고 예측 가능한 환경 속에서 보다 능동적으로 활동하고 자신의 행동과 요구를 원만하게 조절할 수 있게 된다.

하루 일과는 활동의 성격과 유형이 골고루 안배되도록 계획해야 한다. 동적 활동과 정적 활동, 실내활동과 실외활동, 개별 활동과 대・소집단 활동이 균형 있게 안배되도록 한다. 또한 교사 주도 활동과 유아 주도 활동을 골고루 계획하여 유아가 하루 일과 중에 교사와 개별 유아의 상호작용, 교사와 대・소집단 유아와의 상호작용, 유아와 유아 간의 상호작용, 유아와 교구와의 상호작용 등의 기회를 골고루 가질 수 있도록 도와야 한다. 그 외에도 유아들의 흥미나 요구, 예상치 못한 상황이나 사건 등을 고려하여 융통성 있게 계획하여야 한다.

9월 첫째 주 주간교육활동계획안 또한 어디까지나 교사가 유아와 함께 전개할 수 있기를 기대하고 예상하는 계획안이며, 이를 기초로 해서 9월 첫째 주의 일일교육계획안을 다음과 같이 예상할 수 있다.

일일교육계획안

■ 생활주제: 세계 여러 나라

<table>
<tr><td>학 급 명</td><td>햇님반</td><td></td><td></td><td>일 시</td><td>20**년 *월 *일</td></tr>
<tr><td>주제</td><td colspan="3">세계 여러 나라 사람들의 생활</td><td>소 주 제</td><td>세계의 풍습 경험하기</td></tr>
<tr><td>목표</td><td colspan="5">세계 여러 나라 사람들의 생활과 풍습에 관심을 갖는다.</td></tr>
</table>

<table>
<tr><th>시간 및
활동명</th><th>활동내용 (계획 및 실행)</th><th>준비물</th><th>관찰 및 평가</th></tr>
<tr><td>7:30~9:00
등원 및
통합교육</td><td>✿ 등원
• 밝은 미소로 유아를 따뜻하게 이름을 불러주며 맞이한다.
• 친구들에게 “안녕” 하고 인사한다.</td><td>특기
사항
메모장</td><td>교사는 유아가 스스로 인사하는 것을 격려한 후 보호자와 유아의 기분과 투약 여부에 대해 정보 교환한다.</td></tr>
<tr><td>9:00~9:30
오전간식
및 하루일과
계획하기</td><td>• 손을 씻은 후 간식 영역에 준비된 간식을 가지고 자리에 앉기
• 간식 준비와 뒤처리를 유아가 함께 도와준다.
• 제자리에서 먹기
• 간식 먹은 후 자리 정리하기
• 날짜와 날씨 알아보기
• 하루 일과 계획하기</td><td>날짜판,
하루
일과
계획표</td><td></td></tr>
<tr><td>10:00~10:50
오전 실내
자유선택활동</td><td>✿ 자유선택활동
<table>
<tr><td>미술 영역</td><td>콜라주-세계의 친구들</td></tr>
<tr><td>언어 영역</td><td>여러 나라의 인삿말</td></tr>
<tr><td>역할 영역</td><td>미니 월드컵</td></tr>
</table>
<table>
<tr><td>활 동 명</td><td>세계 여러 나라의 인삿말</td><td>활동
영역</td><td>언어
영역</td></tr>
<tr><td>활동목표</td><td colspan="3">세계 여러 나라의 인사말이 서로 다름을 이해한다.</td></tr>
<tr><td>누리과정
관련요소</td><td colspan="3">사회관계 > 사회에 관심갖기 > 세계와 여러 문화에 관심가지기</td></tr>
</table></td><td>영역별
놀잇감</td><td>• 교사는 주간계획에 따라 유아 스스로 자유선택활동을 하도록 격려한다.
• 교재 사용법을 몰라 무엇을 할지 모르는 유아에게 놀이방법을 알려준 후 유아와 함께 잠깐 놀이해본다.</td></tr>
</table>

<table>
<tr><td>10:50~11:00
정리정돈 및
자유선택활동
평가</td><td>• 가지고 놀던 놀잇감을 제자리에 정리하기
• 놀잇감 정리 후 화장실 다녀오기
• 오전 선택활동에 대한 이야기 나누기 (평가)</td><td></td><td>유아는 오전 선택활동에서 생각해낸 창의적 생각을 교사와 친구들 앞에서 설명한다. 같은 교재로 서로 다르게 놀이한 유아들이 친구들에게 방법을 비교해보인다.</td></tr>
<tr><td>11:30~12:00
전이 활동 및
대 · 소집단
활동</td><td>✿ 전이활동
<table><tr><td>활 동 명</td><td>세계의 아침 인사</td><td>활동 영역</td><td>음률 영역</td></tr><tr><td>활동목표</td><td colspan="3">세계 여러 나라 아침인사법을 노랫말을 통해 이해한다.</td></tr><tr><td>누리과정 관련요소</td><td colspan="3">예술경험 > 예술적 표현하기 > 음악으로 표현하기</td></tr></table>노래 : 세계의 아침인사</td><td>노래
파일</td><td>교사는 전이활동시간에 세계의 아침인사 새 노래의 노랫말을 이야기식으로 들려주고 유아들은 노랫말을 통해 세계 여러 나라 아침인사 방법을 이해한다. 또한 새 노래를 흥얼거리며 표현해 본다. 이는 세계 여러 나라 인사말의 활동과 연결되는 활동이다.</td></tr>
<tr><td>12:00~12:40
점심준비 및
점심식사</td><td>• 식사 전 손씻기
• 점심식사 준비와 뒤처리에 돕기
• 골고루 음식을 먹고 스스로 자리 정리하기
• 이 닦기</td><td></td><td></td></tr>
<tr><td>12:50~1:30
오전 실외
자유놀이활동
(바깥놀이)</td><td>• 실외에서 대근육 활동, 물놀이, 모래놀이 등의 활동을 선택하여 자유롭게 놀이한다. (우천시 대체활동 : 윷놀이 이야기–동화 읽기)</td><td>명찰,
물티슈,
구급함</td><td>교사가 실외놀이를 계획하였으나, 비가 와서 우천시 대체활동으로 준비한 윷놀이와 동화감상하기 활동을 실내에서 하였다.</td></tr>
<tr><td>1:30~3:00
낮잠
및
동화</td><td>• 조용한 음악이나 자장가를 들으며 편안한 낮잠 자기
• 교사와 동화책을 읽은 후 개별적으로 낮잠 자기
• 낮잠에서 깨어나면 스스로 잠자리를 정리하고, 화장실에 다녀오기</td><td>개별
침구,
동화책,
음악
CD</td><td>유아는 낮잠 잘 개별 침구를 스스로 준비하고, 교사는, 조명과 음악을 이용하여 조용한 분위기를 조성한다. 잠자기를 싫어하는 유아는 조용한 놀이를 한다.</td></tr>
<tr><td>3:00~3:30
오후 간식</td><td>• 자고난 이부자리 정리하기
• 화장실 다녀오기 및 손 씻기</td><td></td><td></td></tr>
</table>

<table>
<tr><td>3:30~4:30
오후 실내
자유놀이활동
및
소집단활동</td><td>활 동 명: 미니 월드컵 / 활동영역: 역할 영역
활동목표: 운동 경기에서 지켜야 할 규칙을 알고 지킨다.
누리과정 관련요소: 기본생활 > 바른 생활 > 질서 지키며 생활하기

"○○○의 아빠 이름에 '훈'자가 들어갔는데 △△△의 아빠 이름에도 똑같이 '훈'자가 있구나."
"□□□ 아빠는 일요일에 □□□랑 팔씨름을 했구나. 정말 재미있었겠다."</td><td></td><td>• 오전 활동과 연계된 활동을 한다.
• 교사가 준비한 놀이를 선택하여 놀이를 계획하거나 유아들이 오전놀이를 확장하여 창의적 놀이를 계획하도록 안내한다.</td></tr>
<tr><td>4:30~5:00
휴식</td><td>• 조용한 음악 들으며 휴식 취하기(낮잠을 원하는 영아는 개별적으로 낮잠 자기)</td><td>음악
CD</td><td></td></tr>
<tr><td>5:00~6:00
오후 실외
바깥놀이
및 대집단활동</td><td>활 동 명: 콜라주-세계의 친구들 / 활동영역: 미술 영역
활동목표: 세계 여러 나라의 친구들을 조형으로 표현한다.
누리과정 관련요소: 예술경험 > 예술적 표현하기 > 미술활동으로 표현하기</td><td>명찰,
물티슈,
구급함</td><td></td></tr>
<tr><td>6:00~7:00
통합교육
및 귀가</td><td>✿ 귀가지도
• 오늘 즐거웠던 일에 대해 이야기나누기
• '안녕'노래 부르며 교사와 인사나누기
• 집에 갈 준비를 마친 후 조용한 놀이를 하면서 개별적으로 귀가하기</td><td>특기
사항
메모장</td><td>교사는 밝고 단정한 모습으로 학부모를 맞이하고 유아의 하루 일과에 대해 학부모와 간단히 이야기 나눈 후 유아와 인사 나눈다.</td></tr>
<tr><td>준비사항
및 기타사항</td><td colspan="3">이번 1월의 계획안은 전체적인 단위활동의 연계가 강하므로, 적절하게 확장과 심화가 이루어지도록 해야 한다.</td></tr>
<tr><td rowspan="2">유아
관찰일지</td><td>차○○</td><td>결석원아</td><td>없음</td></tr>
<tr><td>오늘 ○○이가 정말 다양한 색을 사용하여 너무 멋진 연을 만들었어요.
하늘 높이 뜨는 연이 어찌나 멋진지 ○○도 정말 마음에 들어 했답니다.</td><td>학부모 상담</td><td>☺</td></tr>
<tr><td>투약의뢰서</td><td colspan="3">없음</td></tr>
<tr><td>일일평가</td><td colspan="3">유아들과 오늘 하루에 대한 이야기를 나누니 다음 주 계획에 너무나도 유용한 것 같아요.♥</td></tr>
</table>

<table>
<tr><td rowspan="3">소독관련</td><td>장난감</td><td>수건</td><td>걸레</td><td>물컵</td><td>기타</td><td rowspan="3">개인
침구류</td><td rowspan="3">개인용 이불, 배게는 매주 금요일 가정으로 보내어 세탁 후 월요일날 원으로 가지고 옵니다.</td></tr>
<tr><td>○</td><td>○</td><td>○</td><td>○</td><td>○</td></tr>
<tr><td colspan="5">매주 금요일은 대청소의 날입니다.</td></tr>
</table>

일일교육계획안 평가를 위한 교사 Tip

위 일일교육계획안에는 여러 개의 단위활동들이 계획되어 있다. 이들이 소주제 중심으로 어떻게 연결되어 있으며, 누리과정 5개 영역들이 서로 어떻게 연결되어 있는지 토의해보기 위해 다음의 질문들을 사용해보자.

(4) 단위활동계획안

단위활동계획은 일일 또는 주간 교육계획안에 제시되어 있는 각 영역별 활동의 구체적인 계획을 의미한다. 각각의 단위활동계획은 연간교육계획에서부터 월간, 주간, 일일 교육계획과의 연계선상에서 작성되어야 하며, 주간교육계획에서 제시된 소주제를 기초로 각 영역의 놀이 특성에 맞게 계획되어야 한다. 다음은 9월 첫째주 첫날 일일계획안에 계획한 자유선택활동 중 역할 영역 예상활동의 '미니 월드컵'에 대한 단위활동을 계획해보자.

■ **미니 월드컵**

활동목표	• 운동 경기에서 지켜야 할 규칙을 알고 지킨다. (기본생활 > 바른 생활 > 질서 지키며 생활하기) • 축구경기를 해 봄으로써 운동능력을 기른다. (신체운동 > 신체활동 참여 > 여러 가지 기구를 이용하여 신체활동하기)
활동자료	월드컵에 관한 비디오 자료, 축구공, 축구 골대, 점수판, 모형 월드컵
활동방법	<사전 활동 : 미니 월드컵 계획하기> 1. 월드컵에 관한 비디오를 보며 월드컵에 대해 이야기한다. "월드컵은 무엇이니?" "왜 월드컵을 할까?" "우리나라에서는 언제 월드컵이 열렸을까?"

<table>
<tr>
<td>활동방법</td>
<td>
2. 축구 경기에 필요한 규칙과 용어에 대해 알아본다.
예) 패스, 골인, 핸들링, 드로잉
3. 미니 월드컵을 하기 위해서 필요한 역할에 대해 토의한다.
"월드컵을 하기 위해서는 어떤 사람들이 필요하니?"
예) 공격수, 수비수, 골키퍼, 감독, 의사, 응원하는 사람, 주심, 부심, 아나운서
4. 미니 월드컵을 하기 위해서 필요한 것이 무엇인지에 대해 토의한다.
"월드컵 경기를 하기 위해서는 무엇이 필요하니?"
예) 공, 골대, 유니폼, 팀의 상징, 등 번호, 호루라기, 깃발, 물, 트로피, 점수판
5. 역할을 정하고 팀을 나눈다.
6. 필요한 것들을 준비한다.
미니 월드컵을 할 장소를 정한다.
필요한 물건을 만든다(등번호, 팀의 상징 달기, 트로피, 점수판 만들기 등).
점수판 양편에 국기를 붙여 나라를 표시한다.

<본 활동 : 미니 월드컵>
1. 두 편으로 나누어 입장한다.
2. 두 나라의 국가를 부른다.
3. 선수끼리 악수를 한다.
4. 축구 경기를 한다.
• 주심은 호각으로 경기 시작을 알린다.
• 감독은 작전을 지시한다.
• 다친 선수가 있으면 의사를 부른다.
5. 경기가 끝나면 점수를 확인하고 양편 선수는 악수하고 제자리로 돌아간다.
• 이긴 편에 '월드컵'을 수여한다.
6. 미니 월드컵에 대해 평가한다.
"가장 즐거웠던 일은 어떤 일이니?"
"더 재미있게 하려면 무엇이 더 필요할까?"

준비하기

중계방송하기
</td>
</tr>
</table>

	 월드컵하기
확장활동	• 세계 여러 나라의 국기를 그리기 • 각 나라의 유니폼과 상징에 대해 알아보기

단위활동교육계획안 평가를 위한 교사의 Tip

- 위 단위활동계획안에 교육과정관련요소 5개 영역인 신체운동건강 영역, 의사소통 영역, 사회관계 영역, 예술경험 영역, 자연탐구 영역은 서로 어떻게 연결되어 있는가?

교육계획안에 영유아들의 연령, 흥미 및 교육과정관련요소가 고려되었는지 평가해보기 위해 다음의 질문들을 사용해보자.

- 위 활동계획안들은 몇 세를 위한 계획안인가? 그것을 어떻게 알 수 있으며 그 연령에 적합한가?
- 위 단위활동계획안에 5세 유아들의 흥미가 반영되었는가? 그것을 어떻게 알 수 있는지 그 이유를 설명해보자.
- 위 단위활동계획안에 가장 중요한 누리과정 관련요소가 무엇 무엇인가?

3) 교육과정 평가결과 활용

지금까지 교육계획안 평가를 통해 교육과정평가를 시도하고자 했다. 그러나 교육과정평가는 계획에서 운영전반에 대한 평가가 수립되어야 한다. 평가의 결과는 차기 교육을 계획하고 수립하기 위함이다. 예상교육계획이 수립되면 교육활동은 전개되고 교사는 유아들의 활동을 관찰하면서 교육과정의 운영전반을 평가하게 된다. '3~5세 누리과정'과 '표준보육과정'은 신체운동건강, 의사소통, 사회관계, 예술경험, 자연탐구의 5개 영역으로 구성되어 있고 각 영역은 다시 내용범주, 내용, 하위내용으로 구성되어 있다. 영역별 제시된 하위내용은 생활주제를 통해 실천하고 일련의 교육과정을 평가하도록 안내하고 있다. 누리과정의 생활주제는 주제, 소주제로 범주화시킬 수 있고, 소주제를 통해 교육과정의 5개 영역별 내용이 조화롭게 연결되는 교육활동을 전개할 수 있는데 이는 '3~5세 연령별 누리과정 교사용 지도서'에 단위교육활동별로 예시되어 있다. 교육활동은 유아들의 연령, 흥미, 경험수준에 따라 다양하며 대소집단의 크기에 따라 다양한 교수학습방식을 활용할 수 있다.

교사는 교육과정 내에 반영되어 있는 다양한 요인들을 어떻게 균형과 조화를 이루게 할 것인가? 정부고시의 문서에 제시된 5개 영역별 내용과 교육 현장에서 활용 가능한 교사용 지도서에 예시된 단위활동들을 어떻게 조화롭게 교육행위로 이끌어 낼 것인가? 교육행위를 실천하는 교사의 교육철학적 신념에 따라 교육의 전개과정과 단위교육활동들 간의 연결구조는 달라질 수밖에 없으므로 지도서와 지침서의 연결성 및 조화와 균형의 문제는 다소 복잡하게 인식될 수 있다.

여기서는 교육활동 전개 시 교사의 관찰을 기초로 한 교육과정평가의 결과들이 차기의 교육과정에 어떻게 활용될 수 있는지에 대해 생각해보기로 한다.

위에 제시된 5가지 활동계획안들이 서로 어떻게 연결되어 있는지 평가하기 위해 다음 질문들을 사용해보자.

- 위 교육활동은 소주제와 관련되는 하루 일과의 교육활동들과 어떻게 연결되어 있는가?
- 생활주제, 주제, 소주제와 어떤 연결을 갖고 있는가?
- 활동목표와 교육과정관련요소는 서로 연관성이 있는가?
- 교육과정관련요소와 활동방법은 서로 연관성이 있는가?

누리과정에 기초한 유아평가 영역은 신체운동・건강, 의사소통, 사회관계, 예술경험, 자연탐구의 5개 영역별로 이루어진다. 각 영역별 유아평가방법은 일화기록, 부모와의 면담, 관찰 등 앞서 이론편에서 학습한 다양한 관찰방법을 통해 이루어질 수 있다. 단위활동계획안에 반영된 누리과정 5개 영역들을 각각 어떻게 평가할 것인지를 살펴보기 위해 제 4장 5장 실제편에서 구체적으로 살펴볼 예정이다.

3 부모면담

1) 부모면담의 정의 및 의의

교사와 부모의 상호협력적 관계는 영유아의 성장과 발달을 지원하기 위해 대단히 중요하다. 상호협력적 관계형성에서 큰 비중을 차지하는 부모면담을 통해 교사는 부모에게 기관에서 생활하는 영유아에 대한 정보를 체계적으로 전달하고 부모로부터 영유아의 출생과 성장, 가정에서의 생활 등에 대한 광범위한 정보를 얻게 됨으로써 부모와 교사는 영유아에 대해 포괄적으로 이해하게 되고, 이는 영유아의 올바른 성장을 위한 지도의 밑바탕이 된다.

부모면담에 대한 정의를 살펴보면, 정갑순(2006)은 "부모면담이란 교사와 부모가 서로 대면하여 유아의 가정생활과 유아교육기관에서의 생활 전반에 대해 의견을 교환함으로써 유아교육기관과 가정이 상호 연계를 갖고 유아의 발달을 돕고자 하는 활동"이라고 했으며, 전남련 등(2007)은 "부모면담이란 특정한 목적을 가지고 특정한 내용에 관하여 부모와 교사가 직접 얼굴을 맞대고 일정한 시간에 언어를 매개로 하여 정보를 얻거나 의사나 감정을 전하는 양식"이라고 하였다. 황해익 등(2014)은 "부모면담은 영유아의 전인적인 성장과 발달을 위해 유아교육기관과 가정의 일관성 있는 교육의 방향을 결정짓는 계기를 마련하는 시간"이라고 정의하였다.

부모면담에 대한 학자들의 정의를 종합해 보면, 부모면담은 부모와 교사가 직접 만나 유아의 성장과 발달에 대한 정보를 서로 교환함으로써 유아교육기관과 가정의 일관성 있는 영유아 지도방안 모색을 목적으로 하는 활동이라고 할 수 있다.

부모와 유아교육기관의 협력적 관계를 도모하는 부모면담은 영유아의 건강한 성장과 발달을 이끄는 수레의 양쪽 바퀴와 같은 부모와 교사에게 다음과 같은 의의를 지니고 있다.

첫째, 부모면담에서 부모는 자녀에 대한 기대나 출생과 성장과정, 행동특성 등에 대한 정보를 알릴 수 있는 기회를 갖게 된다. 이를 통해 교사는 영유아의 가정생활이나 가족관계에 대해 알게 됨으로써 영유아를 보다 포괄적으로 이해하는데 도움이 된다.

둘째, 부모는 가정이 아닌 공동생활이 이루어지는 유아교육기관에서 보이는 영유아의 행동에 대한 교사의 관찰 자료와 정보를 통해 자녀를 보다 객관적으로 이해하는 기회가 됨으로써 가정에서의 자녀 양육 및 지도에 도움이 된다.

셋째, 부모는 면담을 통해 유아교육기관에서 이루어지는 교육 및 보육활동에 대해 보다 자세히 알게 됨으로써 협조적인 태도를 갖게 된다.

넷째, 영유아에게 문제가 되는 행동이 발생했을 경우에 부모와 함께 협력적인 관계를 바탕으로 일관성 있는 지도를 통해 영유아 문제행동에 접근할 수 있다.

다섯째, 영유아교육기관에서 이루어지는 행사나 프로그램 진행에 있어서 부모의 의견을 반영할 수 있는 기회를 제공한다.

이와 같은 의의를 지닌 부모면담이 제대로 이루어지기 위해서는 교사의 철저한 준비가 필요하다. 부모면담을 실시하기 전에 개별 영유아의 발달에 대한 검사결과, 관찰자료, 포트폴리오 등 포괄적인 자료를 체계적으로 정리하여 활용함으로써 객관적이고 신뢰성 있는 면담이 이루어질 수 있도록 해야 한다.

2) 면담의 유형

부모면담의 유형은 면담에 참여하는 인원에 따라 개인면담과 집단면담으로, 면담의 계획 여부에 따라 정기면담과 수시면담으로, 면담상황의 구조화 정도에 따라 구조화면담, 반구조화면담, 비구조화면담으로 구분된다.

첫째, 면담에 참여하는 인원에 따라 개인면담과 집단면담으로 나눌 수 있다. 개인면담은 교사와 부모가 일대일의 관계로 만나 이루어지는 면담의 형태로 개별 영유아에 대한 정보를 보다 자세하게 의견을 교환할 수 있는 특징이 있다. 집단면담은 교사와 비슷한 수준과 공통된 관심사를 가진 여러 명의 부모가 만나 이루어지는 면담의 형태로 부모들 간의 의사소통을 통해 자녀의 문제를 보다 폭넓게 볼 수 있는 기회를 제공하며 부모들 간에 지지적 관계를 형성할 수 있는 특징이 있다.

둘째, 면담의 계획 여부에 따라 정기면담과 수시면담으로 구분된다. 정기면담은 주로 학기초나 학기말에 정기적으로 모든 영유아의 부모를 대상으로 영유아에 대한 정보를 주고받기 위한 목적으로 또는 자녀양육 및 교육에 대한 일반적인 정보를 부모에게 제공하기 위해 이루어진다. 수시면담은 영유아의 특별한 문제행동 지도를 위해 교사 또는 부모의 요청에 의해 수시로 이루어질 수 있으며 개별 영유아에 대한 보다 깊이 있는 면담이 이루어질 수 있다.

셋째, 면담상황의 구조화 정도에 따라 구조화면담, 반구조화면담, 비구조화면담으로 나눌 수 있다. 구조화면담은 부모면담을 통해 얻거나 전달하자 하는 정보를 미리 목록으로 만들어 놓고 계획에 따라 차례대로 질문과 대화가 이루어지는 형태이다. 반구조화면담은 미리 만들어놓은 질문목록에 따라 면담이 이루어지지만 대화를 진행하는 과정에서 질문의 순서를 바꾸거나 추가적인 질문이 이루어질 수 있어 구조화면담보다는 자유롭고 보다 계획된 내용보다 많은 정보를 얻을 수 있는 장점이 있다. 비구조화면담은 교사가 면담의 내용 또는 질문을 대략적으로 구상하고 부모와 자유롭게 대화를 주고받으면서 이루어지 형태로 가장 이상적인 방법이긴 하지만 경험이 많지 않은 교사가 진행하는데 무리가 있을 수 있다.

3) 면담의 계획

부모와 면담을 진행하고자 할 때에는 면담의 준비뿐만 아니라 면담의 전반적인 과정에 대한 체계적인 계획이 필요하다.

첫째, 면담의 목적을 분명히 한다. 부모로부터 영유아에 대한 정보를 얻고 일반적인 주제에 대한 면담인지, 영유아의 문제행동에 대한 원인을 파악하고 부모와 협력하여 문제해결 방안을 찾고자하는 것인지 등 면담의 목적에 따라 면담의 유형, 면담에 필요한 자료의 준비 등이 달라질 수 있기 때문이다.

둘째, 면담의 대상을 미리 파악한다. 주로 면담은 부모를 대상으로 이루어지지만 사회가 다변화되고 다양한 형태의 가족구조가 만들어지면서 면담의 대상은 부모가 아닐 수 있다. 실제적인 양육의 책임을 가진 성인, 즉 부모뿐만 아니라 조부모, 친인척, 대리 양육자도 면담의 대상이 될 수 있고, 면담대상이 누구냐에 따라 면담의 내용이 달라질 수 있기 때문에 면담의 대상을 미리 파악할 필요가 있다.

현대 부모의 특성

- ✤ 부모가 되기 전에 부모의 역할을 준비할 기회가 전혀 없다.
- ✤ 부모는 자신에게 문제가 있는 것은 아닌지, 부모역할을 제대로 하고 있는지, 자녀의 문제를 바로잡을 수 있을지 등에 대한 걱정이 많다.
- ✤ 대부분의 가정에서는 한두 자녀만을 양육하기 때문에 부모에게 자녀들은 가장 소중한 존재이다.
- ✤ 내 아이가 다른 아이보다 뛰어나기를 기대한다.
- ✤ 초등학교에 입학하기 전에 기초적인 학습지도를 시켜야 좋은 대학에 진학할 수 있다고 생각한다.
- ✤ 자녀의 수가 줄고 경제적 수준이 나아지면서 특기교육 하나쯤은 시켜야 한다고 생각한다.
- ✤ 취업모가 증가하면서 유아교육기관에서 교육뿐만 아니라 보호까지도 책임져주기를 원한다.
- ✤ 핵가족, 이혼가정의 확대로 가정이 불안해지면서 부모역할에 대한 불안감이 커지고 자녀양육에 대해 누군가의 도움을 원한다.

셋째, 면담이 이루어지는 장소를 정하고 동선과 채광, 자리배치 등을 미리 계획한다. 면담이 효과적으로 이루어지기 위해서는 유아뿐만 아니라 다른 사람으로부터 방해받지 않는 조용하고 밝은 분위기의 공간을 마련하는 것이 적절하다.

넷째, 일반적으로 학기가 시작되고 한 달 후쯤, 또는 학기 말에 정기적인 면담이 이루어진다. 면담의 시기가 정해지면 미리 공지하여 부모와 일정을 협의하여 면담 날짜를 정하고, 정기적 면담 외에 필요한 경우에 수시로 부모면담을 실시할 수 있다.

다섯째, 부모면담은 편안하고 정중한 분위기에서 이루어질 수 있도록 한다.

부모면담에서 고려해야 할 점

- ✤ 면담대상인 부모나 양육자를 밝은 미소로 반갑게 맞이한다.
- ✤ 영유아에 대한 긍정적인 면을 언급하는 것으로 면담을 시작한다.
- ✤ 따뜻하고 친절하며 개방적인 태도로 부모의 이야기를 적극적으로 듣는다.
- ✤ 부모에게 자녀에 관해 더 많은 것을 알고 싶어한다는 것이 전달되도록 면담을 진행한다.
- ✤ 면담 시 영유아에 대한 객관적인 자료를 체계적으로 준비하여 활용한다.
- ✤ 면담의 내용은 일정한 양식에 따라 기록한다.

자료 : 황해익, 최혜진, 정혜영, 권유선(2014).

4) 부모면담의 실행

(1) 개별면담

개별면담은 교사와 한 명의 영유아 부모가 서로 만나 영유아 관찰 결과를 토대로 영유아의 발달적 변화와 영유아 지도방법에 대해 정보를 교환하고 의논하는 것으로 연 2회 이상 정기적으로 실시한다. 발달적 변화가 빠른 영아나 특별한 문제를 지닌 영유아들의 경우 부모 또는 교사의 요청에 의해 수시로 개별면담이 이루어질 수 있다. 정기적으로 이루어지는 면담인 경우에는 면담의 시기에 따라 내용이 달라질 수 있다. 학기 초에 이루어지는 면담에서는 부모로부터 자녀에 대한 기본적인 정보와 가정에서의 행동특성에 대한 정보를 얻고, 교사는 유아교육기관의 특성과 교육과정 및 프로그램에 대한 내용을 부모에게 설명하게 된다. 반면에 학기 중이나 말에 이루어지는 면담에서는 유아교육기관에서 관찰된 영유아의 행동특성이나 발달의 변화, 지도방향 등에 대한 정보를 부모에게 제공하는 형태로 이루어질 수 있다.

교사와 부모는 면담을 통해 영유아의 행동 및 생활과 관련된 여러 가지 일반적인 사항에 대해 서로 의견을 나누기도 하고, 부모의 자녀에 대한 이해를 증진시킬 수 있으며, 문제에 대해 합리적이고 효과적인 방법으로 접근할 수 있도록 도움을 줄 수도 있다. 교사와 부모 간 이루어지는 개별면담이 지니는 효과는 다음과 같다(김지은, 2008; 박은혜 외, 2010).

첫째, 부모와 교사 간에 상호 신뢰감이 형성되고 친밀감이 생긴다.

둘째, 교사는 영유아의 가정환경, 생육사와 발달과정 등을 보다 잘 이해할 수 있다.

셋째, 부모는 가정 외의 상황에서 영유아의 행동이 어떠한지 알 수 있다.

넷째, 영유아에게 문제행동이 나타났을 때 의견을 서로 나누고 행결방법을 함께 생각할 수 있다. 부모와 함께 해결방안을 강구하게 되면 부모가 협조하고 노력하는 경향이 있다.

다섯째, 영유아교육기관의 교육활동이나 각종 행사에 대한 평가나 의견을 부모로부터 들을 수 있다.

① 개별면담 준비

교사는 정기적으로 이루어지는 개별면담 및 집단면담의 시기를 미리 계획하여 연간면담계획을 수립한다. 연간면담계획에 따라 실시되는 개별면담을 위해 다음과 같은 준비가 필요하다.

㉠ 면담일정 정하기

개별면담의 일정은 적어도 2주 전에 가정통신문이나 개별 연락을 통해 계획된 개별면담시기를 미리 알리고 부모와 협의하여 구체적인 면담날짜와 시간을 정한다. 면담시간은 개별면담 시에 영유아를 배석시키지 않는 것이 좋으므로 일반적으로 유아교육기관의 하루 일과가 끝난 이후로 정한다. 또한 면담시간은 20분 내외 정도가 적절하며, 다음 면담을 위해 교사가 준비할 수 있는 시간이 필요하기 때문에 5~10분 정도의 쉬는 시간을 고려하여 면담일정을 정하는 것이 좋다.

부모면담 안내문

안녕하십니까?
어느덧 따뜻해진 날씨와 함께 꽃 피는 봄이 다가왔습니다.
공지 드린 1학기 부모님과의 면담일정에 대해 안내드립니다.
자녀에 대한 궁금한 사항이나 교사가 알아야 할 사항을 미리 메모해 오시면 면담시간을 효율적으로 활용하실 수 있습니다. 바쁘시더라도 정해진 날짜와 시간을 꼭 지켜 참석하여 주시기 바랍니다.

시 간	○월 ○일 (○)	○월 ○일 (○)	○월 ○일 (○)	○월 ○일 (○)
15:00 ~ 15:20		이○○	한○○	
15:30 ~ 15:50		김○○	지○○	
16:00 ~ 16:20	서○○	송○○	이○○	홍○○
16:30 ~ 16:50	윤○○	김○○	김○○	곽○○
18:00 ~ 18:20	정○○	심○○	전○○	김○○
18:30 ~ 18:50	남○○	박○○	김○○	이○○
19:00 ~ 19:20	라○○	김○○	김○○	이○○

- 정해진 시간에 맞추어 면담할 수 있도록 5분 전에 도착해 주시기 바라며, 원활한 진행을 위해 차량은 외곽에 주차해 주시기 바랍니다.
- 이번 면담을 통해 가정과 어린이집과의 효율적인 연계교육이 이루어질 수 있기를 기대해 봅니다.
- 원활한 면담을 위해 면담 시 아동은 동반하지 않습니다.
- 면담시간 변경이 필요한 경우 미리 연락해 주시기 바랍니다.

○○어린이집

㉡ 면담자료 준비하기

교사는 사전에 영유아에 대한 자료를 수집·정리하여 면담자료를 준비해야 한다. 교사가 면담 전에 준비하는 영유아 관찰기록, 신체검사결과표, 수업활동 시 영유아들의 생활모습을 담은 자료와 영유아들이 그린 그림, 작품, 글 등의 활동 결과물 등은 부모에게 영유아의 발달과 행동특성을 설명하는 객관적이고 신뢰성 있는 자료가 될 수 있다. 수집된 다방면의 자료를 검토하여 개별 영유아별로 별도의 파일을 만들어 정리하고 부모면담기록지를 작성하고 준비한 자료와 작업 표본 등을 첨부한다. 교사가 준비해야 하는 면담자료에 대한 구체적인 내용은 다음과 같다(황해익, 최혜진, 정혜영, 권유선, 2015).

- 영유아의 개인적 기록물(환경조사서, 건강기록부, 생활기록부, 관찰일지 등) 검토
- 유아교육기관의 프로그램 유형에 관계없이 각 영유아를 위한 '부모면담일지' 준비
- 영유아 관찰 기록 정리, 영유아 포트폴리오에 체계적으로 보관된 교사의 기록물과 영유아의 작업표본 정리하여 첨부
- 영유아 행동관찰기록을 토대로 구체적인 발달요약이 포함된 부모면담일지 작성
- 부모면담일지 외에 면담에 임하기 전에 간단한 설문지(4~5개 정도의 자유대답식 질문으로 구성) 작성 가능

부 모 면 담 일 지

<table>
<tr><td colspan="2">이름(성별)</td><td>이 ○ ○(남)</td><td>면담장소</td><td>용기반</td></tr>
<tr><td colspan="2">면담날짜</td><td>20**년 *월 *일(금)</td><td>생년월일</td><td>2013년 1월 18일</td></tr>
<tr><td colspan="2">면담대상</td><td>모</td><td>면담시간</td><td>19:00~19:20</td></tr>
<tr><td colspan="2">구 분</td><td colspan="2">교사 의견</td><td>부모 의견</td></tr>
<tr><td rowspan="5">교육
과정
영역</td><td>신체
운동
·
건강</td><td colspan="2">직선, 곡선, 지그재그 선 등 신체의 움직임을 조절하여 걸을 수 있다. 소근육을 이용하는 도구의 사용에는 주먹으로 쥐고 사용하는 서툰 모습을 보이나 교사의 모델링을 따라 시도하려고 노력한다. 낮잠시간에 매트에 누워 손을 빨며 자는 모습을 보인다.</td><td></td></tr>
<tr><td>의사
소통</td><td colspan="2">동화를 다양한 방법으로 듣는 것을 즐기며 그림을 보며 이야기를 지어 말할 수 있다. 한 줄 기차 만들기, 게임 규칙 알아보기 등 교사가 제시하는 사항을 듣고 이해한다. 또래 앞에서 자신 있는 목소리로 자신의 생각, 경험을 이야기 할 수 있다.</td><td></td></tr>
<tr><td>사회
관계</td><td colspan="2">하루 일과 중 교사가 자신의 행동을 칭찬하거나 격려하면 성취감을 표현하며 미소를 짓는다. 교사나 또래에게 관심을 보이며 도움을 요청하면 적극적으로 도움을 준다. 자신의 작품을 벽면이나 교구장 위에 전시하며 자부심과 뿌듯함을 느낀다.</td><td></td></tr>
<tr><td>예술
경험</td><td colspan="2">신나는 음악을 듣고 신체를 자유롭게 움직인다. 움직임과 춤에 관심을 가지고 탐색하며 간단한 노래와 손유희를 보고 따라 할 수 있다. 미술 영역에서 여러 가지 재료와 도구를 이용해 작품을 만들고, 자신이 만든 작품에 성취감을 느낀다.</td><td></td></tr>
<tr><td>자연
탐구</td><td colspan="2">자연현상에 관심을 가지고 궁금해 하며 탐색한다. 주변 사물과 자연환경에 관심이 많고 궁금한 점은 질문을 통해 알아본다. 물체의 모양에 따른 특성을 인식하며 두 물체의 크기와 길이를 비교할 수 있다.</td><td></td></tr>
<tr><td colspan="2">기본생활습관</td><td colspan="2">채소나 매운 음식을 먹지 않으려고 함</td><td></td></tr>
<tr><td colspan="2">고려해야 할 사항</td><td colspan="2"></td><td>매년 새로운 환경에 적응하는데 어려움이 있음</td></tr>
<tr><td colspan="2">기타</td><td colspan="2"></td><td>현재 할머니와 생활하고 있음</td></tr>
</table>

㉢ 면담장소 마련하기

개별면담을 위한 장소는 부모가 편안하게 느끼면서 대화에 집중할 수 있어야 하므로 다른 사람의 왕래가 없는 조용한 곳에 마련해야 한다. 일반적으로 학급 교실을 면담장소로 활용하는 경우가 많다. 면담을 위해 교사와 부모가 가운데 테이블을 두고 마주 앉을 수 있도록 의자를 배치하고 테이블에는 면담자료만 올려놓아 면담에 집중할 수 있도록 한다.

면담장소 바깥에는 미리 도착한 부모들이 기다릴 수 있는 대기 공간을 마련하고 유아교육기관에 대한 자료, 프로그램에 대한 안내자료, 영유아들의 활동사진 및 자료, 간단한 다과를 준비해 둔다.

② 개별면담 실시

㉠ 교사의 자세

교사는 부모와의 면담을 통해 영유아의 발달에 적합한 지원을 위한 협력적 관계 형성을 위해 다음의 사항을 고려해야 한다(박은혜 외, 2010; 황해익, 송연숙, 정혜영, 유수경, 2013).

- 교사는 부모의 마음을 먼저 이해해야 한다. 부모는 누구나 자녀에게 각별한 관심을 갖고 있기 때문에 부모가 자녀에 대해서 어떻게 생각하고 어떻게 느끼고 있는지 이해하는 것이 필요하므로 적극적으로 들어주는 자세가 필요하다.
- 교사는 부모가 긴장을 풀고 편안하게 이야기할 수 있는 분위기를 조성한다.
- 교사는 말을 많이 하기보다는 부모의 이야기를 들어주어야 한다. 부모의 말을 잘 들음으로써 자녀의 개인적 특성과 처해 있는 상황을 이해할 수 있다.
- 교사는 비판적이고 지시적인 발언을 가능한 하지 말아야 한다.
- 교사는 가능한 단정한 자세와 따뜻한 인상을 주도록 노력해야 한다. 교사 또한 면담환경의 일부이므로 신뢰감 있는 말씨와 단정한 자세가 필요하다.

㉡ 면담 실시

교사는 부모와의 효율적인 면담을 위해 다음과 같은 사항을 고려해야 한다(황해익 외, 2015).

- 면담 10분 전에 면담장소의 상태를 확인하고 영유아 발달요약을 검토한다.
- 다과는 미리 준비해 둔다.
- 부모가 오면 반갑게 인사를 나누고 면담장소로 안내한다.
- 준비된 자리에 부모가 앉을 수 있도록 안내하고 교사는 시계가 보이는 자리에 앉는다.
- 면담 전 간단한 인사말, 날씨 등에 관한 이야기로 부모의 마음을 편안하게 해 준다.
- 면담의 목적이 무엇인지 부모에게 알린다.
- 자녀가 좋아하는 것, 장점 등을 사례를 중심으로 먼저 말한다.
- 자녀의 발달사항에 대해 간단하게 설명한다.
- 영유아의 가정에서의 생활과 유아교육기관에서의 생활이 어떻게 다른지 부모의 의견을 들어본다.
- 궁금한 사항에 대해 질문을 받고 답변한다.
- 자녀의 문제점에 대한 질문에는 부모의 생각을 먼저 들어보고 필요한 사항을 긍정적인 방향으로 제시한다.
- 면담시간은 20분을 넘지 않도록 한다.
- 따로 의논할 다른 사항이 있으면 다음 면접일정을 정한 후 면담을 마친다.
- 인사를 하고 배웅한다.
- 부모면담일지에 면담내용을 기록하고 따로 보관한다.

ⓒ 면담 평가하기

교사는 면담이 끝난 다음에 면담내용을 정리하고 면담이 성공적으로 진행되었는지를 반성적으로 평가해야 한다. 교사는 다음과 같은 질문을 통해 스스로 자신을 평가해볼 수 있다(황해익 외, 2015).

- 영유아의 가정적 배경에 대해 미리 숙지하였는가?
- 학기 초부터 말까지 다양한 방법으로 영유아에 대한 다양한 정보를 수집했는가?

- 기다리는 동안 부모가 볼 수 있도록 영유아들의 작품이나 학습결과물 등을 전시해 두었는가?
- 부모가 기다리는 동안 마실 음료나 볼 책을 준비해 놓았는가?
- 부모를 따뜻하게 환영하면서 맞이했는가?
- 긍정적인 말로 시작했는가?
- 부모의 욕구와 이해수준에 맞춰 면담을 조정했는가?
- 면담을 위한 목표가 분명했는가?
- 어려운 말이나 전문적인 용어는 부모가 이해할 수 있는 말로 풀어 주었는가?
- 부모의 말을 반영적으로 경청했는가?
- 의사소통이 오고가도록 했는가?
- 면담내용을 요약하여 전달했는가?
- 사후 점검을 했는가?
- 정해진 시간에 시작하고 끝냈는가?

(2) 집단면담

집단면담은 여러 부모들을 대상으로 공개적으로 이루어지는 면담으로 대다수 부모들의 관심과 요구가 공통된 것일 때 실시할 수 있으며, 집단의 크기에 따라 대집단 면담과 소집단 면담으로 나룰 수 있다. 대집단 면담은 전체 부모를 대상으로 한 면담이고 소집단 면담은 같은 문제로 고민하는 부모들을 대상으로 한 면담의 형태이다. 개별면담과 달리 집단면담은 부모들끼리 서로 의견과 경험을 나누는 기회를 통해 자녀 문제를 폭넓게 볼 수 있고 서로가 쉽게 공감대를 형성할 수 있으므로 다음(황해익 외, 2015)과 같은 장점이 있다.

첫째, 자녀양육과 관련된 문제에 대한 부모들의 경험과 정보를 서로 나눔으로써 자녀양육에 관한 도움을 받을 수 있다.

둘째, 집단면담으로 부모는 자기자녀에게만 있는 문제라고 느꼈던 점에 대해 다른 부모들도 같은 고민을 하고 있음을 알게 되어 영유아의 발달과정임을 이해하게 된다.

셋째, 집단면담을 통해 영유아교육기관의 교육관과 교육내용을 이해하게 되므로 교육기관에 대한 신뢰감을 형성하게 된다.

① 집단면담의 준비

㉠ 면담의 주제와 목적 정하기

집단면담의 주제는 교사가 전달하고자 하는 정보나 부모가 영유아교육기관에 기대하고 바라는 것 등으로 정할 수 있다. 영유아교육기관의 교육관, 교육프로그램 소개, 부모가 기대하는 교육내용, 교사가 알아두어야 할 영유아의 건강문제, 성격이나 정서불안 등의 문제행동에 대한 의견 교환, 습관 형성의 문제, 영유아의 장점과 나쁜 습관, 사회성 문제, 언어인지 문제 등 집단면담의 취지와 목적을 분명히 한다.

㉡ 집단의 크기와 장소 및 시간 정하기

한 학급의 부모 전체를 대상으로 할 수도 있고 두 집단으로 나누거나 같은 문제에 관심이 있는 부모를 대상으로 소집단을 구성할 수도 있다. 면담시간은 1시간 내지 1시간 30분 정도로 계획하여 지루하지 않도록 하고, 장소는 주로 교실을 활용하지만 경우에 따라서는 조용한 별도의 공간을 마련하기도 한다.

㉢ 안내문 보내기

면담의 주제가 정해지면 일정을 부모에게 알리는 안내문을 작성하여 일주일 전에 가정으로 보내 부모가 준비할 수 있도록 하고 참석 여부를 확인하는 것이 필요하다.

부모면담 안내문

안녕하십니까?
부모님들이 자녀양육에 대해 함께 고민하고 다양한 정보를 공유하는 집단면담을 실시할 예정입니다. 참석가능 여부를 알려주시기 바랍니다.

1. 일 시 : 20○○년 ○월 ○일(○요일) 오전 10:00-11:00
2. 장 소 : 푸른하늘반 교실
3. 주 제 : 우리 아이의 강점은?

20○○년 ○월 ○일

○○어린이집

※ 집단면담 참석가능 여부를 표시하여 ○월 ○일까지 제출하여 주십시오.

------------------------ 절 취 선 ------------------------

학급명	영유아명	보호자명	집단면담 참석 여부(○, ×)

㉣ 면담자료 준비

집단면담을 위해 교사는 부모들의 공통의 관심사와 요구별로 자료를 준비한다. 주제에 따른 관찰일지, 유아교육기관의 운영계획, 영유아들에 대한 각종 통계자료를 준비한다. 또한 주제에 따라 유인물과 PPT발표를 위한 자료를 마련한다. 집단면담의 내용을 기록하고 관리하기 위해 집단면담일지를 준비한다.

집 단 면 담 일 지

날 짜	년 월 일	시 간	00:00 ~ 00:00
주 제	우리 아이의 강점은?	장 소	푸른하늘반

참석자 : (   )명, 교사 : 이○○(○○반)

반	영유아명	관 계	부모명	반	영유아명	관 계	부모명

2. 관련자료 : 유인물, PPT

3. 면담내용

4. 향후 집단면담 계획
   일 시 :   년 월 일 오전·오후   시
   장 소 :
   주 제 :

5. 기 타

자료 : 황해익, 최혜진, 정혜영, 권유선(2015).

② 집단면담의 실시

㉠ 집단면담 진행

교사는 집단면담에서 사회자로서 면담의 분위기가 경직되지 않고 자연스럽게 대화가 이루어지도록 한다. 집단면담 중에 교사는 부모의 이야기를 경청하고 부모가 영유아에 대한 교사의 견해를 요구할 때는 공개된 자리에서 각 영유아에 대한 개별적인 평가를 언급하기보다는 객관적이고 일반적인 예시를 제시하는 것이 좋다. 성공적인 부모면담이 이루어지기 위한 진행과정은 다음과 같다(황해익 외 2013).

첫째, 교사와 부모들이 서로 반갑게 인사를 나눈다.
둘째, 편안한 분위기를 조성하고 면담의 일정을 안내한다.
셋째, 집단면담의 목적 및 방법을 안내한다.
넷째, 집단면담의 주제를 안내하고 주제에 맞게 면담을 진행한다.
다섯째, 예정된 시간 안에 모든 부모들이 골고루 참여하여 이야기 할 수 있도록 한다.
여섯째, 공통적으로 부모들의 협조가 필요한 부분에 대해 부탁한다.
일곱째, 부모들이 교사나 교육기관에 부탁하고 싶은 이야기 등으로 마무리 한다.

㉡ 집단면담 유의사항

집단면담은 여러 명의 부모가 함께 모여 서로 의견과 정보를 나누는 시간으로 부모의 참여 정도와 교사의 준비에 따라 면담의 질이 좌우된다. 성공적인 집단면담이 이루어지기 위해 고려해야 할 점은 다음과 같다(김택호 외, 2008).

첫째, 집단면담 시 개인적인 약점을 꼬집거나 잘못된 것을 이야기할 때에는 조심스럽게 사견임을 밝히며, 되도록 삼가는 것이 좋다.
둘째, 집단면담 시 자유로운 의견교환이 이루어지도록 하되, 부모들끼리 개인적인 비판이나 상처를 주는 말을 하지 않도록 한다.
셋째, 교사는 집단면담 시 한두 명의 부모가 발언을 독점하지 않도록 한다.

CHAPTER 05

유아교사를 위한 관찰의 실제

본 장에서는 표준보육과정 및 누리과정의 각 영역에 따른 관찰의 실제 및 활용방법에 대해 살펴보고자 한다.

1 표준보육과정에 기초한 관찰의 실제

1) 표준보육과정의 목적과 목표

(1) 표준보육과정의 기초

어린이집 표준보육과정(이하, '표준보육과정'이라 함)은 어린이집의 만 0~5세 영유아들에게 국가수준에서 제공하는 보편적이고 공통적인 보육의 목표와 내용을 제시한 것이다. 어린이집 표준보육과정은 0~1세 보육과정, 2세 보육과정, 3~5세 보육과정(누리과정 포함)으로 구성한다. 국가수준의 어린이집 표준보육과정을 시행함으로써 영유아의 전인적 발달과 우리 문화에 적합한 내용을 일관성 있고 연계적으로 실천하며, 궁극적으로 사회에서 추구하는 인간상을 구현하고 전국 어린이집의 질적 수준을 높이는 데 기여하고자 한다. 본 장에서는 표준보육과정 중 0~2세 보육과정에 한해서 제시하고자 한다(교육과학기술부, 보건복지부, 2013). 3~5세 누리과정은 다음 장에서 다루고자 한다.

① 구성방향 및 구성체계

〈구성방향〉

- 영유아의 발달특성과 개인차를 고려하여 연령 및 수준별로 구성한다.
- 어린이집에서 편안하고 행복한 일상생활이 되도록 중점을 두어 구성한다.
- 질서, 배려, 협력 등 기본생활습관과 바른 인성을 기르는 데 중점을 두어 구성한다.
- 자율성과 창의성을 기르는 데 중점을 두고, 전인발달을 이루도록 구성한다.
- 사람과 자연을 존중하고, 우리 문화를 이해하는 데 중점을 두어 구성한다.

〈구성 체계〉

- 어린이집 표준보육과정은 0~1세 보육과정, 2세 보육과정, 3~5세 보육과정으로 구성한다.
- 어린이집 표준보육과정은 영역, 내용범주, 내용, 세부내용으로 구분하고, 내용 간에 연계가 이루어지도록 구성한다.
- 세부내용이라 함은 0~1세 보육과정, 2세 보육과정에서는 수준별 세부내용을 의미하고 3~5세 보육과정에서는 연령별 세부내용을 의미한다.

- 0~1세 보육과정은 기본생활, 신체운동, 의사소통, 사회관계, 예술경험, 자연탐구의 6개 영역을 중심으로 구성한다.
- 2세 보육과정은 기본생활, 신체운동, 의사소통, 사회관계, 예술경험, 자연탐구의 6개 영역을 중심으로 구성한다.

(2) 표준보육과정의 목적과 목표

연령	0~1세	2세
목적	영유아의 심신의 건강과 전인적 발달을 도와 행복을 도모하며 민주시민의 기초를 형성하는 것을 목적으로 한다.	
목표	• 건강하고 안전한 일상생활을 경험한다. • 감각 및 기본 신체운동 능력을 기른다. • 말소리를 구분하고 의사소통의 기초를 마련한다. • 친숙한 사람과 관계를 형성한다. • 아름다움에 관심을 가진다. • 보고, 듣고, 만지면서 주변 환경에 관심을 가진다.	• 건강하고 안전한 생활습관의 기초를 마련한다. • 감각, 신체조절 및 기본 운동 능력을 기른다. • 의사소통 능력의 기초를 기른다. • 나를 인식하고 다른 사람과 더불어 생활하는 경험을 한다. • 아름다움에 관심을 가지고 예술경험을 즐긴다. • 주변 환경에 호기심을 갖고 탐색하기를 즐긴다.

2) 0~2세 보육과정의 영역별 목표 및 내용

(1) 기본생활

① 목표

0~1세	2세
▸ 건강하고 안전한 일상생활을 경험한다. • 건강하고 편안한 일상생활을 경험한다. • 안전한 생활을 경험한다.	▸ 건강하고 안전한 생활습관의 기초를 마련한다. • 건강한 생활습관의 기초를 경험한다. • 안전한 생활습관의 기초를 경험한다.

② 0~1세 세부내용

<table>
<tr><th>내용범주</th><th>내용</th><th>1수준</th><th>2수준</th><th>3수준</th><th>4수준</th></tr>
<tr><td rowspan="10">건강하게 생활하기</td><td rowspan="3">몸을 깨끗이 하기</td><td colspan="4">몸이 깨끗해졌을 때 기분이 좋음을 안다.</td></tr>
<tr><td colspan="4">도움을 받아 손을 씻는다.</td></tr>
<tr><td></td><td colspan="3">도움을 받아 이를 닦는다.</td></tr>
<tr><td rowspan="3">즐겁게 먹기</td><td>편안하게 안겨서 우유(모유)를 먹는다.</td><td>이유식에 적응한다.</td><td>고형식에 적응한다.</td><td>다양한 음식을 먹어본다.</td></tr>
<tr><td colspan="2"></td><td colspan="2">도구로 음식을 먹어 본다.</td></tr>
<tr><td colspan="4">즐겁게 먹는다.</td></tr>
<tr><td rowspan="4">건강한 일상생활하기</td><td colspan="4">수면을 충분히 취한다.</td></tr>
<tr><td colspan="4">편안하게 쉰다.</td></tr>
<tr><td colspan="4">하루 일과에 편안하게 참여한다.</td></tr>
<tr><td colspan="2"></td><td colspan="2">배변 의사를 표현한다.</td></tr>
<tr><td rowspan="4">안전하게 생활하기</td><td rowspan="3">안전하게 지내기</td><td colspan="3">안전한 상황에서 놀이한다.</td><td>놀잇감을 안전하게 사용한다.</td></tr>
<tr><td colspan="4">안전한 장소에서 놀이한다.</td></tr>
<tr><td colspan="4">차량 승하차 시 안전 장구를 착용한다.</td></tr>
<tr><td>위험한 상황에 반응하기</td><td></td><td>위험하다는 말에 반응을 보인다.</td><td colspan="2">위험하다고 알려주면 주의한다.</td></tr>
</table>

③ 2세 세부내용

<table>
<tr><th>내용범주</th><th>내용</th><th>1수준</th><th>2수준</th></tr>
<tr><td rowspan="6">건강하게 생활하기</td><td rowspan="2">몸을 깨끗이 하기</td><td colspan="2">스스로 손과 몸 씻기를 시도한다.</td></tr>
<tr><td colspan="2">스스로 이 닦기를 시도한다.</td></tr>
<tr><td rowspan="3">바르게 먹기</td><td colspan="2">음식을 골고루 먹는다.</td></tr>
<tr><td colspan="2">도구를 사용하여 스스로 먹는다.</td></tr>
<tr><td colspan="2">정해진 자리에서 먹는다.</td></tr>
<tr><td>건강한</td><td colspan="2">일과에 따라 규칙적으로 잠을 잔다.</td></tr>
</table>

내용범주	내용	1수준	2수준
	일상생활하기	정해진 시간에 알맞게 휴식한다.	
		하루 일과에 즐겁게 참여한다.	
		정해진 곳에서 배변한다.	화장실에서 배변한다.
	질병에 대해 알기	질병의 위험을 안다.	
안전하게 생활하기	안전하게 놀이하기	놀이기구나 놀잇감을 안전하게 사용한다.	
		안전한 장소에서 놀이한다.	
	교통안전 알기	교통수단의 위험을 안다.	교통수단의 위험을 알고 조심한다.
	위험한 상황알기	위험한 상황과 위험한 것을 안다.	위험한 상황과 위험한 것을 알고 조심한다.
		위험한 상황 시 어른의 지시에 따른다.	

(1-1) 기본생활 영역 관찰의 실제

0~2세 연령의 기본생활 영역에서 관찰 평가는 '건강하게 생활하기'와 '안전하게 생활하기'에 주안점을 두고 평가를 계획한다. 평가계획에 따라 다양한 관찰기록 방법으로 관찰을 실시하고, 관찰 결과에 따라 영아의 발달을 예측하고, 그에 따라 교수계획을 실시하는 것이 효과적이다.

① 0~1세의 기본생활 영역 관찰의 예

1세 영아의 기본생활 영역 중 '건강한 일상생활하기' 관련 일화기록을 살펴보고자 한다.

관찰대상	김슬기	연 령	1세	성 별	여
관 찰 자	박진희	관 찰 일	20**년 *월 *일	관찰장소	교실
관찰시간	09:10~09:20	교육과정영역	기본생활: 건강하게 생활하기-몸을 깨끗이 하기		
시 간	기 록				
기 록	식수대의 손잡이에 관심을 갖는다. 또래 친구들이 컵을 들고 물을 마시는 것을 쳐다본다. 슬기도 컵을 들고 교사에게 내민다. "우리 슬기도 물을 마시고 싶구나" 슬기에게 물을 따라 주자 "고~~다" 하고 말한다. 슬기가 물을 마시다 바닥에 물을 쏟는다. "슬기가 물을 쏟았네 어떡하지?" 하고 교사가 말을 하자 슬기가 물끄러미 쏟아진 물을 쳐다본다. "마른 행주로 닦으면 되겠다." "슬기가 선생님과 같이 닦아 볼래!" 하고 말하자 슬기가 고개를 끄덕인다. 슬기가 행주를 잡고 물 닦는 것을 선생님이 도와준다. 물을 다 닦고 슬기는 빙그레 웃는다.				
발달적 요 약	• 성인의 도움 없이 스스로 컵을 들고 마시려 한다(신체발달). • 성인의 도움에 감사함을 언어로 표현하려고 노력한다(언어발달). • 성인이 요구하는 언어표현을 이해할 수 있다(인지발달). • 눈과 손의 협응력이 부족하다(신체발달).				
교수계획	• 간식이나 점심시간에 혼자서 컵을 활용하여 물을 마실 수 있는 기회를 제공한다. • 간식이나 점심시간에 행주를 가지고 자신의 책상을 닦는 활동을 제공한다. • '고맙습니다. 감사합니다.' 등의 언어 표현을 할 수 있도록 지도한다. • 일상생활 영역에서 눈과 손의 협응을 도울 수 있는 활동들을 제공한다.				

다음과 같은 1세 영아의 기본생활 습관 체크리스를 활용하여 교육과정 계획 및 교수법 등을 강화할 수 있다.

관찰대상		연 령	1세	성 별		
관 찰 자		관 찰 일		교육과정영역		기본생활
기본생활				예	아니오	메모
• 우유병을 혼자 잡고 먹을 수 있다.						
• 도움을 받아서 음식을 푼 숟가락을 입에 댄다.						
• 숟가락으로 스스로 먹는다.						
• 옷을 입혀 줄 때, 팔, 다리를 벌린다.						
발달적 요 약						
교수계획						

② 2세 영아의 기본생활 영역 관찰의 예

2세 영아의 기본생활 영역 중 '건강한 일상생활하기' 관련 일화기록을 살펴보고자 한다.

관찰대상	김하늘	연 령	2세	성 별	여
관 찰 자	최진희	관 찰 일	20**년 *월 *일	관찰장소	교실 (창의탐색 영역)
관찰시간	09:10~09:20	교육과정영역	• 기본생활: 건강하게 생활하기-건강하게 일상생활하기		
시 간	기 록				
기 록	하늘이는 창의탐색 영역에 '헝겊책'을 물끄러미 쳐다보고 있다. 교사가 하늘이 옆에 가서 "하늘이도 하고 싶구나. 어디 볼까?" "여기는 아기 옷이 있네. 신발도 있고 가방도 있고 벨트도 있어." "아기 옷의 지퍼를 올려보겠니?" 하고 이야기한다. 그러나 하늘이는 겉옷의 단추를 살펴보기만 한다. "어떻게 단추를 빼 볼까?" 교사가 하늘이에게 말을 하자 하늘이는 단추 한 개를 빼보려다가 만다. 선생님 "단추가! 단추가!" 하고 하늘이가 말한다. "단추가 잘 빠지지 않니? 선생님이 해볼까?" 하자 하늘이가 고개를 끄덕인다. "이렇게 구멍 속에 쏙 넣으면 되는데." "하늘이도 해볼래?" 하늘이는 단추 하나를 단추구멍에 넣었다. 뺀다. "아이구! 우리 하늘이 진짜 잘하는구나!" 하고 선생님이 말하자 하늘이는 미소를 짓는다.				
발 달 적 요 약	• 스스로 옷의 단추를 끼웠다 빼는 것을 어려워한다(신체발달). • 자신이 어려움에 처할 때 어른에게 도움을 요청할 수 있다(언어발달). • 자신의 상황을 정확한 언어로 표현하는 것에 미숙하다(언어발달).				
교수계획	• 창의탐색 영역에서 눈과 손의 협응을 도울 수 있는 교구를 제공한다. • 등원이나 귀가 시간에 자신의 옷을 스스로 벗고 입을 수 있는 기회를 제공한다. • 자신의 생각을 정확한 언어로 표현할 수 있도록 지도한다. • 소근육 활동을 장려할 수 있는 다양한 활동을 계획한다.				

2세 영아의 자유선택활동을 표본식 기록으로 작성한 실례를 통해 기본생활 습관 지도 방법에 대한 이해를 확충할 수 있다.

관찰대상	강연우	연　령	2세	성　별	여
관 찰 자	임정희	관 찰 일	20**년 *월 *일	관찰장소	교실(역할 영역)
관찰시간	09:17~09:30	교육과정영역	• 기본생활: 안전하게 생활하기-안전하게 놀이하기 • 사회관계: 더불어 생활하기-또래와 관계하기		
시　간	기　록				
09:17	연우가 역할 영역에서 주방도구로 놀이를 한다. 연우: (소파에 앉아있는 나윤이를 향해) 나윤아, 이리와 봐, 내가 맛있는 거 만들어 줄게. (가스레인지에 냄비를 올리고 딸기를 담으며) 내가 딸기 주스를 만들어 줄게. 그리고 숟가락으로 골고루 휘젓는 시늉을 한다. 나윤이가 연우 옆에 서서 연우가 하는 행동을 지켜본다.				
09:23	연우가 딸기를 담아 놓은 냄비에 포도를 추가하여 넣더니 숟가락으로 휙휙 젓는다. 그리고 연우가 딸기와 포도를 그릇에 옮겨 담은 후 책상 위에 올려놓고 다시 음식을 넣어 놓는 교구장으로 이동하여 그릇과 음식을 꺼내 주방으로 이동하여 냄비에 담고 요리하는 시늉을 한다. 옆에 있던 나윤이도 주방에서 오렌지, 딸기, 감을 그릇에 각각 담은 후 책상 위에 올려놓는다. 그리고는 다시 주방으로 가서 고기를 냄비에 넣고 숟가락을 휙휙 저으며 요리를 하는 듯한 모습을 흉내 낸다.				
09:27	연우가 냄비에 고기와 토마토를 담아서 국자로 휙휙 젓더니 냄비를 통째로 들고 와 책상에 놓는다. 연우: (선생님을 보며) 선생님, 오렌지랑 딸기랑 감이랑은 나윤이가 만들었어요. 선생님: 아! 진짜? 그럼 연우는 무엇을 만들었어? 연우: 나는 고기랑 토마토랑 만들었어요. 맛있겠지요? 선생님 : 응 진짜 맛있겠네? 연우가 자신이 옮겨 놓은 음식과 그릇들을 한참 보며 웃더니 쌓기 영역으로 이동한다.				
발 달 적 요　약	• 친구와 교구를 나누어 놀이 할 수 있다(사회성발달). • 다양한 과일의 이름을 안다(인지발달). • 과일 주스에 필요한 재료에 대한 지식이 부족하다(인지발달). • 자신이 사용한 교구를 정리하는 것에 어려움이 보인다(사회성발달).				
교수계획	• 일상생활에서 사용하는 도구들을 안전하게 사용하는 방법에 대한 역할놀이나 활동들을 제공할 필요가 있다. • '과일 주스 만들기' 요리활동과 관련한 확장활동을 통해 '과일주스'에 필요한 재료 및 개념을 형성하는데 도움을 줄 필요가 있다. • 자신이 사용한 물건을 정리해야 한다는 것을 인식하기 위해 '정리정돈'을 내용으로 하는 동화 듣기 활동을 제공할 필요가 있다.				

(2) 신체운동

① 목표

0~1세	2세
▶ 감각 및 기본 신체운동 능력을 기른다 • 감각기능을 발달시키고 자신의 신체를 탐색한다. • 대소근육을 조절하고 걷기 등의 능력을 기른다. • 규칙적으로 신체활동에 참여한다.	▶ 감각, 신체조절 및 기본 운동 능력을 기른다. • 감각능력을 기르고, 자신의 신체 움직임을 탐색한다. • 안정된 자세로 대소근육을 조절하고 기본 운동능력을 기른다. • 규칙적으로 신체활동에 참여한다.

② 0~1세 세부내용

<table>
<tr><th>내용범주</th><th>내용</th><th>1수준</th><th>2수준</th></tr>
<tr><td rowspan="4">감각과
신체
인식하기</td><td>감각능력 기르기</td><td colspan="2">다양한 감각적 차이에 반응한다.</td></tr>
<tr><td>감각기관 활용하기</td><td colspan="2">감각기관으로 주변 환경을 탐색한다.</td></tr>
<tr><td rowspan="2">신체를 인식하고
움직이기</td><td colspan="2">신체 각 부분의 명칭을 안다.</td></tr>
<tr><td colspan="2">신체 각 부분의 움직임을 탐색한다.</td></tr>
<tr><td rowspan="5">신체
조절과
기본
운동하기</td><td>신체균형잡기</td><td colspan="2">안정된 자세를 취하려고 시도한다.</td></tr>
<tr><td>대근육 조절하기</td><td colspan="2">팔, 다리, 목, 허리 등 움직임을 조절한다.</td></tr>
<tr><td>소근육 조절하기</td><td colspan="2">눈과 손을 협응하여 소근육을 조절해본다.</td></tr>
<tr><td rowspan="2">기본운동하기</td><td colspan="2">걷기, 계단 오르기 등 이동운동을 한다.</td></tr>
<tr><td colspan="2">제자리에서 몸을 움직여본다.</td></tr>
<tr><td rowspan="3">신체
활동에
참여하기</td><td>신체활동에 참여하기</td><td colspan="2">신체활동에 자발적으로 참여해 본다.</td></tr>
<tr><td>바깥에서 신체활동하기</td><td colspan="2">규칙적으로 바깥에서 신체활동을 한다.</td></tr>
<tr><td>기구를 이용하여
신체활동하기</td><td colspan="2">간단한 기구를 이용하여 신체활동을 한다.</td></tr>
</table>

③ 2세 세부내용

<table>
<tr><th>내용범주</th><th>내용</th><th>1수준</th><th>2수준</th><th>3수준</th><th>4수준</th></tr>
<tr><td rowspan="4">감각과 신체 인식하기</td><td rowspan="2">감각적 자극에 반응하기</td><td colspan="4">시각, 청각, 촉각, 후각, 미각으로 자극을 느낀다.</td></tr>
<tr><td colspan="4">시각, 청각, 촉각, 후각, 미각으로 자극에 반응한다.</td></tr>
<tr><td>감각기관으로 탐색하기</td><td colspan="4">감각기관으로 주변 환경을 탐색한다.</td></tr>
<tr><td>신체 탐색하기</td><td>손과 발 등을 바라보며 탐색한다.</td><td colspan="3">주요 신체 부분의 움직임을 탐색한다.</td></tr>
<tr><td rowspan="5">신체조절과 기본운동 하기</td><td>신체 균형잡기</td><td>몸의 균형을 잡기 위한 자세를 시도한다.</td><td>붙잡고 서 있기 등의 자세를 취한다.</td><td colspan="2">안정되게 서 있기 등의 자세를 시도한다.</td></tr>
<tr><td>대근육 조절하기</td><td>뒤집기 등 몸을 조절하여 위치를 바꾼다.</td><td colspan="3">누웠다 앉기 등 몸의 움직임을 조절한다.</td></tr>
<tr><td>소근육 조절하기</td><td>보이는 물체에 손을 뻗는다.</td><td colspan="3">눈과 손을 협응하여 소근육을 활용해 본다.</td></tr>
<tr><td rowspan="2">기본운동 하기</td><td>배밀이 등 이동운동을 시도한다.</td><td>기기, 걷기 등 이동운동을 시도한다.</td><td colspan="2">걷기 등 이동운동을 시도한다.</td></tr>
<tr><td colspan="2">팔 다리 뻗기, 흔들기 등 제자리 운동을 시도한다.</td><td colspan="2">서 있기, 앉기 등 제자리 운동을 시도한다.</td></tr>
<tr><td rowspan="3">신체활동에 참여하기</td><td>몸 움직임 즐기기</td><td colspan="2">몸을 활발히 움직인다.</td><td colspan="2">몸의 움직임을 다양하게 시도한다.</td></tr>
<tr><td>바깥에서 신체 움직이기</td><td colspan="2">규칙적으로 바깥환경을 경험한다.</td><td colspan="2">규칙적으로 바깥에서 신체활동을 한다.</td></tr>
<tr><td>기구를 이용하여 신체활동 시도하기</td><td></td><td colspan="3">간단한 기구를 이용하여 신체활동을 시도한다.</td></tr>
</table>

(2-1) 신체운동 영역에서 관찰의 실제

신체운동 영역에서의 관찰은 감각과 신체 인식하기, 신체조절과 기본운동하기 그리고 신체활동에 참여하기에 초점을 두고 평가를 계획한다. 평가계획에 근거하여 관찰이 실시되며, 관찰결과는 해석한 다음 추후 교수에 활용하는 것이 바람직하다. 다음에서는 0~1세 영아와 2세 영아로 구분하여 관찰 실제를 살펴보고자 한다.

① 0~1세 신체운동 영역 관찰의 예

다음은 1세 영아를 대상으로 표본식 기록법을 활용하여 신체운동발달을 기록한 사례이다. 이 사례는 신체운동 영역 중에서 '신체활동에 참여하기'와 관련된다.

관찰대상	김미리	연 령	1년 4개월	성 별	여
관 찰 자	김수영	관 찰 일	20**년 *월 *일	관찰장소	대근육활동 영역
관찰시간	09:15~09:30	교육과정영역	• 신체운동: 신체활동에 참여하기-신체활동에 참여하기		
시 간	기 록				
09:15	제자리에서 몸을 위로 움직여본다. 한발로 잠시 설 수 있으며, 계속 움직이면서 점프를 시도한다. 카페트 위를 달릴 때 얼굴을 찌푸리면서 힘을 주어 달린다. 교사가 신호를 보내자 멈춘다.				
09:21	바닥에 있는 선을 따라 걸을 수 있다. 선을 따라 방향을 자유롭게 변경하며 움직인다. 교사가 이름을 부르자 뒤돌아 교사가 있는 방향으로 걸어온다.				
09:26	다른 영아가 공을 굴리는 것을 보고 다가가 공을 찾아 바닥으로 내리듯이 던진다. 강아지 끌차를 보고 이것을 끌면서 빠르게도 끌다가 느리게도 이동시킨다.				
발달적 요약	• 제자리에서 몸을 위로 움직이거나 한발로 서는 등 스스로 몸을 움직이려는 행동이 자주 나타난다(신체발달). • 바닥의 선을 따라 걷거나 방향을 바꾸어 움직이는 것이 가능하다(신체발달). • 주변에 있는 사물에 관심을 가지고 탐색하려는 행동을 보인다(인지발달). • 자기 이름을 인식하고 있으며, 교사가 이름을 부르자 이동한다(언어발달).				
교수계획	• 움직임을 자주 보이므로 다양한 신체경험의 기회를 제공한다. • 신체조절능력을 향상시킬 수 있는 활동을 제공한다.				

아래에서는 1세 영아를 대상으로 관찰한 일화기록의 예를 제시하였는데, 이는 '신체조절과 기본운동하기'와 관련되는 것이다.

관찰대상	이성룡	연 령	1년 3개월	성 별	남
관 찰 자	이미진	관 찰 일	20**년 *월 *일	관찰장소	대근육활동 영역
관찰시간	9:30~10:00	교육과정영역	• 신체운동: 신체조절과 기본운동하기-기본운동하기		
기 록	악어끌차를 끌고 교실을 돌며 산책놀이를 한다. 한 번 돌고 나서 다시 한 번 돈다. 산책을 할 때 노래 소리를 내면서 밝은 표정으로 걷는다. 걷다가 미끄럼틀 근처에서 악어끌차를 놓고 코끼리 미끄럼틀에 난간을 짚고 올라가서 앉아서 내려온다. 미끄럼틀에서 내려올 때 양손으로 미끄럼틀의 양쪽 난간을 잡고 내려오다 두발을 바닥에 디디며 속도를 늦춘다. 카페트에서 걸을 때 빨리 걷거나 달리려는 행동을 보이나 멈추거나 속력을 조절할 때는 몸을 뒤뚱거리면서 멈춘다.				
발 달 적 요 약	• 몸을 움직이거나 끌차를 이용해 움직이는 놀이에 관심을 보인다(인지발달). • 미끄럼틀을 오르내릴 때 난간을 잡는 등 안전하게 동작을 한다(신체발달). • 산책놀이 시 노래를 부르면서 밝은 표정으로 놀이를 한다(정서발달).				
교수계획	• 안전하게 미끄럼틀 오르내리기에 익숙해지도록 관련 활동을 계획하여 제공한다. • 빨리 걷거나 달리는 행동에서 움직임을 확대할 수 있는 신체활동 제공이 필요하다.				

② 2세 신체운동 영역 관찰의 예

다음은 2세 영아들을 대상으로 신체운동발달을 기록한 표본식 기록법 사례이다. 이 사례는 신체운동 영역에서 '신체활동에 참여하기'와 관련된 내용이다.

관찰대상	김민지	연 령	2년 7개월	성 별	여
관 찰 자	박은주	관 찰 일	20**년 *월 *일	관찰장소	역할 및 쌓기 영역
관찰시간	09:45~10:10	교육과정영역	• 신체운동: 신체활동에 참여하기-기구를 이용하여 신체활동하기		
시 간	기 록				
09:45	역할 영역에 있는 가족 빨래집게 인형에 관심을 보인다. 그 중에서 엄마인형을 왼손에 잡고 오른손 전체로 빨래집게를 움켜잡아서 벌린다. 벌어진 집게를 인형의 다리 부분에 넣고 손을 떼어 빨래집게를 인형에 집어본다.				

09:55	토끼 모자를 쓰고 우레탄블록 징검다리를 건너는데 블록이 연결되어 있는 길에서는 한칸에 한발씩 건너가 마지막 칸에서 두발 모아 뛰며 매달린 풍선을 쳐보려 한다.
10:05	뛰어서 칠 때는 풍선이 손이 닿지 않자 다시 서서 풍선을 친다. 풍선을 치고 왔던 길로 다시 돌아온다. 모자를 벗어 다른 영아에게 준다.
발달적 요약	• 가족의 명칭 및 가족 구성원에 대해 안다(언어발달). • 모자를 쓰고 징검다리를 건너서 풍선을 치는 놀이 규칙을 이해한다(인지발달). • 빨래집게를 벌리고 집어보는 등 소근육 발달이 좋은 편이다(신체발달). • 목표물인 풍선을 향해 뛰기와 치기를 연합하여 움직인다(신체발달).
교수계획	• 놀이규칙을 이해하고 놀이에 집중할 수 있기에 이에 적합한 활동을 계획하여 제공한다. • 뛰기와 풍선치기를 연합한 신체활동이 가능하므로 이러한 발달을 고려하여 추후활동을 계획한다.

다음에는 영아 발달평가표 중에서 24개월 영아의 신체발달평가 예시를 제시하였다.

관찰대상		연 령		성 별	
관 찰 자		관찰일		교육과정영역	

영역	행동 목록	처음 관찰한 날짜	연습기간의 영아 행동	숙달된 날짜
이동	앞으로 걷기		캐럴 음악에 맞춰 앞으로 걷는다.	
	뒤로 걷기		뒤로 똑바로 걷지 못하고 사선으로 걷다가 멈춰 서서 자주 고개를 뒤로 돌려 확인한다.	
	옆으로 걷기		캐럴 음악에 맞춰 신나게 옆으로 걷는다.	
	뛰다가 멈추었다가 다시 뛰기		캐럴 음악이 끝나자 뛰던 것을 멈춘다. 그러다가 다시 음악이 시작되자 뛰기 시작한다.	
	두발로 점프하기		두발로 점프하나 양발이 따로 움직인다.	
	물건 차기		공을 찬다.	
	난간을 잡고 계단 오르고 내려오기		놀이터 미끄럼틀 난간을 잡고 계단을 오르고 내려온다.	
	걸으면서 물건을 밀고 당기기		걸으면서 인형 유모차를 밀고 당기며 이동시킨다.	
	오르기		어머니의 도움을 받아 놀이터의 나지막한 오	

			름대를 오른다.	
	자전거 페달 밟기		4개의 바퀴가 달린 자동차에 앉아 발로 밀며 이리저리 움직인다.	
팔	목표물을 향해 물건을 던지기		1m 앞에 앉은 어머니에게 공을 밀 듯 전달한다.	
손	발달하는 손가락 근육을 사용하여 잡고 놓기		왼손과 오른손의 엄지와 검지를 이용해 물건을 집고 원하는 곳에 내려놓는다.	
	지퍼 올리기		어머니가 지퍼 아래를 고정시켜 주면 왼손으론 옷을 잡고 오른손으론 지퍼 손잡이를 잡고 올린다.	
	도움을 받아 옷을 입고 벗기		어머니가 소매 부분을 입혀 주거나 벗겨주면 몸에 걸쳐 입거나 벗는다.	
	난화 그리기		오른손 혹은 왼손의 검지로 크레파스를 잡고 종이에 난화를 그린다.	
	물건의 방향을 바꾸기 위해 손목을 회전시키기		긴 타원형의 기찻길 곡선 부분에서 기차의 방향을 바꾸기 위해 손목을 회전시킨다.	
	오른손잡이 혹은 왼손잡이를 확립하기		블록을 위로 쌓기 위해 오른손으로 블록 아래를 고정하고 왼손으로 끼워 넣다가 되지 않자 손의 위치를 바꾼다.	
	책 페이지를 넘기기		두꺼운 책은 한 장씩 넘기나 일반 얇은 책은 몇장씩 되는 대로 잡아 넘긴다.	
	도구를 이용해 파기		놀이터 모래놀이터에서 나뭇가지로 땅을 판다.	
	크레파스나 펜을 이용해 개인적 표시를 만들기		크레파스로 스케치북에 열려진 조그만 원모양을 긁적거린 후 아~꿍(운석)이라고 이야기한다.	
수면	요람에서 침대로 옮겨가기		성인용 침대와 영아용 침대 2대가 붙어있는 안방침대에서 잠을 잔다.	
먹기	컵과 숟가락을 더 잘 통제하기		컵과 손잡이를 잡고 자연스럽게 마신다. 숟가락을 엎어 쥐고 먹는다.	
	잘 먹다가 까다로운 식성으로 변화하기		어머니가 차려주는 음식은 가리지 않고 잘 먹는다.	
치아	대부분의 유치가 남		앞니 8개, 어금니 4개, 송곳니 4개로 유치가 다 났다.	
	칫솔 사용하기		영아용 칫솔을 이용해 양치질을 한다.	

배설	배변훈련에 관심을 보이고 준비함		형이 화장실 변기에 소변보는 모습을 유심히 지켜보고 물 내리는 것에 관심을 보인다.	
발달적 요약				
교수계획				

자료 : 서동미 외(2010). **영아교육 프로그램 개발 및 평가**. 정민사. pp. 149-150.

2세 영아를 대상으로 관찰한 일화기록의 예를 아래에 제시하였으며, 이 사례는 신체운동 영역에서 '신체활동에 참여하기'와 관련된다.

관찰대상	문지은	**연 령**	2년 5개월	**성 별**	여
관 찰 자	이선미	**관 찰 일**	20**년 *월 *일	**관찰장소**	쌓기 영역
관찰시간	10:25~10:45	**교육과정영역**	• 신체운동: 신체활동에 참여하기-기구를 이용하여 신체활동하기		
기 록	꽃블록을 길게 연결해서 동그랗게 고리를 만들어 팔에 끼운다. 선생님에게 "팔찌 만들었어요"라고 한다. 선생님이 "팔찌구나"라고 하자 팔에 두세 번 바꾸어 끼우더니 다시 풀어서 길게 연결한다. 양손에 꽃블록을 잡고는 줄넘기하는 흉내를 낸다. 교사가 "줄넘기 하는 구나"라고 관심을 보이자 줄넘기 흉내를 몇 번 더 하고는 다시 짧게 연결해서 동그랗게 만들어서 선생님에게 "꽃 만들었어요."라고 말한다.				
발 달 적 요 약	• 블록놀이에 집중하여 놀잇감을 만든다(인지발달). • 블록을 이용한 놀이에 집중할 수 있다(신체발달).				
교수계획	• 교사의 관심과 격려가 놀이활동을 촉진하므로 다른 놀이활동에서도 교사의 관심과 격려를 증진시킨다. • 다양한 놀잇감을 제공하여 놀이가 풍성해지도록 한다.				

(3) 의사소통

① 목표

0~1세	2세
▸말소리를 구분하고 의사소통의 기초를 마련한다. • 주변의 소리와 말소리 듣기에 관심을 보인다. • 표정, 소리, 몸짓으로 자신의 생각과 느낌을 표현한다. • 짧은 그림책이나 친숙한 환경 인쇄물에 관심을 가진다. • 끼적이기에 관심을 가진다.	▸의사소통 능력의 기초를 기른다. • 다른 사람의 말과 짧은 이야기 듣는 것을 즐긴다. • 자신의 생각과 느낌을 말로 주고받기를 즐긴다. • 그림책이나 환경 인쇄물에 관심을 가지며 글의 내용에 흥미를 가진다. • 글자 형태 끼적이기에 관심을 가진다.

② 0~1세 세부내용

<table>
<tr><th>내용범주</th><th>내용</th><th>1수준</th><th>2수준</th><th>3수준</th><th>4수준</th></tr>
<tr><td rowspan="7">듣기</td><td rowspan="3">주변의 소리와 말소리 구분하여 듣기</td><td colspan="3">여러 가지 소리와 말소리 듣기에 흥미를 보인다.</td><td>친숙한 낱말의 발음에 흥미를 보인다.</td></tr>
<tr><td colspan="4">익숙한 목소리를 듣고 그것에 반응한다.</td></tr>
<tr><td colspan="2"></td><td colspan="2">높낮이와 세기 등 말소리의 차이에 반응한다.</td></tr>
<tr><td rowspan="2">경험과 관련된 말 듣고 알기</td><td colspan="4">눈 앞에 보이는 경험과 관련된 말에 반응한다.</td></tr>
<tr><td></td><td colspan="3">자신의 이름이 불리면 듣고 반응한다.</td></tr>
<tr><td>운율이 있는 말 듣기</td><td colspan="4">운율이 있는 짧은 말소리를 관심 있게 듣는다.</td></tr>
<tr><td>말하는 사람을 보기</td><td colspan="2">말하는 사람의 눈을 마주 바라본다.</td><td colspan="2">말하는 사람의 표정, 몸짓을 관심 있게 본다.</td></tr>
<tr><td rowspan="4">말하기</td><td rowspan="3">발성과 발음으로 소리내기</td><td colspan="2" rowspan="2">여러 가지 소리를 내고 옹알이를 한다.</td><td colspan="2">여러 말소리를 즐겁게 내 본다.</td></tr>
<tr><td colspan="2">의미 있는 음절을 내 본다.</td></tr>
<tr><td colspan="2">옹알이와 말소리에 대해 말로 반응해 주면 모방하여 소리 낸다.</td><td colspan="2">교사의 말을 모방하여 발음한다.</td></tr>
<tr><td>표정, 몸짓, 말소리로 말하기</td><td>표정과 소리로 의사표현을 한다.</td><td>표정, 몸짓, 소리로 의사표현을 한다.</td><td colspan="2">표정, 몸짓, 말소리로 의사표현을 한다.</td></tr>
</table>

<table>
<tr><th>내용범주</th><th>내용</th><th>1수준</th><th>2수준</th><th>3수준</th><th>4수준</th></tr>
<tr><td></td><td>말할 순서 구별하기</td><td colspan="4">말할 순서에 따라 표정, 몸짓, 말소리로 반응한다.</td></tr>
<tr><td rowspan="3">읽기</td><td rowspan="3">그림책과 환경 인쇄물에 관심 가지기</td><td colspan="4">다양한 감각 책을 탐색해 본다.</td></tr>
<tr><td colspan="2"></td><td colspan="2">사물과 주변의 친숙한 환경 인쇄물에 관심을 가진다.</td></tr>
<tr><td colspan="4">읽어주는 짧은 그림책에 관심을 가진다.</td></tr>
<tr><td>쓰기</td><td>끼적이기</td><td></td><td colspan="3">끼적이기에 관심을 가진다.</td></tr>
</table>

③ 2세 세부내용

<table>
<tr><th>내용범주</th><th>내용</th><th>1수준</th><th>2수준</th></tr>
<tr><td rowspan="6">듣기</td><td rowspan="2">말소리 구분하여 듣고 의미알기</td><td>친숙한 낱말의 발음에 흥미를 보인다.</td><td>친숙한 낱말의 발음에 관심을 가지고 듣는다.</td></tr>
<tr><td colspan="2">다양한 말소리의 차이를 구분한다.</td></tr>
<tr><td rowspan="2">짧은 문장 듣고 알기</td><td>낱말을 듣고 친숙한 사물과 사람을 찾아본다.</td><td>일상생활과 관련된 친숙한 낱말을 듣고 뜻을 이해한다.</td></tr>
<tr><td colspan="2">친숙한 짧은 문장을 듣고 반응한다.</td></tr>
<tr><td>짧은 이야기 듣기</td><td colspan="2">짧은 이야기와 노랫말 등을 즐겁게 듣는다.</td></tr>
<tr><td>말하는 사람을 주의 깊게 보기</td><td colspan="2">말하는 사람의 표정, 몸짓, 억양 등을 주의 깊게 보고 듣는다.</td></tr>
<tr><td rowspan="6">말하기</td><td rowspan="3">낱말과 간단한 문장으로 말하기</td><td>눈앞에 보이는 친숙한 사물의 이름을 발음해본다.</td><td>친숙한 낱말을 발음해본다.</td></tr>
<tr><td colspan="2">일상생활에서 경험한 새로운 낱말에 관심을 가진다.</td></tr>
<tr><td colspan="2">일상생활의 반복적인 일이나 친숙한 상황을 한두 낱말이나 간단한 문장으로 말해본다.</td></tr>
<tr><td rowspan="2">자신이 원하는 것을 말하기</td><td colspan="2">표정, 몸짓, 말소리로 의사표현을 한다.</td></tr>
<tr><td>자신이 원하는 것을 한두 낱말로 말해본다.</td><td>자신이 원하는 것을 낱말이나 짧은 문장으로 말해본다.</td></tr>
<tr><td>상대방을 바라보며 말하기</td><td colspan="2">말할 순서에 상대방을 바라보며 말을 주고받는다.</td></tr>
</table>

내용범주	내용	1수준	2수준
읽기	그림책과 환경 인쇄물에 흥미 가지기	그림책과 환경 인쇄물에 있는 그림과 내용에 관심을 가진다.	
		친숙한 그림과 환경 인쇄물을 보고 읽는 흉내를 내본다.	
		선호하는 그림책들을 읽어주면 집중하여 듣는다.	
쓰기	끼적이며 즐기기	의도적으로 끼적인다.	
		자기 이름 끼적이기에 관심을 가진다.	

(3-1) 의사소통 영역 관찰의 실제

다음은 2세 영아가 교실의 역할놀이 영역에서 놀이한 내용을 교사가 표준보육과정 관련요소 '의사소통 영역'에 초점을 맞춰서 표본식 기록으로 작성한 관찰 기록의 예이다.

관찰대상	김지효	연 령	2년 2개월	성 별	남
관 찰 자	오은경	관 찰 일	20**년 *월 *일	관찰장소	역할 영역
관찰시간	09:15~09:30	교육과정영역	• 의사소통: 말하기-자신이 원하는 것을 말하기		
시 간	기 록				
09:15	지효는 역할 영역에서 모형식빵 위에 포도모형을 올려놓고 포도잼 바르는 시늉을 하고 다른 모형 식빵을 올려서 "샌드위치"라고 말하며 교사에게 내민다. 교사가 "고마워요. 냠냠" 하고 먹는 시늉을 하자 소꿉주전자에 당근모형을 넣어서 컵에 따르는 시늉을 하고 "당근주스"라고 말하며 교사에게 내민다. 교사가 "고마워요. 꿀꺽 꿀꺽" 하고 마시는 시늉을 하고 컵과 주전자를 전해주니 책상 위에 내려놓는다.				
09:20	지효는 방울달린 노란색 고무신 신고 모자를 쓰고 휴대폰을 들고 "엄마"라고 말하면서 교사의 귀에 대준다. 교사가 엄마와 통화하는 시늉을 하자 "우유"라고 말한다. 교사가 "지효 친구들과 신나게 놀고 우유 마시자"라고 하니 "예"라고 대답한다.				
09:28	'부릉부릉 자동차' 그림책을 펴고 "친구들 앉아요"라고 말하면 선생님 흉내를 내면서 "재미있는 동~가 왔어요~ 쉿!"라고 노래를 부르고 손가락으로 그림을 가리키며 그림책 읽어주는 흉내를 낸다.				
발달적 요약	• "친구들 앉아요.", "재미있는 동~가 왔어요. 쉿" 한 문장을 사용하면서 의사소통한다(언어발달). • 물 따라 마시기, 전화하기, 음식 먹기와 같은 일상생활과 관련된 상징놀이(symbolic play)를 할 수 있다(인지발달).				

	• 사물(휴대폰, 컵, 식빵)을 용도에 맞게 사용할 수 있다(인지발달). • 고무신을 신고 모자를 쓸 수 있을 정도로 소근육, 눈과 손의 협응력이 발달되어 있다 (신체발달).
교수계획	• 일상생활의 경험과 욕구를 표현하고 의사소통할 수 있는 놀이환경을 제공한다.

다음은 2세 영아가 어린이집에 등원하면서 현관 입구 및 교실의 쌓기 영역에서 활동한 내용을 교사가 의사소통 영역에 초점을 맞춰서 일화기록으로 작성한 관찰 기록의 예이다.

관찰대상	이준호	**연 령**	2년	**성 별**	남
관 찰 자	김미영	**관 찰 일**	20**년 *월 *일	**관찰장소**	어린이집현관/쌓기 영역
관찰시간	09:15~09:20	**교육과정영역**	• 의사소통: 말하기-자신이 원하는 것을 말하기		
시 간	**기 록**				
기 록	어린이집 현관 입구에 들어서자 "이잉~"소리를 낸다. 교사가 "준호야! 어서와"라고 이름 부르며 눈을 마주치자 엄마 쪽으로 몸의 방향을 바꾸고 두 손으로 엄마의 어깨, 목을 잡고 "으앙!" 하고 울음을 보인다. 교사가 준호를 안자 울음을 보이며 엄마를 향해 두 손을 뻗는다. 교사가 "엄마~ 다녀오겠습니다."라고 인사를 하자 교사 품에서 엄마를 바라보며 울음을 보인다(손을 내려놓는다). 교실에 들어와 준호가 사용하는 도시락과 우유를 정리하며 대화를 시도하자 울음을 멈추고 바라보거나 손가락으로 가리키며 "이거~이거~" 하며 자신의 물건임을 교사에게 말한다. 준호가 쌓기 영역에서 종이블록을 길게 줄지어 세워놓고 운전하는 모습을 흉내 내며 "부릉 부릉"하고 말한다. 수인이 친구가 다가와 "나도, 나도~"라고 말하니 손짓으로 타라고 하며 함께 앉아서 놀이하고 있으니 김수인 친구가 블록 위에 앉으려고 하자 "안돼~"하며 밀친다. 김수인이 울음을 보이며 "나도~"라고 말한다. 교사가 준호에게 다가가 "준호야! 김수인 친구가 같이 기차를 타고 여행을 가고 싶은 것 같은데 준호 생각은 어떠니? 김수인 친구랑 같이 노래 부르며 여행을 가면 더 신날 것 같아" 교사가 제안을 하자 "응." 하며 기차를 타라고 두 손으로 수인이 팔을 잡아당기면서 블록 위에 앉힌다.					
발 달 적 요 약	• "이거. 이거~", "부릉, 부릉" 등의 의성어를 사용하며 의사소통한다(언어발달). • 기차를 타고 여행을 가는 일상생활과 관련된 상징놀이(symbolic play)를 할 수 있다 (인지발달). • 부모와 분리 시 울음을 보이며 거부하지만 교사가 익숙한 보육실, 기저귀 갈이대가 있는 장소에서 안아주고 준호가 사용하는 물건(우유, 도시락, 물티슈)을 보여주자 이					

	를 통해 안정을 찾는 모습을 볼 수 있었다(정서발달). • 친구의 감정을 이해하고 공감하기 어렵다(정서발달).
교수계획	• 일상생활과 관련된 다양한 상징놀이 경험을 제공한다. • 나와 친구의 감정을 이해하고 표현하도록 지도한다.

다음은 2세 영아가 역할놀이에서 놀이한 내용을 교사가 서술식 사건표집법을 사용하여 표준보육과정 관련요소 '의사소통 영역'에 초점을 맞춰서 관찰 기록한 예이다.

관찰대상	권예림	연 령	2년	성 별	여
관 찰 자	김수진	관 찰 일	20**년 *월 *일	관찰장소	역할놀이 영역
관찰시간	09:40~09:55	교육과정영역	• 의사소통: 듣기-말하는 사람을 주의 깊게 보기 • 의사소통: 말하기-상대방을 바라보며 말하기		

시 간	사 건 전 (Antecedent Event : A)	사 건 (Behavior : B)	사 건 후 (Consequence : C)
09:40 ~09:44	예림이는 역할 영역에서 소꿉놀이를 하다가 윤서와 채민이가 아기 인형이 "내꺼~" 하고 다투면서 우는 모습을 쳐다본다.	예림이는 울고 있는 채민이와 윤서 옆으로 다가가 한 참을 쳐다보다가 인형을 채민이에게 "자~" 하고 안겨준다. 옆에 있던 윤서가 예림이를 때리면서 큰소리로 울자 "선생님~ 아야" 하고 같이 울기 시작한다. 교사가 다가가 "어디가 아팠니? 선생님이 호~해줄게." 하니 "여기" 하고 보여주면서 옷을 걷어 다리를 보여준다. 그리고 윤서에게 다가가 때리는 시늉을 한다.	교사가 채민이와 윤서를 안아주고 "아기 인형을 윤서랑 채민이가 하고 싶었구나. 윤서가 엄마역을 하고 채민이가 아빠역을 하면서 아기를 안아주고 '울지마'라고 말하면 어떨까?"라며 제안하는 동안 예림이는 교사의 제안을 주의 깊게 들은 후 윤서와 채민이에게로 다가와 "사랑해~친구야 사랑해"라고 말하면서 윤서와 채민이를 안아준다.
09:50 ~09:55	신입 원아인 성현이가 울면서 등원을 하자 교사와 성현이 주변을 서성인다.	예림이는 교사의 품에서 울고 있는 성현이를 밀어내고 "내가~내가" 하고 교사에게 안기려고 한다. 교사가 안아주고 친구들과 어울려 놀이를 하라고 제안하자 영찬이에게 다가가 머리를 손으로 때리기도 하고, 우준이 장난감을 뺏기도 한다.	교사가 "예림아 성현이가 엄마와 헤어져 힘들어 하니까 선생님이랑 성현이랑 예림이 함께 블록 쌓기 하자"라고 말하니 "싫어"라고 울먹이며 말하고 혼자 휴식 매트에 누워 친구들 놀이를 바라본다.

발달적 요약	• 친구의 감정을 이해하고 공감할 수 있다(정서발달). • 자신의 욕구를 부정적 행동으로 표현한다(사회성발달). • 자신의 감정을 간단한 언어로 표현할 수 있다(언어발달).
교수계획	• 자신의 감정을 다양한 언어로 표현할 수 있도록 지도한다.

(4) 사회관계

① 목표

0~1세	2세
▸ 친숙한 사람과 관계를 형성한다. • 자신과 다른 사람을 구별된 존재로 인식한다. • 기본 정서를 표현하고 다른 사람의 감정에 주의를 기울인다. • 안정적인 애착을 형성하고 또래나 교사와 함께 지낸다.	▸ 나를 인식하고 다른 사람과 더불어 생활하는 경험을 한다. • 자기 존중감을 형성한다. • 자신의 감정을 알고 다른 사람의 감정에 반응을 보인다. • 가족을 사랑하고 또래, 교사와 즐겁게 지내며 간단한 규칙 등을 지킨다.

② 0~1세 세부내용

<table>
<tr><th>내용범주</th><th>내용</th><th>1수준</th><th>2수준</th><th>3수준</th><th>4수준</th></tr>
<tr><td rowspan="3">나를 알고 존중하기</td><td>나를 구별하기</td><td colspan="2">거울 속의 나에게 관심을 가진다.</td><td colspan="2">거울 속의 나를 알아본다.</td></tr>
<tr><td rowspan="2">나의 것 인식하기</td><td colspan="4">자기 이름을 부르는 소리에 반응한다.</td></tr>
<tr><td colspan="2"></td><td colspan="2">친숙한 자기 물건을 안다.</td></tr>
<tr><td rowspan="2">나와 다른 사람의 감정 알기</td><td>나의 감정을 나타내기</td><td colspan="4">나의 욕구와 감정을 나타낸다.</td></tr>
<tr><td>다른 사람에게 주의 기울이기</td><td colspan="2">다른 사람의 말과 표정, 몸짓에 주의를 기울인다.</td><td colspan="2">다른 사람이 나타내는 여러 가지 감정에 주의를 기울인다.</td></tr>
<tr><td rowspan="2">더불어 생활하기</td><td rowspan="2">안정적인 애착형성하기</td><td colspan="2">양육자와 시선을 맞춘다.</td><td colspan="2">양육자에게 적극적으로 관심과 욕구를 표현한다.</td></tr>
<tr><td colspan="2">주변의 친숙한 사람의 얼굴과 목소리를 인식한다.</td><td colspan="2">주변의 친숙한 사람에게 애정을 표현한다.</td></tr>
</table>

내용범주	내용	1수준	2수준	3수준	4수준
	또래에 관심갖기	다른 영아와 함께 지내는 것을 경험한다.			
	자신이 속한 집단 알기	담임교사를 구별한다.		자기 반에서 지내며 안정감을 가진다.	
	사회적 가치를 알기			친숙한 물건의 자리를 안다.	
		만나고 헤어지는 인사를 해본다.			

③ 2세 세부내용

내용범주	내용	1수준	2수준
나를 알고 존중하기	나를 구별하기	나와 다른 사람의 모습을 구별한다.	
	좋아하는 것 해보기	내가 좋아하는 것을 찾아본다.	
		좋아하는 놀이나 놀잇감을 선택해 본다.	스스로 선택한 놀이나 놀잇감을 즐긴다.
나와 다른 사람의 감정 알기	나의 감정을 나타내기	여러 가지 감정을 말과 행동으로 나타낸다.	
	다른 사람의 감정에 반응하기	다른 사람이 나타내는 여러 가지 감정에 반응을 보인다.	
더불어 생활하기	내 가족 알기	내 가족에게 애정을 표현한다.	내 가족에게 다른 사람과는 구별된 특별한 감정을 갖는다.
	또래와 관계하기	또래에게 관심을 보인다.	또래의 모습과 행동을 모방한다.
		또래의 이름을 안다.	또래가 있는 곳에서 놀이를 한다.
	자신이 속한 집단 알기	자신이 속한 반과 교사를 안다.	자신이 속한 반의 활동에 즐겁게 참여한다.
	사회적 가치를 알기	도움 받아 물건을 정리한다.	스스로 물건을 정리한다.
		자기 순서를 안다.	순서를 기다린다.
		바른 태도로 인사한다.	
		간단한 약속을 지킨다.	

(4-1) 사회관계 영역 관찰의 실제

사회관계 영역의 보육활동계획안을 작성할 때 교사는 사회관계 영역의 수준별 내용요소를 단위활동의 목표와 내용 구성을 위한 지침으로 삼는다. 영아기는 적절한 환경 조건하에서 신체적, 심리적, 성숙과정을 거치면서 한 개체로 발달해 가게 되는데 부모와의 상호작용을 통해 애착과 기본적 신뢰감을 형성하게 되면 이는 이후에 계속되는 발달과정에 지속적인 영향을 미치게 된다(성영혜, 김현자, 2005). 영아의 보육시설 초기적응지도는 건강한 삶을 찾아가려는 영아가 요청의 손길을 보내는 신호이다. 초기적응지도는 처음 입소하는 아이들이 심리적·정서적 갈등 없이 애착대상과의 분리경험을 받아들이고 원만하게 새로운 환경에 적응할 수 있도록 돕는 과정으로서 영유아에게 가장 기초적이고 중요한 과정이라고 할 수 있다.

① 행동목록을 이용한 영아의 적응 평가의 예

다음은 보육기관에 처음 온 영아의 적응 정도를 알아보기 위한 적응 질문지로 담임교사가 영아의 행동을 관찰하고 확인한 후 적응지도 계획을 세울 수 있다.

〈유아교육기관 적응 평가내용〉

관찰영아: ______________________ 생년월일: ______________________ (남/여)

평 가 자: ______________________

*관찰교사 유의사항

다음 문항들을 잘 읽으신 후 영아의 행동과 가장 유사하다고 생각하는 곳에 빠짐없이 표시해 주시기 바랍니다.

행동목록표 평가내용	아주 그렇다 (4점)	조금 그렇다 (3점)	조금 그렇지 않다. (2점)	아주 그렇지 않다 (1점)
1. 친구나 선생님에게 관심 있는 행동을 보인다.				
2. 장난감 등을 나누어 쓴다.				
3. 친구나 선생님이 기분 나빠할 때 관심을 표현한다.				
4. 친구나 선생님의 행동을 모방한다.				
5. 활기 있다.				
6. 친절하다.				
7. 편안해 보인다.				
8. 일과 활동에 적극 참여한다.				
9. 자기 의사를 몸짓이나 말로 표현한다.				
10. 놀잇감이나 물건을 던지거나 부순다.				
11. 잘 운다.				
12. 대체로 친구들과 잘 지낸다.				
13. 다른 친구가 진행 중인 활동에 개입한다.				
14. 친구와 놀잇감을 함께 가지고 놀거나 교대로 가지고 논다.				
15. 다른 아이에게 관심을 표현하는 행동을 보인다.				
16. 다른 아이의 놀잇감이나 물건을 빼앗는다.				
17. 다른 아이에게 신체적 공격을 한다.				
18. 자신감이 있다.				
19. 독립적으로 탐색한다.				

20. 자기 주장을 한다.				
21. 쉽게 포기하지 않는다.				
22. 보호자와 잘 헤어진다.(헤어질 때는 울지만 곧 진정한다)				
23. 하루 일과를 이해함으로 알 수 있다.				
24. 일과 중 대체로 교사에게 협조적이다.				
25. 식사, 낮잠의 양과 시간이 규칙적이다.				
26. 낮잠을 잘 때 울거나 불안해하지 않는다.				
27. 새로운 상황이나 변화에 불안해 한다.				
28. 보호자와 다시 만났을 때 반갑게 맞이한다.				
29. 적절하게 교사의 관심이나 도움을 구한다.				
30. 종합적으로 다른 아이에 비해 어느 정도 보육시설에 잘 적응 했다고 생각한다.				

② 평정척도법을 활용한 영아의 사회성발달 평가의 예

〈2세 영아의 사회성발달 평정척도〉

이름: ____________ 생년월일: ____________ (남/여)

평 가 자: ____________

다음은 영아의 사회정서에 관련된 내용입니다. 해당되는 곳에 ∨표시해 주십시요

전혀 그렇지 않다	그렇지 않다	보통이다	그렇다	매우 그렇다
1	2	3	4	5

		문 항	1	2	3	4	5
자아개념	1	얼굴에 묻은 음식을 거울을 보고 닦을 수 있다.					
	2	나를 지칭하는 자기 이름이나 대명사를 사용한다. (예 : 내가 할래)					
	3	자신이 만든 장난감을 또래나 교사에게 자랑스럽게 보여준다.					
	4	가족사진을 보고 “엄마”, “아빠” 등을 가리키며 만진다.					

	5	자신의 장난감을 또래가 만지거나 가져가면 “내거야” 라고 말한다.					
	6	“내가 커”, “내가 할 수 있어” 등 모습이나 행동, 능력을 묘사한다.					
	7	주스나 우유를 엎지른 후 당황하여 고개를 숙인다.					
자기조절	8	교사가 다양한 모양종이를 꺼내면 자신이 좋아하는 모양 종이를 선택할 수 있다.					
	9	바지를 혼자 입을 수 있으나 단추를 끼우거나 고리를 끼우는 것이 어려울 때 교사에게 도움을 요청한다.					
	10	스스로 놀이를 시작한다.					
	11	퍼즐이 잘 맞추어지지 않지만 계속 시도하여 결국 다 맞춘다.					
	12	교사가 그만 놀자고 하면 놀이를 중단한다.					
	13	다른 또래들이 규칙에 어긋나는 행동인 교실에서 뛰어다니기, 소리 지르기 등을 할 때 따라하지 않는다.					
	14	놀이 중 또래가 가지고 놀이하는 장난감을 가지고 싶지만 다른 장난감을 이용하여 놀이한다.					
	15	간식시간에 대부분 자리를 지키며 차례를 기다린다.					
	16	교사가 지도하지 않을 때에도 기본생활습관을 지킨다.					
	17	등하원 시 가방을 스스로 정리하려고 한다.					
	18	블록을 끼우려다 또래와 싸워서 화가 나지만 다시 놀이에 즐겁게 참여한다.					
	19	정리정돈, 순서 기다리기 등 교사가 제안하면 규칙을 잘 지킨다.					
	20	놀이 중 다쳤을 때 아프지만 참는다.					
	21	또래와의 놀이를 원하나 친구들에게 거절당했을 때 슬퍼한다.					
	22	그림을 그리다가 또래가 블록 영역에서 놀이하자고 권유할 때 그림을 다 그리고 이동하여 놀이한다.					
	23	친구가 크게 이야기해서 귀가 아프고 힘들 때 조용히					

		이야기해 달라고 이야기한다.					
사회적관계	24	교사에게 하고 싶은 것을 확실히 말한다.					
	25	귀가 시간이 되면 놀이를 정리하고 부모가 데리러 올 것을 기대하고 기다린다.					
	26	몸이 아프거나 다쳤을 때 교사에게 아프다고 이야기한다.					
	27	퍼즐이나 역할놀이를 하는 또래들의 모습을 보고 자신도 따라서 한다.					
	28	다른 친구들과 어울려 잘 논다.					
	29	교사의 대화에 적절한 반응을 보인다.					
	30	엄마와 헤어지고 곧 자신이 좋아하는 놀이나 장난감을 찾아가지고 논다.					
	31	또래가 칭찬받으면 같이 좋아한다.					
	32	또래가 놀이 중 다쳤을 때 위로해 준다.					

참고 : 김미경(2014).

(5) 예술경험

① 목표

0~1세	2세
▸ 아름다움에 관심을 가진다. • 자신의 신체와 주변의 감각 자극에 호기심을 가지고 반응한다. • 소리와 움직임으로 반응하고, 단순한 미술을 경험하며, 모방행동을 즐긴다. • 친근한 소리나 노래를 즐겨 듣고, 자연물, 사물, 주변 환경에 관심을 가진다.	▸ 아름다움에 관심을 가지고 예술경험을 즐긴다. • 주변 생활에서 예술적 요소를 발견하고 흥미롭게 탐색한다. • 간단한 리듬이나 노래, 움직임, 자발적인 미술활동을 자유롭게 시도하고 모방이나 상상놀이로 표현한다. • 주변의 환경과 자연 및 다양한 표현에서 예술적 요소를 관심 있게 보고 즐긴다.

② 0~1세 세부내용

<table>
<tr><th>내용범주</th><th>내용</th><th>1수준</th><th>2수준</th><th>3수준</th><th>4수준</th></tr>
<tr><td rowspan="2">아름다움 찾아보기</td><td rowspan="2">예술적 요소에 호기심 가지기</td><td colspan="4">주변의 소리와 움직임에 호기심을 가진다.</td></tr>
<tr><td colspan="4">주변 환경에서 색, 모양에 호기심을 가진다.</td></tr>
<tr><td rowspan="6">예술적 표현하기</td><td rowspan="2">리듬 있는 소리로 반응하기</td><td colspan="2">리듬 있는 소리에 관심을 가진다.</td><td colspan="2">노래를 부분적으로 따라 부른다.</td></tr>
<tr><td colspan="2">리듬과 노래에 소리로 반응한다.</td><td colspan="2">리듬과 음높이에 맞추어 소리를 낸다.</td></tr>
<tr><td rowspan="2">움직임으로 반응하기</td><td colspan="4">손발 흔들기와 몸 움직임으로 반응한다.</td></tr>
<tr><td colspan="2"></td><td colspan="2">간단한 도구를 활용하여 움직인다.</td></tr>
<tr><td>단순한 미술 경험하기</td><td colspan="2"></td><td colspan="2">감각적으로 단순한 미술경험을 한다.</td></tr>
<tr><td>모방행동 즐기기</td><td colspan="2">소리나 얼굴 표정, 몸 움직임 등을 모방한다.</td><td colspan="2">단순한 모방행동을 놀이처럼 즐긴다.</td></tr>
<tr><td rowspan="2">예술 감상하기</td><td rowspan="2">아름다움 경험하기</td><td colspan="2">일상생활에서 반복되는 소리와 노래에 관심을 가진다.</td><td colspan="2">일상생활에서 리듬 있는 소리와 노래를 즐겨 듣는다.</td></tr>
<tr><td colspan="4">일상생활에서 자연이나 사물의 아름다움을 경험한다.</td></tr>
</table>

③ 2세 세부내용

<table>
<tr><th>내용범주</th><th>내용</th><th>1수준</th><th>2수준</th></tr>
<tr><td rowspan="2">아름다움 찾아보기</td><td rowspan="2">예술적 요소 탐색하기</td><td colspan="2">주변 환경에서 나는 다양한 소리와 움직임을 탐색한다.</td></tr>
<tr><td colspan="2">주변 환경에서 색, 모양을 탐색한다.</td></tr>
<tr><td rowspan="6">예술적 표현하기</td><td rowspan="2">리듬있는 소리와 노래로 표현하기</td><td colspan="2">친근한 노래를 따라 부른다.</td></tr>
<tr><td colspan="2">신체, 사물, 리듬악기 등을 이용하여 간단한 리듬과 소리를 만든다.</td></tr>
<tr><td rowspan="2">움직임으로 표현하기</td><td colspan="2">노래나 리듬에 맞춰 몸으로 표현한다.</td></tr>
<tr><td colspan="2">간단한 도구를 활용하여 몸으로 표현한다.</td></tr>
<tr><td rowspan="2">자발적으로 미술활동하기</td><td colspan="2">자발적으로 그리기, 만들기를 한다.</td></tr>
<tr><td colspan="2">간단한 도구와 미술재료를 다룬다.</td></tr>
</table>

	모방과 상상놀이하기	모방행동을 놀이처럼 즐긴다.	일상생활 경험을 상상놀이로 즐긴다.
예술 감상하기	아름다움 즐기기	자연이나 생활의 소리나, 움직임, 친근한 음악과 춤을 관심 있게 듣거나 본다.	
		일상생활에서 자연과 사물의 아름다움에 관심을 가지고 즐긴다.	
		자신과 또래가 표현한 노래, 춤, 미술품 등에 관심을 가지고 즐긴다.	

(5-1) 예술경험 영역 관찰의 실제

예술경험 영역에서는 아름다움 찾아보기, 예술적 표현하기 그리고 예술 감상하기를 중심으로 평가를 계획한다. 평가계획에 따라 적합한 관찰법을 적용하여 나타난 결과를 토대로 교수계획을 세워야 한다. 아래에서는 0~1세 영아와 2세 영아로 구분하여 관찰 실제를 제시하였으며, 표본식 기록법, 행동목록법 그리고 일화기록법을 활용하였다.

① 0~1세 예술경험 영역 관찰의 예

다음은 1세 영아를 대상으로 표본식 기록법을 활용한 관찰 사례이다. 이것은 예술경험 영역에서 '예술적 표현하기'에 관련된 내용이다.

관찰대상	박도영	연 령	1년 7개월	성 별	남
관 찰 자	박소연	관 찰 일	20**년 *월 *일	관찰장소	조형 영역
관찰시간	09:20~09:50	교육과정영역	• 예술경험: 예술적 표현하기-단순한 미술 경험하기		
시 간	기 록				
09:20	도영이에게 습자지 구겨지는 소리를 들려주자 종이에 관심을 가진다. 그리고는 종이를 손에 들고 구기며 교사에게 "어어? 까꿍?" 하며 웃는다. 그리고는 옆에 있는 은주에게 종이로 눈 앞을 가렸다가 "까꿍" 하며 함께 놀이한다.				

09:35	다양한 색의 크레용으로 종이에 끼적인다. 손바닥과 손가락을 이용해 종이에 문지르고, 그려본다.
09:45	자신이 크레용으로 끼적인 것을 다른 영아와 교사에게 보여준다.
발달적 요약	• 다양한 소리에 관심을 가지며 스스로 종이를 구겨 소리를 낸다(신체발달). • 혼자놀이에서 벗어나 옆 친구에게 같이 노는 행동을 보인다(사회성발달). • 크레용을 이용하여 자신이 원하는 것을 잘 표현한다(신체, 정서발달).
교수계획	• 자신을 표현할 수 있는 다양한 재료 제공이 필요하다. • 또래와 상호작용의 기회 제공을 확대하는 교수계획을 한다.

일화기록법을 활용하여 1세 영아를 관찰한 사례를 아래에 제시하였는데, 이 사례는 예술경험 영역에서 '예술적 표현하기'와 관련된다.

관찰대상	김민희	연 령	1년 4개월	성 별	여
관 찰 자	문미옥	관 찰 일	20**년 *월 *일	관찰장소	음률 영역
관찰시간	10:15~10:35	교육과정영역	• 예술경험: 예술적 표현하기-리듬있는 소리로 반응하기		
기 록	다양한 색깔의 풍선 중에서 빨간색과 분홍색을 골라서 손으로 만져본다. 교사에게 "노래, 노래"라고 말하면서 동요를 틀어달라고 한다. 노래 소리가 들리자 리본막대를 잡고서 노래 소리에 맞추어 몸을 흔들며 움직인다. 노래가 끝나자 잠시 서성이더니 '곰 세 마리'노래를 흥얼거리며 손동작을 한다.				
발 달 적 요 약	• 주변사물에 관심을 가지고 탐색한다(인지발달). • 자신이 좋아하는 것과 하고 싶은 것을 잘 표현한다(정서발달). • 스스로 노래 부르고 손동작을 하려는 표현이 나타난다(정서, 신체발달).				
교수계획	• 주변사물에 관심이 많으므로 다양한 자료를 제공하여 호기심을 충족시킨다. • 노래를 자주 들려주고, 노래를 자유롭게 할 수 있는 환경을 조성하여 노래부르기를 촉진시킨다. • 연령에 적합한 노래와 손동작을 계획하여 교수한다.				

② 2세 예술경험 영역 관찰의 예

다음은 2세 영아의 예술경험 영역 발달을 관찰한 표본식 기록법 사례이다. 이 사례는 예술경험 영역에서 '예술적 표현하기'에 관한 것이다.

관찰대상	김시은	연 령	2년 7개월	성 별	여
관 찰 자	박은주	관 찰 일	20**년 *월 *일	관찰장소	표현 영역
관찰시간	09:50~10:20	교육과정영역	• 예술경험: 예술적 표현하기-리듬있는 소리와 노래로 표현하기		
시 간	기 록				
09:50~10:00	교사가 노래를 부르며 손유희를 하자, 시은이도 더듬더듬 노래를 따라 부르기 시작하는데, 교사보다 한 박자씩 늦게 부르면서 동작을 따라한다. 시은이는 교사가 하는 동작을 정확히 따라 한다.				
10:00~10:05	교사 앞자리에서 동작하기를 원하여서 교사 앞에서 손동작을 표현한다.				
10:05~10:20	누르면 소리나는 놀잇감을 조작하여 동요를 틀고 손뼉을 친다.				
발 달 적 요 약	• 손유희를 할 때 동작이나 노래를 적극적으로 따라한다(신체, 언어발달). • 한 박자씩 늦게 동작을 따라 하나 교사가 하는 동작을 정확히 따라 한다(인지발달). • 교사 앞에서 자신의 동작을 직접 보여주고 싶어 한다(사회성발달). • 누르면 소리나는 놀잇감을 직접 조작하여 동요를 튼다(인지발달).				
교수계획	• 노래와 손동작에 대한 관심도가 높으므로 연령과 주제에 적합한 노래와 손동작을 제공한다. • 교사 앞에서 손동작하는 것을 표현하려는 것을 볼 때 교사에 대한 인정 욕구가 있으므로 이를 충족시킬 수 있도록 지속적인 관심과 격려를 하도록 교수계획에 반영한다.				

다음에서 영유아의 미술발달에 대한 전반적인 내용을 평가할 수 있는 행동목록표의 예시를 제시하였다.

관찰대상		연 령		성 별	
관찰자		관 찰 일		교육과정영역	

	예	아니오	비고
■ 탐 색			
• 다양한 물체를 가지고 탐색, 실험, 발견한다.			
• 물체를 탐색하는 과정에 적극적으로 참여한다.			
• 다양한 감각을 사용하여 탐색한다.			
• 감각 경험을 통하여 사물의 속성과 개념을 인식한다.			
• 사물의 물리적 변화에 대해 호기심을 가진다.			
• 적극적으로 문제를 해결하여 원인과 결과를 이해한다.			
■ 표 현			
• 신체 협응 및 조절을 할 수 있다.			
• 다른 사람을 모방하지 않고 자신의 아이디어를 표현한다.			
• 미술 재료를 가지고 자신의 느낌, 경험, 생각을 표현한다.			
• 여러 가지 재료를 다양한 방법으로 활용한다.			
• 자신감 있게 표현활동에 참여한다.			
■ 감 상			
• 자신의 미술작품에 자부심을 느낀다.			
• 다른 사람이 만든 작품의 아이디어, 스타일을 인정한다.			
• 다양한 미술작품에 대하여 관심을 둔다.			
• 미술작품에 대한 느낌을 언어로 표현한다.			
• 미적 요소(색, 선, 양감, 패턴, 공간, 질감)를 안다.			
• 미적 요소를 토대로 감상하고 토론한다.			
• 미술작품의 공통점과 차이점을 인식한다.			

발달적 요약	
교수계획	

자료 : 이숙재 외(2015). 영유아미술교육. 창지사. p. 97.

일화기록법을 활용하여 2세 영아를 관찰한 사례는 다음과 같다. 이 사례는 예술경험 영역에서 '예술적 표현하기'와 관련된다.

<table>
<tr><th>관찰대상</th><td>문지은</td><th>연 령</th><td>2년 5개월</td><th>성 별</th><td>여</td></tr>
<tr><th>관 찰 자</th><td>이지나</td><th>관 찰 일</th><td>20**년 *월 *일</td><th>관찰장소</th><td>쌓기 영역</td></tr>
<tr><th>관찰시간</th><td>10:25~10:45</td><th>교육과정영역</th><td colspan="3">• 예술경험: 예술적 표현하기-리듬있는 소리와 노래로 표현하기</td></tr>
<tr><th>기 록</th><td colspan="5">교사가 부르는 오리소풍 노래를 듣고 손동작을 따라 한다.
노래를 마친 후 교사가 영아의 이름을 넣어 '김지범 오리가' 하며 노래를 부르자 교사를 쳐다보며 '지은 오리도, 지은 오리도' 하고 이야기를 한다.
교사가 지은이 이름을 넣어 불러주자 웃음 짓는다.</td></tr>
<tr><th>발 달 적
요 약</th><td colspan="5">• 자신의 이름을 알고 있으며, 노래에 자기이름을 넣어달라고 한다(언어발달).
• 교사가 자기 이름을 불러주는 것을 좋아한다(정서발달).
• 노래를 듣고 손동작을 따라 한다(인지, 신체발달).</td></tr>
<tr><th>교수계획</th><td colspan="5">• 영아의 이름이 불리워지는 놀이활동을 계획하여 제공할 필요성이 있다.
• 교사의 관심이 활동을 촉진하므로 이를 반영한 교수활동을 계획한다.</td></tr>
</table>

(6) 자연탐구

① 목표

0~1세	2세
▸보고, 듣고, 만지면서 주변 환경에 관심을 가진다. • 주변 사물에 대한 탐색을 시도한다. • 주변에서 일어나는 수학적 상황을 지각한다. • 감각과 조작을 통하여 주변 사물과 자연환경에 대해 지각한다.	▸주변 환경에 호기심을 갖고 탐색하기를 즐긴다. • 호기심을 가지고 주변 세계에 대해 다양하게 탐색한다. • 주변에서 경험하는 수학적 상황을 인식한다. • 다양한 탐색을 통하여 주변 사물과 자연환경을 인식한다.

② 0~1세 세부내용

<table>
<tr><th>내용범주</th><th>내용</th><th>1수준</th><th>2수준</th><th>3수준</th><th>4수준</th></tr>
<tr><td rowspan="2">탐구하는 태도 기르기</td><td>사물에 관심 가지기</td><td></td><td colspan="3">주변 사물에 관심을 가진다.</td></tr>
<tr><td>탐색 시도하기</td><td>나와 주변 사물을 감각으로 탐색한다.</td><td colspan="3">주변의 사물에 대해 의도적인 탐색을 시도한다.</td></tr>
<tr><td rowspan="5">수학적 탐구하기</td><td>수량 지각하기</td><td></td><td>있고 없는 상황을 지각한다.</td><td>'있다'와 '없다'를 구별한다.</td><td>'한 개'와 '여러 개'를 구별한다.</td></tr>
<tr><td rowspan="2">주변 공간 탐색하기</td><td></td><td colspan="3">도움을 받아 주변의 공간을 탐색한다.</td></tr>
<tr><td colspan="4">주변 사물의 모양을 지각한다.</td></tr>
<tr><td>차이를 지각하기</td><td colspan="2"></td><td colspan="2">주변 사물의 차이를 지각한다.</td></tr>
<tr><td>간단한 규칙성 지각하기</td><td colspan="2"></td><td colspan="2">일상과 놀이에서 간단한 규칙성을 경험한다.</td></tr>
<tr><td rowspan="5">과학적 탐구하기</td><td>물체와 물질 탐색하기</td><td colspan="4">일상생활 주변의 몇 가지 친숙한 것들을 양육자와 함께 탐색한다.</td></tr>
<tr><td>주변 동식물에 관심 가지기</td><td colspan="2"></td><td colspan="2">주변 동식물의 모양, 소리, 움직임에 관심을 가진다.</td></tr>
<tr><td rowspan="2">주변 자연에 관심 가지기</td><td></td><td colspan="3">생활 주변의 자연물을 감각으로 느껴본다.</td></tr>
<tr><td></td><td colspan="3">바람, 햇빛, 비 등을 감각으로 느껴본다.</td></tr>
<tr><td>생활도구 탐색하기</td><td colspan="2"></td><td colspan="2">도움을 받아 생활도구를 탐색한다.</td></tr>
</table>

③ 2세 세부내용

내용범주	내용	1수준	2수준
탐구하는 태도 기르기	호기심 가지기	주변 사물과 자연 세계에 호기심을 가진다.	
	반복적 탐색 즐기기	관심 있는 사물을 반복하여 주도적으로 탐색하기를 즐긴다.	
수학적 탐구하기	수량 인식하기	많고 적음을 구별한다.	
		두 개 가량의 수 이름을 말해본다.	세 개 가량의 구체물을 말하며 세어본다.
		구체물을 일대일로 대응해본다.	
	공간과 도형에 관심 가지기	나를 중심으로 익숙한 위치, 장소를 인식한다.	
		주변 사물의 모양에 관심을 가진다.	
	차이에 관심 가지기	주변 사물의 크기(속성의 차이)에 관심을 가진다.	
	단순한 규칙성에 관심 가지기	주변에서 단순하게 반복되는 규칙성에 관심을 가진다.	
	구분하기	주변 사물의 같고 다름에 따라 구분한다.	
과학적 탐구하기	물체와 물질 탐색하기	친숙한 물체와 물질을 능동적으로 탐색한다.	
	주변 동식물에 관심 가지기	주변 동식물의 모양, 소리, 움직임에 관심을 가진다.	
	자연을 탐색하기	돌, 물, 모래 등의 자연물을 탐색한다.	
		날씨를 감각으로 느낀다.	
	생활도구 사용하기	생활 속에서 간단한 도구에 관심을 가진다.	
		간단한 도구를 사용한다.	

(6-1) 자연탐구 영역 관찰의 실제

자연탐구 영역에서는 영아들이 주변 사물에 관심을 갖고 수학적, 과학적으로 탐색하는가에 주안점을 두고 평가한다. 평가의 방법은 필요에 따라 표본식 기록, 일화기록, 사건표집법, 행동목록법, 평정척도법, 시간표집법 등의 방법을 사용할 수 있다. 자연탐구 영역의 관찰결과는 영아의 인지발달을 중심으로 제 영역의 발달 정도를 통합적으로 파악할 수 있다.

① 0~1세 자연탐구 영역 관찰의 예

자연탐구 영역 중 '탐구하는 태도 기르기'와 관련된 만 1세 영아의 일화기록을 살펴보면 다음과 같다.

〈일화기록의 예〉

관찰대상	전보라	연 령	1세	성 별	남
관 찰 자	박주연	관 찰 일	20**년 *월 *일	관찰장소	역할 영역
관찰시간	09:50~10:00	교육과정영역	• 자연탐구: 탐구하는 태도 기르기-탐색 시도하기 • 의사소통: 말하기-표정, 몸짓, 말소리로 말하기		
기 록	오전 자유놀이시간에 보라는 역할 영역에 친구들이 가져다 놓은 엄마, 아빠들의 물건에 관심을 보인다. 보라는 모자도 쓰고, 선글라스도 껴보고, 목에 명찰도 걸고, 큰 가방도 등에 매고 교실을 돌아다닌다. 보라는 교사에게 가서 "선생님, 이거 바여"라고 말하며 자신을 봐달라고 표현한다. 교실을 돌아다니다가 선글라스가 벗겨지자 교사에게 선글라스를 내밀며 "이거"라고 말하며 다시 씌워달라고 요구한다. 보라가 쓰고 있는 모자를 집에서 가지고 온 주황이가 "아빠꺼"라고 말하며 모자를 빼앗아간다. 보라는 모자를 뺏기자 모자를 가지고 간 친구를 손가락으로 가리키며 울면서 "아~" 하고 짧게 소리를 지른다.				
발 달 적 요 약	• 새로운 사물에 호기심을 보이며 사물을 탐색한다(인지발달). • 놀잇감을 스스로 선택하여 지속적으로 놀이한다(인지발달). • 친구가 모자를 빼앗아가자 울음으로 부정적 감정을 표현한다(정서발달). • 사물을 지칭할 때 주로 "이거"라는 말을 사용한다(언어발달).				
교수계획	• 역할 영역에 새로운 놀잇감을 제공하여 다양한 상징놀이가 이루어지도록 한다. • 새로운 놀잇감을 지속적으로 제공하여 탐구하는 태도를 기르도록 한다. • 사물을 지칭할 때 정확한 어휘로 표현할 수 있도록 지도할 필요가 있다.				

② 2세 자연탐구 영역 관찰의 예

자연탐구 영역 중 '수학적 탐구하기'와 관련된 만 2세 영아의 일화기록을 살펴보면 다음과 같다.

〈일화기록의 예〉

관찰대상	박하늘	연 령	2세	성 별	남
관 찰 자	강민지	관 찰 일	20**년 *월 *일	관찰장소	수 · 조작 영역
관찰시간	13:10~13:16	교육과정영역	• 자연탐구: 수학적 탐구하기-수량 인식하기		
기 록	하늘이는 수조작 영역에서 1부터 100까지 있는 퍼즐 형식의 교구를 꺼내온다. 책상에 교구를 내려놓더니 "선생님, 같이 해요"라고 말한다. 교구를 보고 "일부터 백까지 숫자가 있네"라고 말한다. 바구니에 손을 넣고 숫자를 뒤적이던 하늘이는 숫자 1을 발견하고 "어! 일이다"라고 한 후 숫자 1자리에 퍼즐을 맞춘다. 다시 숫자를 뒤적이던 하늘이는 "선생님, 백 찾았어요"라며 나에게 퍼즐을 보여준다. 하늘이가 들고 있는 숫자는 10이다. "성호야, 숫자 다시 한번 봐봐"라고 하자 하늘이는 웃으며 "어? 백 아니네"라며 숫자 10자리에 퍼즐을 끼워 넣는다. 무작위로 퍼즐을 집어든 하늘이는 "이거 뭐예요?"라며 나에게 숫자 92 퍼즐을 보여준다. 나는 "구십이! 아래쪽에 똑같은 모양을 찾아보자"라고 말한다. 하늘이는 "아래?"라며 아래쪽을 손으로 훑는다. "여기 있다"라며 퍼즐을 끼워 넣는다. 다음에 찾은 숫자는 76이지만 하늘이는 26에 퍼즐을 끼운다.				
발 달 적 요 약	• 1부터 10까지 숫자를 알고 있다(인지발달). • 10이상의 숫자는 아직 정확하게 알지 못한다(인지발달).				
교수계획	• 숫자의 모양을 정확하게 알고 읽을 수 있도록 돕는다. • 합리적 수세기를 통해 10 이상의 숫자와 수의 관계를 순차적으로 이해하도록 지도한다.				

2 3-5세 연령별 누리과정에 기초한 관찰의 실제

1) 3-5세 연령별 누리과정의 목표 및 내용

(1) 3-5세 연령별 누리과정의 기초

3-5세 연령별 누리과정은 사회경제적 계층 간의 교육 격차를 해소하고 출발선에서의 공정성을 확보하기 위한 노력으로 모든 유아가 교육 · 보육의 혜택을 받을 수 있도록 국가수준에서 제정한 3~5세 유아를 위한 교육과정이다.

'3-5세 연령별 누리과정'에서 강조하는 구성방향은 다음과 같다.

첫째, 질서, 배려, 협력 등 기본생활습관과 바른 인성을 기르는데 중점을 두어 구성한다.

둘째, 자율성과 창의성을 기르는데 중점을 두고, 전인발달을 이루도록 구성한다,

셋째, 사람과 자연을 존중하고, 우리 문화를 이해하는데 중점을 두어 구성한다.

넷째, 만 3~5세 유아의 발달특성을 고려하여 연령별로 구성한다.

다섯째, 신체운동·건강, 의사소통, 사회관계, 예술경험, 자연탐구의 5개 영역을 중심으로 구성한다.

여섯째, 초등학교 교육과정과 0~2세 표준보육과정과의 연계성을 고려하여 구성한다.

(2) 3-5세 연령별 누리과정의 목적과 목표

① 목적

3-5세 연령별 누리과정은 만 3~5세 유아의 심신의 건강과 조화로운 발달을 도와 민주시민의 기초를 형성하는 것을 목적으로 한다.

② 목표

- 기본운동능력과 건강하고 안전한 생활습관을 기른다.
- 일상생활에 필요한 의사소통능력과 바른 언어사용습관을 기른다.
- 자신을 존중하고 다른 사람과 더불어 생활하는 능력과 태도를 기른다.
- 아름다움에 관심을 가지고 예술경험을 즐기며, 창의적으로 표현하는 능력을 기른다.
- 호기심을 가지고 주변세계를 탐구하며, 일상생활에서 수학적·과학적으로 생각하는 능력과 태도를 기른다.

2) 3-5세 연령별 누리과정의 영역별 목표 및 내용

(1) 신체운동 · 건강 영역의 목표 및 내용

① 목표

기본 운동 능력과 건강하고 안전한 생활습관을 기른다.

- 감각 능력을 기르고, 자신의 신체를 긍정적으로 인식한다.
- 신체를 조절하고 기본 운동 능력을 기른다.
- 신체활동에 즐겁게 참여한다.
- 건강한 생활습관을 기른다.
- 안전한 생활습관을 기른다.

② 내용체계

<table>
<tr><th>내용 범주</th><th>내용</th><th>3세</th><th>4세</th><th>5세</th></tr>
<tr><td rowspan="4">신체 인식하기</td><td rowspan="2">감각능력 기르고 활용하기</td><td>감각적 차이를 경험한다.</td><td>감각적 차이를 구분한다.</td><td>감각으로 대상이나 사물의 특성과 차이를 구분한다.</td></tr>
<tr><td>감각기관을 인식하고 활용해본다.</td><td colspan="2">여러 감각기관을 협응하여 활용한다.</td></tr>
<tr><td rowspan="2">신체를 인식하고 움직이기</td><td>신체 각 부분의 명칭을 알고, 움직임에 관심을 갖는다.</td><td colspan="2">신체 각 부분의 특성을 이해하고 활용하여 움직인다.</td></tr>
<tr><td colspan="3">자신의 신체를 긍정적으로 인식하고 움직인다.</td></tr>
<tr><td rowspan="4">신체 조절과 기본 운동하기</td><td rowspan="4">신체 조절하기</td><td>신체균형을 유지해본다.</td><td colspan="2">다양한 자세와 움직임에서 신체균형을 유지한다.</td></tr>
<tr><td>공간, 힘, 시간 등의 움직임 요소를 경험한다.</td><td colspan="2">공간, 힘, 시간 등의 움직임 요소를 활용하여 움직인다.</td></tr>
<tr><td>신체 각 부분의 움직임을 조절해 본다.</td><td colspan="2">신체 각 부분을 협응하여 움직임을 조절한다.</td></tr>
<tr><td colspan="3">눈과 손을 협응하여 소근육을 조절해 본다.</td></tr>
</table>

<table>
<tr><th>내용 범주</th><th>내용</th><th>3세</th><th>4세</th><th>5세</th></tr>
<tr><td rowspan="3"></td><td></td><td></td><td></td><td>도구를 활용하여 여러 가지 조작운동을 한다.</td></tr>
<tr><td rowspan="2">기본 운동하기</td><td>걷기, 달리기 등 이동운동을 한다.</td><td colspan="2">걷기, 달리기, 뛰기 등 다양한 이동운동을 한다.</td></tr>
<tr><td>제자리에서 몸을 움직여본다.</td><td colspan="2">제자리에서 몸을 다양하게 움직인다.</td></tr>
<tr><td rowspan="5">신체 활동에 참여하기</td><td rowspan="3">자발적으로 신체활동에 참여하기</td><td>신체활동에 자발적으로 참여한다.</td><td colspan="2">신체활동에 자발적이고 지속적으로 참여한다.</td></tr>
<tr><td colspan="3">다른 사람과 함께 하는 신체활동에 참여한다.</td></tr>
<tr><td></td><td>자신과 다른 사람의 운동능력의 차이에 관심을 갖는다.</td><td>자신과 다른 사람의 운동능력의 차이를 이해한다.</td></tr>
<tr><td>바깥에서 신체 활동하기</td><td colspan="3">규칙적으로 바깥에서 신체활동을 한다.</td></tr>
<tr><td>기구를 이용하여 신체 활동하기</td><td colspan="3">여러 가지 기구를 이용하여 신체활동을 한다.</td></tr>
<tr><td rowspan="9">건강하게 생활하기</td><td rowspan="2">몸과 주변을 깨끗이 하기</td><td colspan="2">손과 이를 깨끗이 하는 방법을 알고 실천한다.</td><td>스스로 몸을 깨끗이 하는 습관을 기른다.</td></tr>
<tr><td>주변을 깨끗이 한다.</td><td colspan="2">주변을 깨끗이 하는 습관을 기른다.</td></tr>
<tr><td rowspan="3">바른 식생활하기</td><td colspan="2">음식을 골고루 먹는다.</td><td>적당량의 음식을 골고루 먹는다.</td></tr>
<tr><td>몸에 좋은 음식에 관심을 갖는다.</td><td>몸에 좋은 음식을 알아본다.</td><td>몸에 좋은 음식을 선택할 수 있다.</td></tr>
<tr><td>바른 태도로 식사한다.</td><td colspan="2">음식을 소중히 여기고 식사예절을 지킨다.</td></tr>
<tr><td rowspan="3">건강한 일상생활하기</td><td colspan="3">규칙적으로 잠을 자고, 적당한 휴식을 취한다.</td></tr>
<tr><td colspan="3">하루 일과에 즐겁게 참여한다.</td></tr>
<tr><td>스스로 화장실에서 배변한다.</td><td>바른 배변습관을 가진다.</td><td>규칙적인 배변습관을 가진다.</td></tr>
<tr><td>질병 예방하기</td><td>질병의 위험을 알고 주의한다.</td><td colspan="2">질병을 예방하는 방법을 알고 실천한다.</td></tr>
</table>

<table>
<tr><th>내용 범주</th><th>내용</th><th>3세</th><th>4세</th><th>5세</th></tr>
<tr><td></td><td></td><td>날씨에 맞게 옷을 입는다.</td><td colspan="2">날씨와 상황에 알맞게 옷을 입는다.</td></tr>
<tr><td rowspan="7">안전하게 생활하기</td><td rowspan="3">안전하게 놀이하기</td><td colspan="2">놀이기구나 놀잇감, 도구를 안전하게 사용한다.</td><td>놀이기구나 놀잇감, 도구의 바른 사용법을 알고 안전하게 사용한다.</td></tr>
<tr><td>안전한 놀이장소를 안다.</td><td colspan="2">안전한 장소를 알고 안전하게 놀이한다.</td></tr>
<tr><td>TV, 인터넷, 통신기기 등을 바르게 사용한다.</td><td colspan="2">TV, 인터넷, 통신기기 등의 위해성을 알고 바르게 사용한다.</td></tr>
<tr><td rowspan="2">교통안전 규칙 지키기</td><td>교통안전 규칙을 안다.</td><td colspan="2">교통안전 규칙을 알고 지킨다.</td></tr>
<tr><td colspan="3">교통수단을 안전하게 이용한다.</td></tr>
<tr><td rowspan="2">비상 시 적절히 대처하기</td><td>학대, 성폭력, 실종, 유괴상황을 알고 도움을 요청한다.</td><td colspan="2">학대, 성폭력, 실종, 유괴상황 시 도움을 요청하는 방법을 알고 행동한다.</td></tr>
<tr><td>재난 및 사고 등 비상 시 적절하게 대처하는 방법을 안다.</td><td colspan="2">재난 및 사고 등 비상 시 적절하게 대처하는 방법을 알고 행동한다.</td></tr>
</table>

(1-1) 신체운동 · 건강 영역 관찰의 실제

신체운동 · 건강 영역은 긍정적 자아개념과 일상생활에 필요한 기초 체력을 기르며, 유아의 심신을 조화롭고 건강하게 발달시키기 위한 영역으로 주변의 사물을 이용하거나 또래와의 놀이를 통해 여러 가지 감각적 활동을 경험해 보고 발달에 적합한 대근육 활동과 유아기에 필요한 신체건강에 관련된 활동에 유아들이 규칙적으로 참여한 후 평가를 해 본다.

① 신체운동 · 건강 영역 평정척도의 예

관찰대상		연 령		성 별	
관 찰 자		관 찰 일		교육과정영역	신체운동 건강 영역

<table>
<tr><th colspan="3">평정기준</th><th>예</th><th>아니오</th><th>메모</th></tr>
<tr><td rowspan="6">신체인 식하기</td><td rowspan="3">1. 감각기관을 활용하기</td><td>여러 가지 감각기관의 역할에 관심이 없다.</td><td></td><td></td><td></td></tr>
<tr><td>하나의 감각기관을 활용하여 탐색할 수 있다.</td><td></td><td></td><td></td></tr>
<tr><td>두 가지 이상의 감각기관을 협응하여 활동한다.</td><td></td><td></td><td></td></tr>
<tr><td rowspan="3">2. 신체를 인식하고 움직이기</td><td>신체의 각 부분에 관심을 보이지 않는다.</td><td></td><td></td><td></td></tr>
<tr><td>신체 각 부분의 특성을 활용하여 움직인다.</td><td></td><td></td><td></td></tr>
<tr><td>자신의 신체능력을 긍정적으로 인식하고 자신감있게 움직인다.</td><td></td><td></td><td></td></tr>
<tr><td rowspan="9">신체조 절과 기본 운동하기</td><td rowspan="3">3. 이동운동하기</td><td>이동을 위한 다양한 기본동작(걷기, 달리기, 높이뛰기, 기기, 미끄러지기, 앵금질 등)들을 능숙하게 하지 못한다.</td><td></td><td></td><td></td></tr>
<tr><td>이동을 위한 다양한 기본 동작(걷기, 달리기, 높이뛰기, 기기, 미끄러지기, 앵금 등)을 능숙하게 한다.</td><td></td><td></td><td></td></tr>
<tr><td>공간을 이동하면서 두 가지 이상의 조건에 따라 몸을 다양하게 움직일 수 있다.</td><td></td><td></td><td></td></tr>
<tr><td rowspan="3">4. 비이동운동하기</td><td>한 장소에서 몸을 다양하게 움직이는데 익숙하지 않다.</td><td></td><td></td><td></td></tr>
<tr><td>비이동동작의 여러 형태를 탐색해본다.</td><td></td><td></td><td></td></tr>
<tr><td>한 장소에서 제시된 조건에 따라 몸을 다양하게 움직일 수 있다.</td><td></td><td></td><td></td></tr>
<tr><td rowspan="3">5. 조작운동하기</td><td>도구를 활용한 신체활동에 관심이 없다.</td><td></td><td></td><td></td></tr>
<tr><td>실내외 놀이시설 및 다양한 도구를 이용한 신체활동에 관심을 보인다.</td><td></td><td></td><td></td></tr>
<tr><td>놀이시설 및 다양한 도구를 활용하여 능숙하게 이용할 수 있다.</td><td></td><td></td><td></td></tr>
</table>

신체활동에 참여하기	6.신체활동에 참여하기	신체활동에 참여하는데 관심이 없다.			
		신체활동에 참여하는데 관심을 보인다.			
		신체활동에 즐겁게 참여한다.			
건강하게 생활하기	7.몸을 깨끗이하기	손과 이를 잘 씻지 않는다.			
		자기 주변을 깨끗이 하는 습관을 가진다.			
		손과 이를 깨끗이 하는 습관을 가진다.			
	8.주변을 깨끗이하기	자기주변을 깨끗이 하는데 관심이 없다.			
		사용한 놀잇감을 제자리에 정리한다.			
		자기주변을 깨끗이 하는 습관을 가진다.			
	9.적절하게 옷입기	날씨와 상황에 따른 옷차림에 대해 인식하지 못한다.			
		날씨와 상황에 따라 적절히 옷을 입고 벗을 수 있다.			
	10.바른 식생활하기	음식물의 필요성에 관심이 없다.			
		음식을 골고루 먹는다.			
		음식을 소중히 여긴다.			
	11.적절하게 휴식하기	놀이상황과 휴식을 구분하지 못하고 놀이에 집중한다.			
		교사의 권유에 의해 활동적인 놀이 후에 휴식을 취한다.			
		활동적인 놀이후에 스스로 휴식을 취한다.			
	12.질병예방하기	질병예방에 관심이 없다.			
		병에 걸리지 않게 주의해야 함을 안다.			
		병을 예방하는 다양한 방법을 안다.			
	13.즐겁게 생활하기	집단생활에서 긴장이나 갈등을 많이 느낀다.			
		신체활동을 통해 긴장감을 해소하고 즐거움을 느낀다.			
		다양한 종류의 감정이나 느낌을 신체활동을 통해 표현하며 자신에 대해 긍정적인 태도를 가진다.			

안전하게 생활하기	14. 안전하게 놀이하기	놀잇감, 도구, 시설의 안전한 사용에 대한 인식이 없다.			
		안전한 놀잇감을 선택하고 이를 바르게 사용할 수 있다.			
		놀이를 할 수 있는 안전한 장소와 규칙을 안다.			
	15. 교통안전규칙지키기	교통안전규칙의 중요성에 대한 인식이 없다.			
		교통신호와 교통안전표지에 대해 안다.			
		교통기관의 안전규칙에 대해 알고 교통기관을 안전하게 이용한다.			
	16. 위험한 상황을 알고 대처하기	위험한 상황에 대한 인식이 없다.			
		다른 사람이 함부로 몸을 만지지 않게 한다.			
		위험한 상황에서 도움을 청할 수 있다.			
	17. 환경오염이나 재해에 대비하기	환경보전에 대해 관심이 없다.			
		오염된 환경의 위험성을 인식한다.			
		환경을 보호하는 태도를 갖는다.			

발달적 요약	
교수계획	

② '유치원에서의 하루' 주제전개를 통한 신체운동 · 건강 영역 평가의 예

관찰대상		연령		성별	
관찰자		관찰일		교육과정영역	신체운동 · 건강

내용범주	내용	예	아니오
신체 인식하기	• 유치원에 있는 실외놀이 도구들을 이용하여 소근육은 움직일 수 있다. • 모래놀이 도구나 모래놀이를 통해 몸을 움직일 수 있다.		
신체 조절과 기본 운동하기	• 색종이를 이용하여 색종이를 던지기, 흔들기, 날리기를 할 수 있다. • 색종이로 방석 접기를 할 줄 안다.		
신체활동에 참여하기	• 하루 일과에 적응할 수 있다. • 스스로 자기 주변을 깨끗이 하는 습관을 기를 줄 안다.		
건강하게 생활하기	• 몸에 필요한 음식을 적당한 양으로 골고루 먹을 수 있다. • 스스로 이를 깨끗이 하는 습관을 형성하고 있다. • 음식을 바른 자세로 즐겁게 먹을 수 있다. • 음식물의 필요성을 알고 골고루 먹을 줄 안다.		
안전하게 생활하기	• 위험한 물건과 상황에 대해 알고 대처할 줄 안다. • 규칙적으로 바깥에서 신체활동을 한다. • 보행 안전 규칙을 지킬 수 있다. • 교통수단을 안전하게 이용할 수 있다.		
발달적 요약			
교수계획			

③ 주제 '유치원에서의 하루' 일과를 통해서 본 ABC식 사건표집법의 예

ABC식 사건표집법은 아동의 문제행동 원인을 파악하고 문제행동에 대해 보다 자세하게 알아보는데 유용한 방법이다. 다음은 점심식사 전 · 후 유아가 보이는 행동을 관찰한 내용과 자유놀이 상황에서 공격행동을 보이는 사건표집법 사례이다.

〈서술식 사건표집법의 예〉

<table>
<tr><td>관찰대상</td><td>김다은</td><td>연　령</td><td>3.5</td><td>성　별</td><td>여</td></tr>
<tr><td>관 찰 자</td><td></td><td>관 찰 일</td><td>20**년 *월 *일</td><td>관찰장소</td><td>교실</td></tr>
<tr><td>관찰시간</td><td>오후12:20~12:40</td><td>교육과정영역</td><td colspan="3">• 신체운동 · 건강:몸 건강하게 생활하기-몸과 주변을 깨끗이 하기</td></tr>
<tr><td>시　간</td><td>사 건 전
(Antecedent Event : A)</td><td colspan="2">사　건
(Behavior : B)</td><td colspan="2">사 건 후
(Consequence : C)</td></tr>
<tr><td>12:20
~12:40</td><td>점심식사 시간이 되어서 다은이가 자리에 앉아 식사를 한다. 잠시 후 다 먹은 건영이가 식사한 그릇을 주방에 가져다 두고 양치질을 하려 한다. 칫솔, 치약을 꺼내는데 다은이의 치약을 꺼내든다.</td><td colspan="2">이것을 본 다은이가 "내 치약이야" 하며 남아 있던 밥을 얼른 먹고 갖다 놓고 화장실로 뒤따라간다. "이거 다은이 엄마가 준거야" 하며 칫솔에 치약을 짠다. 건영이가 울면서 "그럼 건영이는 없잖아" 하고 말한다.</td><td colspan="2">교사가 가만히 보고 있으니, 다은이가 건영이 등을 두드리며 "내가 줄까?" 하며 건영이 얼굴을 쳐다본다. 건영이가 "응" 하자 다은이가 건영이 칫솔에 치약을 짜 주고는 "건영아, 양치질 하러 가자" 하면서 둘은 양치질 하러 화장실로 향한다.</td></tr>
<tr><td>발 달 적
요　약</td><td colspan="5">• 다은이는 친구 건영이가 치약이 없다는 것을 알고 나누어 사용하는 친사회적 행동을 보이나 누군가가 보고 있다는 것을 느낄 때만 친사회적 행동을 하는 편이다(사회성발달).
• 자기 물건과 다른 사람의 물건을 구분해서 사용하며 다른 사람이 자신의 물건에 손대는 것을 싫어한다(정서발달).
• 친구의 감정을 이해하고 공감하는 능력이 있다(정서발달).</td></tr>
<tr><td>교수계획</td><td colspan="5">• 다은이를 자주 칭찬하고 다른 사람을 배려할 줄 아는 덕목인 친사회적 행동을 학급의 모든 아동에게 알린다.</td></tr>
</table>

〈서술식 사건표집법의 예〉

<table>
<tr><td>관찰대상</td><td>최석진</td><td>연 령</td><td colspan="2">4년6개월</td><td>성 별</td><td>남</td></tr>
<tr><td>관 찰 자</td><td></td><td>관 찰 일</td><td colspan="2">20**년 *월 *일</td><td>관찰장소</td><td>블록 영역</td></tr>
<tr><td>관찰시간</td><td>10:00~10:35</td><td>교육과정영역</td><td colspan="4">• 신체운동·건강: 안전하게 생활하기-안전하게 놀이하기</td></tr>
<tr><td>시 간</td><td colspan="2">사 건 전
(Antecedent Event : A)</td><td colspan="2">사 건
(Behavior : B)</td><td colspan="2">사 건 후
(Consequence : C)</td></tr>
<tr><td>10:00
~10:35</td><td colspan="2">유치원에 석진이가 도착한다. 종이로 된 벽돌들로 혼자 쌓기놀이를 한다. 석진이는 선생님에게 "집 쌓았어요"라고 자랑한다. 옆에서 놀고 있는 진영이가 쌓은 벽돌 울타리로 들어가려 한다.</td><td colspan="2">석진이는 길쭉한 노란 레고 자동차를 진영이에게 던진다. 같이 옆에서 놀고 있는 덕현이에게도 던진다.
그런 다음 석진이는 다시 자기가 쌓은 벽돌집으로 가서 논다.
벽돌집 안 바닥에 곰 인형이 있자 옆에서 소꿉놀이를 하고 있는 민형이에게 "이거 내거 아니야"라고 말하며 인형을 집어 던진다.
민형이가 아무 말없이 인형을 집는 것을 석진이도 말없이 쳐다본다.
민형이가 놀이하는 곳에 나무 의자가 있는 것을 석진이가 발견한다.
석진이가 "의자는 내 거야. 나한테 줘"라고 말하자 민형이는 "왜"라고 말한다. 그러자 석진이는 "의자 제자리에 갖다놔"라고 계속 말하면서 소리를 지른다.</td><td colspan="2">민형이가 다시 교실 책상 의자를 갖다놓자 석진이는 다시 벽돌쌓기 놀이를 계속한다.
석진이는 이제 교실을 왔다 갔다 하면서 벽돌쌓기 놀이를 한다.
옆에 있는 진영이에게 "김진영 이거 내 꺼다"라고 말하면서 다시 노란 벽돌을 쌓는다.
벽돌을 쓰러뜨리면서 "김진영 거 좀 봐!"라고 외친다.
진영이에게도 간다.
벽돌을 진영이에게 계속 던진다
진영이에게 "나 포켓몬스터 티 입었다"라며 셔츠에 적힌 영어를 한 자 한 자 짚어가면서 "포켓몬스터"라고 읽는다.
그러다 민형이가 석진이에게 "같이 놀자"라고 한다. 그러나 석진이는 '싫어'한다. 민형이는 선생님에게 "석진이가 같이 안 놀아요"라고 하고 다시 석진이에게 와서 "같이 놀자"라고 한다.</td></tr>
<tr><td>발 달 적
요 약</td><td colspan="6">• 석진이는 자신의 놀이활동에 누군가 허락없이 들어오는 것을 싫어하고 이럴 때는 공격적 행동을 보인다. 석진이가 공격적 행동을 보이는 사건들을 살펴보면 원래 공격성이 있기보다는 싫어하는 행동을 할 때 공격성을 보인다. 또한 교실에 있는 모든 물건</td></tr>
</table>

	에 대해서는 자신의 소유라고 여기면서 다른 아이들이 만지거나 놀이를 할 때 부정적 행동을 반복한다. 소유에 대한 욕구가 강한 반면, 교사와는 긍정적 상호작용을 보인다(사회성발달). • 석진이의 경우 평가를 내릴 때는 신중하게 해야 하며 교사의 적절한 개입이 필요한 아동이다. 반면 친구의 감정을 이해하고 공감하는 능력이 있다(정서발달).
교수계획	• 석진이의 공격적 행동을 보고 '공격적 아동'으로 판단하지 않도록 유치원의 다른 보조교사 혹은 교직원들에게 석진이의 전후 행동에 대한 정보를 알려준다. 감정조절능력과 자신이 싫어하는 것을 할 때 언어로 나타내는 방안을 모색한다.

④ 프로젝트활동을 통한 체크리스트 평가방법의 예

축구시합을 위한 활동 준비과정과 실제 놀이에서 한 번에 여러 아동의 행동을 기록하기 위해 체크리스트를 만들었다.

관찰대상	박형준	**연령**	5세	**관찰일**	2016년
관찰자					
교육과정영역	신체조절과 기본운동하기 : 이동운동하기-이동을 위해 다양한 기본 동작을 능숙하게 할 수 있는가?				
평가유형	체크리스트				
	신체 · 건강	**예**	**아니오**	**메모**	
평가내용	1. 축구놀이를 할 수 있는 안전한 장소와 규칙을 알 수 있는가?	✓			
	2. 놀이상황과 휴식을 구분하고 놀이에 집중할 수 있는가?	✓			
	3. 경기에 참여하여 놀이에 적극적으로 임할 줄 아는가 ?	✓			
	4. 자신의 역할을 아는가?	✓			
	5. 자기편에게 공을 전달할 수 있는가?	✓			
	6. 상대방 공을 뺏어 올 수 있는가?	✓			
발달적 요약	• 축구 시합을 준비하는 과정에서 경기에 참여할 반별 선수와 역할 정하기, 응원가, 포스트 만들기 등을 할 수 있었다(신체발달). • 형준이는 반 대표선수로 뽑혀 정해진 규칙을 잘 지켜 경기에 임했다(사회성발달).				

교수계획	형준이는 유치원 활동 시 협동을 잘하고 맡은 일을 책임감 있게 할 수 있도록 지속적으로 돕는다.

⑤ 신체표현을 통한 평정척도 평가방법의 예

특징적으로 표현할 만한 각 장면들을 회상하며 같은 장면이지만 다양하게 표현할 수 있는 방법을 생각해낼 수 있으며 특히 신체의 일부분만 사용하기보다 각 부분을 골고루 활용하여 표현해 보도록 격려한다.

관찰대상	박형준	연령	5세	관찰일	
관찰자					
교육과정 영역	신체 표현할 대상 관찰하기, 신체표현에 필요한 도구 착용하기				
신체표현 수업의 과정	• 우리들이 ○○를 살펴보고 어떻게 우리의 몸으로 표현할 수 있을지 생각해본다. • 다시 한 번 관찰하면서 각 장면을 앉은 자리에서 몸으로 표현해본다. • 도구를 이용하여 표현하는 경우에는 신체표현할 도구의 이름을 알아보고 탐색해본다. • 신체표현에 필요한 도구를 착용한다.				
평가유형	평정척도				

평정척도				
평가내용	1. 자신의 신체상황을 판단할 수 있는가?	1______ 자신의 신체상황을 판단하지 못한다	2______ 교사의 질문이 있으면 자신의 신체상황을 판단한다	3______ 혼자서 자신의 신체상황을 판단한다
	2. 신체표현에 필요한 도구를 바르게 활용할 수 있는가?	1______ 신체표현에 필요한 도구를 바르게 활용못한다	2______ 교사의 질문이 있으면 도구를 바르게 활용한다	3______ 혼자서 도구를 바르게 활용한다
	3. 다양한 표현방법을 생각해 낼 수 있는가 ?	1______ 다양한 표현방법을 생각해 내지 못한다	2______ 교사의 도움이 있으면 다양하게 생각한다.	3______ 혼자서 다양하게 생생각할 수 있다.

	4. 친구의 표현을 관찰하고 따라 해 볼 수 있는가?	1______ 친구의 표현을 따라하지 못한다	2______ 교사의 도움으로 친구의 표현을 따라할 수 있다	3______ 혼자서 친구의 표현을 따라한다
	5. 사용한 소품을 바르게 정리할 수있는가?	1______ 사용한 소품을 바르게 정리하지 못한다	2______ 교사의 도움으로 소품을 정리할 수 있다	3______ 혼자서 소품을 정리할 수 있다
발달적 요약				
교수계획				

⑥ 신체활동 체크리스트 평가방법의 예

신체활동은 유아들이 온몸을 활용한 자발적이고 창의적인 움직임을 통해, 욕구를 해소하고, 표현의 자유로움을 느끼도록 하는 활동이다. 신체활동은 대・소근육의 발달뿐만 아니라 유아들의 기초 체력을 향상시키고, 즐거움과 자신감 등 사회적・정서적 발달에도 도움이 된다.

<table>
<tr><th>관찰대상</th><td colspan="2"></td><th>연령</th><td>4세</td><th>관찰일</th><td colspan="2"></td></tr>
<tr><th>관찰자</th><td colspan="3"></td><th colspan="2">활동명</th><td colspan="2">평균대를 이용해서 운동하기</td></tr>
<tr><th>평가내용 및 관점</th><td colspan="7">신체조절과 기본운동하기 : 이동운동하기-이동을 위해 다양한 기본 동작을 능숙하게 할 수 있는가?</td></tr>
<tr><th>교육과정영역</th><td colspan="7">신체움직임 탐색하기 : 준비운동하기, 신체 움직임 탐색하기, 운동기구와 운동의 이름 알아보기</td></tr>
<tr><th>평가유형</th><td colspan="7">체크리스트</td></tr>
<tr><th></th><th colspan="4">체크리스트</th><th>예</th><th>아니오</th><th>메모</th></tr>
<tr><th rowspan="4">평가내용</th><td colspan="4">1. 평균대를 올라갈 수 있는가?</td><td></td><td></td><td></td></tr>
<tr><td colspan="4">2. 평균대에서 서 있을 수 있는가?</td><td></td><td></td><td></td></tr>
<tr><td colspan="4">3. 평균대에서 이동할 수 있는가?</td><td></td><td></td><td></td></tr>
<tr><td colspan="4">4. 평균대에서 비이동할 수 있는가?</td><td></td><td></td><td></td></tr>
</table>

	5. 평균대에서 안전하게 내려올 수 있는가?			
발달요약				
교수계획				

(2) 의사소통 영역의 목표 및 내용

① 목표

일상생활에 필요한 의사소통 능력과 바른 언어 사용 습관을 기른다.

- 다른 사람의 말을 주의 깊게 듣는 태도와 이해하는 능력을 기른다.
- 자신의 생각과 느낌을 말하는 능력을 기른다.
- 글자와 책에 친숙해지는 경험을 통하여 글자 모양을 인식하고 읽기에 흥미를 가진다.
- 말과 글의 관계를 알고 자신의 생각, 느낌, 경험을 글로 표현하는 데 관심을 가진다.

② 내용체계

<table>
<tr><th>내용
범주</th><th>내용</th><th>3세</th><th>4세</th><th>5세</th></tr>
<tr><td rowspan="6">듣기</td><td rowspan="2">낱말과 문장 듣고 이해하기</td><td colspan="2">낱말의 발음에 관심을 가지고 듣는다.</td><td>낱말의 발음에 관심을 가지고 듣는다.</td></tr>
<tr><td colspan="2">일상생활과 관련된 낱말과 문장을 듣고 뜻을 이해한다.</td><td>다양한 낱말과 문장을 듣고 뜻을 이해한다.</td></tr>
<tr><td rowspan="2">이야기 듣고 이해하기</td><td>다른 사람의 이야기를 관심 있게 듣는다.</td><td colspan="2">다른 사람의 이야기를 듣고 이해한다.</td></tr>
<tr><td></td><td colspan="2">이야기를 듣고 궁금한 것에 대해 질문한다.</td></tr>
<tr><td rowspan="2">동요, 동시, 동화 듣고 이해하기</td><td colspan="2">동요, 동시, 동화를 다양한 방법으로 듣고 즐긴다.</td><td>동요, 동시, 동화를 다양한 방법으로 듣고 이해한다.</td></tr>
<tr><td></td><td colspan="2">전래동요, 동시, 동화를 듣고 우리말의 재미를 느낀다.</td></tr>
</table>

<table>
<tr><th>내용 범주</th><th>내용</th><th>3세</th><th>4세</th><th>5세</th></tr>
<tr><td></td><td>바른 태도로 듣기</td><td>말하는 사람을 바라보며 듣는다.</td><td>다른 사람의 이야기를 주의 깊게 듣는다.</td><td>다른 사람의 이야기를 끝까지 주의 깊게 듣는다.</td></tr>
<tr><td rowspan="9">말하기</td><td rowspan="3">낱말과 문장으로 말하기</td><td>친숙한 낱말을 발음해 본다.</td><td>친숙한 낱말을 정확하게 발음해 본다.</td><td>정확한 발음으로 말한다.</td></tr>
<tr><td>새로운 낱말에 관심을 가진다.</td><td>다양한 낱말을 사용하여 말한다.</td><td>다양한 낱말을 사용하여 상황에 맞게 말한다.</td></tr>
<tr><td colspan="2">일상생활에서 일어나는 일들을 간단한 문장으로 말한다.</td><td>일상생활에서 일어나는 일들을 다양한 문장으로 말한다.</td></tr>
<tr><td rowspan="3">느낌, 생각, 경험 말하기</td><td>자신의 느낌, 생각, 경험을 말해본다.</td><td>자신의 느낌, 생각, 경험을 말한다.</td><td>자신의 느낌, 생각, 경험을 적절한 낱말과 문장으로 말한다.</td></tr>
<tr><td></td><td colspan="2">주제를 정하여 함께 이야기를 나눈다.</td></tr>
<tr><td></td><td>이야기를 지어 말한다.</td><td>이야기 지어 말하기를 즐긴다.</td></tr>
<tr><td rowspan="3">상황에 맞게 바른 태도로 말하기</td><td></td><td colspan="2">듣는 사람의 생각과 느낌을 고려하여 말한다.</td></tr>
<tr><td>상대방을 바라보며 말한다.</td><td>차례를 지켜 말한다.</td><td>때와 장소, 대상에 알맞게 말한다.</td></tr>
<tr><td colspan="3">바르고 고운 말을 사용한다.</td></tr>
<tr><td rowspan="5">읽기</td><td rowspan="2">읽기에 흥미 가지기</td><td colspan="2">주변에서 친숙한 글자를 찾아본다.</td><td>주변에서 친숙한 글자를 찾아 읽어본다.</td></tr>
<tr><td colspan="2">읽어주는 글의 내용에 관심을 가진다.</td><td>읽어 주는 글의 내용에 관심을 가지고 읽어 본다.</td></tr>
<tr><td rowspan="3">책 읽기에 관심 가지기</td><td>책에 흥미를 가진다.</td><td colspan="2">책 보는 것을 즐기고 소중하게 다룬다.</td></tr>
<tr><td>책의 그림을 단서로 내용을 추측해 본다.</td><td colspan="2">책의 그림을 단서로 내용을 이해한다.</td></tr>
<tr><td></td><td colspan="2">궁금한 것을 책에서 찾아본다.</td></tr>
<tr><td>쓰기</td><td>쓰기에 관심 가지기</td><td>말을 글로 나타내는 것에 관심을 보인다.</td><td colspan="2">말이나 생각을 글로 나타낼 수 있음을 안다.</td></tr>
</table>

내용 범주	내용	3세	4세	5세
		자기 이름의 글자에 관심을 가진다.	자기 이름을 써 본다.	자신의 이름과 주변의 친숙한 글자를 써 본다.
			자신의 느낌, 생각, 경험을 글자와 비슷한 형태로 표현한다.	자신의 느낌, 생각, 경험을 글자와 비슷한 형태나 글자로 표현한다.
	쓰기 도구 사용하기		쓰기 도구에 관심을 가지고 사용해 본다.	쓰기 도구의 바른 사용법을 알고 사용한다.

(2-1) 의사소통 영역의 관찰의 실제

① 듣기, 말하기 관찰의 예

듣기, 말하기의 활동을 평가하는 방법은 다양하다. 교사는 유아 개인, 또는 전체 학급유아를 대상으로 생활주제중심의 일일계획안 속에서 듣기활동이 어떻게 이루어지는지를 평가할 수 있다.

다음은 생활주제 '가을'에서 동화감상하기 활동을 하는 동안 유아 개인의 듣기와 말하기가 어떻게 성취되고 있는지를 평가하기 위해 일화기록과 평정척도의 방법을 함께 사용하여 관찰 기록한 예이다.

유아명	이민찬	연령	5세	평가일자	20**년 *월 *일
생활주제	세계 여러 나라	동 화	쌀국수 아줌마	활 동 명	동화/동시 활동
평가 내용 및 관점	▶ 듣기 • 동화를 듣고 우리말의 재미를 느끼는가? ▶ 말하기 • 동화에 대한 자신의 느낌, 생각을 적절한 단어와 문장으로 말하는가?				
평가 상황	대집단 활동시간에 동화를 듣고 활동하는 모습을 일화기록하여 평정한다.				
평가 유형	평정척도, 일화기록				

평정척도				
다른 사람의 이야기를 주의 깊게 듣고 이해하며 적절히 반응하는가?				
1	2	3	4	5
교사나 다른 유아의 이야기를 듣지 않는다.	관심 있는 이야기에만 주의를 기울인다.	이야기는 끝까지 듣지만 이해하지 못하는 부분이 있다.	이야기를 이해하면서 주의 깊게 듣는다.	이야기를 이해하고 적극적 반응을 보이며 듣는다.

일화기록

교사는 문학활동 시간에 "어제 시장을 갔는데, 쌀국수집 가게가 생긴 거야. 그곳에는 쌀국수 가게 아주머니가 계셨는데, 선생님께 이 동화책을 건네주면서 너희들과 함께 읽어 보라고 하셨어. 어때 한 번 읽어 볼까?"라고 말한 후, 동화책의 앞면, 책등, 뒷면, 면지 등을 유아들에게 보여주면서 무슨 이야기가 전개될지 상상해 보도록 한다.
민찬이가 손을 들고, "선생님, 진짜에요 진짜?"라고 말한다. 다른 친구들도 "진짜예요?"라고 질문한다. 교사가 "그럼~정말이구말구!"라고 말하자 민찬이는 교사 앞으로 다가가 앉는다. 교사는 동화책을 처음부터 끝까지 들려주고 동화책이 어떤 느낌인지 질문한다. 민찬이는 한동안 아무 말도 하지 않는다. 그러다가 갑자기 "쌀국수 먹어 본 적이 없는데, 선생님 우리 점심을 쌀국수 만들어 먹어 보아요."라고 말한다. 옆에 있던 재훈이가 "야~ 그럼 쌀국수 사러 베트남까지 가야 해."라고 말한다. 민찬이는 "우리도 쌀국수 만들면 되잖아요. 엄마한테 부탁하면 만들 수 있을 거야." 나현이는 "나중에 집에 갈 때 선생님한테 부탁해서 마트에 가자. 마트에 팔지도 몰라?"라고 말한다. 나현이는 민찬이를 보고 웃는다. 교사가 유아들의 대화를 듣고 미소 지으며 민찬이의 제안에 대해 다른 친구들이 어떻게 생각하는지 물어본다. 다른 유아들이 민찬이의 제안에 대해 다양하게 말한다. 민찬이는 벌떡 일어서서 친구들의 다양한 생각을 듣고 활짝 웃으며 자리에 앉는다.

교육과정 관련요소	• 의사소통 : 듣기-동요, 동시, 동화 듣고 이해하기 말하기-느낌, 생각, 경험 말하기
발달적 요약	• 민찬이는 동화가 시작하는 순간부터 끝날 때까지 적극적으로 반응하고 동화를 처음부터 끝까지 흥미롭게 듣는다(사회성발달). • 민찬이는 새로운 이야기에 대한 이해도가 높고 동화를 즐긴다(정서발달). • 친구들의 말을 주의깊게 들을줄 알고 또래와의 상호작용이 활발한 유아이다(언어발달).
교수계획	• 교사는 민찬이에게 쌀국수를 요리하는 방법에 대한 아이디어를 창의적으로 생각할 수 있도록 한다.

다음은 3년 4개월 유아가 언어 영역과 조작 영역에서 활동한 내용을 교사가 서술식 사건표집법을 사용하여 누리과정 관련요소 '의사소통 영역'에 초점을 맞춰서 관찰 기록한 예이다.

〈표 5-1〉 **서술식 사건표집법의 예**

<table>
<tr><td>관찰대상</td><td>김성준</td><td>연 령</td><td>3년 4개월</td><td>성 별</td><td>남</td></tr>
<tr><td>관 찰 자</td><td>김보라</td><td>관 찰 일</td><td>20**년 *월 *일</td><td>관찰장소</td><td>언어 영역/
조작 영역</td></tr>
<tr><td>관찰시간</td><td>09:40~09:55</td><td>교육과정영역</td><td colspan="3">• 의사소통: 말하기-낱말과 문장으로 말하기</td></tr>
<tr><td>시 간</td><td>사 건 전
(Antecedent Event : A)</td><td colspan="2">사 건
(Behavior : B)</td><td colspan="2">사 건 후
(Consequence : C)</td></tr>
<tr><td>09:40
~09:44</td><td>성준이는 조작 영역에서 블록을 조립하다가 도훈이가 등원해서 교실로 들어오자 도훈이를 쳐다보며 따라다닌다.</td><td colspan="2">성준이는 도훈이 가방에 달려있는 카봇인형 열쇠고리에 관심을 보이며 "선생님 이거 뭐예요?" 하고 말하고 도훈이에게도 "이게 뭐야?" 말하여 계속 따라다닌다. 도훈이가 "이거 우리 엄마가 사줬어"라고 말하며 "만지지 마!"라고 말하자 성준이가 "치~ 안놀거야!"라고 말하고 교사에게 "나도 하고 싶어" 하고 계속 칭얼거린다.</td><td colspan="2">교사가 성준이 눈을 바라보며 "도훈이 카봇 인형이 갖고 싶었구나. 그런데 카봇 인형은 도훈이것인데 어떡하면 좋을까? 선생님 생각엔 도훈이에게 "나 만져봐도 돼?"물어보고 만지면 도훈이도 "그래 만져도 돼"라고 말할지 몰라"라고 제안했다. 성준이는 도훈이에게 "만져봐도 돼?"라고 얘기하고 도훈이의 허락을 받고 포옹을 하며 "고마워"라고 말했다.</td></tr>
<tr><td>09:50
~09:55</td><td>성준이는 언어 영역에서 그림책을 보다가 승빈이가 블록쌓기 하는 모습을 쳐다보다가 다가가 "이거 뭐야" 하고 말한다.</td><td colspan="2">성준이는 승빈이가 조립한 카봇 블록을 보며 만져보다가 블록이 망가졌다. 승빈이가 "야~ 너 저리가!" 라고 말하고 손으로 성준이를 밀쳐냈다. 성준이는 "으앙!" 하고 울다가 칭얼거리며 교사에게 "승빈이가 때렸어요"라고 말한다.</td><td colspan="2">"승빈이 블록이 망가졌으니 성준이가 "미안해" 하고 먼저 얘기를 해야 할 것 같아"라고 교사가 말을 하자 승빈이에게 다가가 "미안해" 하며 손으로 등을 쓰다듬어준다.</td></tr>
<tr><td>발 달 적
요 약</td><td colspan="5">• "치~ 안놀거야", "나 만져봐도 돼" 등의 문장을 사용하여 의사소통한다(언어발달).</td></tr>
</table>

	• 친구의 감정을 이해하고 공감하는 능력이 있다(정서발달). • 교사에게 자신의 도움을 요청할 수 있으나 친구에게 도움 요청은 다소 어려움이 있다(사회성발달).
교수계획	• 자신의 감정을 표현하고 친구감정을 공감하는 언어표현을 지도한다. • 친구와 함께 놀이하기 위해 도움을 요청하는 언어표현을 지도한다.

다음은 3세 유아가 자유선택활동을 하는 동안 교사가 빈도 사건표집법을 사용하여 관찰 기록한 예이다.

〈표 5-2〉 **빈도 사건표집법의 예**

관찰대상	강민건	**연 령**	3년 5개월	**성 별**	남
관 찰 자	전명숙	**관 찰 일**	20**년 *월 *일		
관찰시간	자유선택활동	**교육과정영역**	• 의사소통: 말하기-상황에 맞게 바른 태도로 말하기 • 사회관계: 나와 다른 사람의 감정알고 조절하기-나의 감정조절하기		
관찰행동	놀이 중에 나타나는 부적응 행동(놀림, 도중 포기, 던지기, 장난감 뺏기)				
지 침	① 영유아가 아래의 활동 영역에 해당되는 행동을 보였을 때 해당 난에 ∨로 표시한다. ② 영역을 더 줄이거나 늘이거나 관찰하고 싶은 영역을 선택하여 관찰할 수 있다.				
빈도 표집	**영역**	**놀림**	**도중 포기**	**던지기**	**장난감 뺏기**
	쌓기 영역		√		
	역할 영역				√
	언어 영역		√		
	수조작 영역		√		
	과학 영역				√
	미술 영역		√		
	음률 영역				√
발달적 요약	• 언어 영역, 수조작 영역, 미술 영역에서 도중 포기 행동이 주로 나타난다(인지발달). • 쌓기 영역에서 도중 포기 행동이 주로 나타난다(인지발달). • 역할 영역에서 장난감 뺏기 행동이 주로 나타난다(사회정서발달). • 음률, 과학 영역에서 장넌감 뺏기 행동이 주로 나타난다(사회정서발달).				
교수계획	• 쌓기, 언어, 수조작, 미술 영역에서 놀이의 수준을 고려하고, 집중해서 놀이할 수 있도록 지도할 필요가 있다. • 친구의 감정에 관심을 갖도록 한다.				

② 쓰기 관찰의 예

다음은 생활주제 '발견'에서 유아들이 '새봄 뉴스만들기' 활동을 통해 이채은 유아 개인의 쓰기가 어떻게 성취되고 있는지를 관찰 기록한 내용이다. 유아의 관찰 기록을 위해 사용한 평가유형은 평정척도이며 객관적 평가가 이루어졌는지를 다면적으로 평가할 수 있도록 유아의 기록물을 수집하여 관찰 기록한 예이다.

유 아 명	이채은	반(연령)	꽃 내음(만 5세)	평가일자	20**년 *월 *일
생활주제	발견				
평가내용 및 관점	• 새봄에 관한 자신의 느낌, 생각, 경험을 글자와 비슷한 형태나 글자로 표현할 수 있는가?				
평가상황	'새봄 뉴스만들기' 활동자료와 활동과정에 나타난 행동을 관찰하여 평정한다.				
평가유형	**평정척도, 활동자료**				

평정척도

새봄에 관한 자신의 느낌, 생각, 경험을 쓰기 활동으로 표현하는가?

1	2	3	4	(5)
쓰기를 시도하지 않는다.	그림, 긁적거리기, 창의적 글자를 사용하여 자신의 느낌, 생각, 경험을 표현한다.	타인의 도움을 받아 자신의 느낌, 생각, 경험과 관련되는 몇 개의 단어를 쓸 수 있다.	자신의 느낌, 생각, 경험을 간단한 문장으로 표현할 수 있다.	자신의 느낌, 생각, 경험을 완전한 문장으로 연결하여 쓸 수 있다.

활동 자료

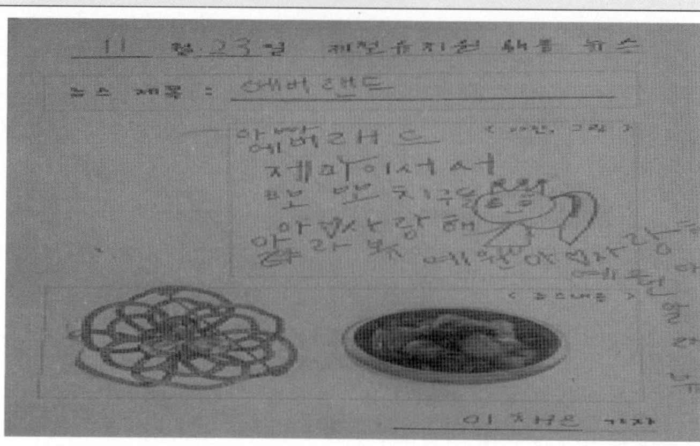

교육과정 관련요소	• 의사소통 : 쓰기 - 쓰기에 관심가지기
발달적 요약	• 자신의 이름과 '사랑해'글자는 능숙하게 쓸 수 있으며, 모르는 단어를 물어보고 교사가 단어를 써주면 보고 따라 쓴다(언어발달). • 자신이 글로 설명하기 어렵거나 부족한 부분은 그림을 통해 내용을 표현하여 전체 이야기를 보완하고자 함으로써 자신의 느낌, 생각, 경험을 나타내고자 노력한다(정서발달).
교수계획	• 채은이에게 하나의 주제에 관해 끝까지 흥미를 잃지 않고 글쓰기활동에 몰입하여 참여할 수 있도록 즐거운 글쓰기활동 내용과 방법을 구상하여 지원할 필요가 있다.

③ 행동발달 목록표를 사용한 의사소통능력 관찰의 예

다음은 만 5세 박이준 유아의 의사소통능력을 관찰 기록한 사례이다. 의사소통능력을 듣기, 말하기, 읽기, 쓰기의 내용범주에 해당하는 유아발달과 관련되는 행동을 유형화하면 다음과 같이 20가지 항목으로 목록화할 수 있다. 교사는 유아행동을 지속적으로 관찰함으로써 개인의 의사소통능력을 객관적으로 이해할 수 있다. 따라서 1달에 2회, 3달에 걸쳐 6회를 관찰하도록 계획하기 위해 다음과 같은 양식을 구상하였다.

〈표 5-3〉 행동발달 목록표를 사용한 의사소통능력 관찰기록

관찰 유아	박이준	생년월일	200*년 **월 **일	성별*	남
관 찰 자	김가람				
관찰 횟수 관찰 날짜	1회		2회		
	20**. 4. 6		20**. 11. 30		
영역	내 용			1회	2회
의사소통	1. 주의깊게 듣는다.				○
	2. 기초적인 낱말과 문장을 듣고 이해한다.			○	○
	3. 분명한 발음으로 말한다.				○
	4. 자신의 의견을 분명히 말한다.				○
	5. 또래와 대화를 할 수 있다.			○	○
	6. 상황에 따라 알맞게 말할 수 있다.				○

<table>
<tr><td rowspan="14">의사소통</td><td>7. 이야기를 듣고 기억해 내어 이야기한다.</td><td></td><td>○</td></tr>
<tr><td>8. 교사가 나타내는 신호나 지시에 따른다.</td><td>○</td><td>○</td></tr>
<tr><td>9. 읽어 준 글을 자기 생각대로 이해하여 순서대로 말한다.</td><td></td><td></td></tr>
<tr><td>10. 글자에 관심을 보인다.</td><td>○</td><td>○</td></tr>
<tr><td>11. 글자의 기초가 되는 모양을 그린다.</td><td>○</td><td>○</td></tr>
<tr><td>12. 자기 이름과 간단한 글자를 읽는다.</td><td>○</td><td>○</td></tr>
<tr><td>13. 어른의 도움없이 혼자 책을 읽는다.</td><td></td><td>○</td></tr>
<tr><td>14. 책 읽기를 즐겨한다.</td><td></td><td></td></tr>
<tr><td>15. 새로 내놓은 책에 관심을 갖는다.</td><td></td><td></td></tr>
<tr><td>16. 자기 이름과 간단한 글자를 쓴다.</td><td>○</td><td>○</td></tr>
<tr><td>17. 어른의 도움없이 혼자 문장을 쓴다.</td><td></td><td></td></tr>
<tr><td>18. 연필을 똑바로 잡을 수 있다.</td><td>○</td><td>○</td></tr>
<tr><td>19. 바르게 앉아서 쓴다.</td><td></td><td>○</td></tr>
<tr><td>20. 창의적으로 이야기를 꾸며 말할 수 있다.</td><td></td><td></td></tr>
<tr><td>발달적 요약</td><td colspan="3">〈1회차 관찰〉
• 글자에 관심을 보이며 자기이름과 간단한 글자를 읽고 쓸 수 있다(언어발달).

〈2회차 관찰〉
• 자신의 의견을 상황에 따라 알맞게 말한다(언어발달).
• 혼자서 책을 읽을 수 있고 바른 태도로 쓰려고 한다(언어발달).</td></tr>
<tr><td>교수계획</td><td colspan="3">〈1회차 관찰〉
• 주의를 기울여 경청하는 태도를 기르고 바른 자세로 책읽기에 관심을 갖도록 동기 유발 시킨다.

〈2회차 관찰〉
• 동화를 듣고 이야기를 창의적으로 상상하고 재구성할 수 있도록 도와준다.
• 새로운 책에 관심을 가질 수 있도록 교사와 함께 책읽기를 시도한다.</td></tr>
</table>

(3) 사회관계 영역의 목표 및 내용

① 목표

자신을 존중하고 다른 사람과 더불어 생활하는 능력과 태도를 기른다.

- 자신을 소중히 여기며 자율성을 기른다.
- 자신과 타인의 감정을 알고, 자신의 감정을 적절하게 표현하고 조절한다.
- 가족과 화목하게 지내며 서로 협력한다.
- 친구, 공동체 구성원들과 서로 돕고, 예의 · 규칙 등 사회적 가치를 알고 지킨다.
- 우리 동네, 우리나라, 다른 나라에 관심을 가진다.

② 내용체계

<table>
<tr><th>내용 범주</th><th>내용</th><th>3세</th><th>4세</th><th>5세</th></tr>
<tr><td rowspan="5">나를 알고 존중하기</td><td rowspan="3">나를 알고, 소중히 여기기</td><td>나에 대해 관심을 갖는다.</td><td colspan="2">나에 대해 알아본다.</td></tr>
<tr><td>나와 다른 사람의 차이에 관심을 갖는다.</td><td>나와 다른 사람의 차이점을 알아본다.</td><td>나와 다른 사람의 신체적, 사회적, 문화적 차이를 존중한다.</td></tr>
<tr><td>나를 소중하게 여긴다.</td><td colspan="2">나에 대해 긍정적으로 생각하고 나를 소중하게 여긴다.</td></tr>
<tr><td rowspan="2">나의 일 스스로 하기</td><td>내가 할 수 있는 일을 알아본다.</td><td>내가 할 수 있는 일을 해 본다.</td><td>내가 할 수 있는 일을 스스로 한다.</td></tr>
<tr><td>내가 하고 싶은 일을 선택해 본다.</td><td colspan="2">하고 싶은 일을 계획하고 해 본다.</td></tr>
<tr><td rowspan="3">나와 다른 사람의 감정 알고 조절하기</td><td rowspan="2">나와 다른 사람의 감정 알고 표현하기</td><td>자신에게 여러 가지 감정이 있음을 안다.</td><td colspan="2">자신의 감정을 알고 표현한다.</td></tr>
<tr><td>다른 사람의 감정에 관심을 갖는다.</td><td>다른 사람의 감정을 안다.</td><td>다른 사람의 감정을 알고 공감한다.</td></tr>
<tr><td>나의 감정 조절하기</td><td colspan="2">자신의 감정을 조절해 본다.</td><td>자신의 감정을 상황에 맞게 조절한다.</td></tr>
</table>

<table>
<tr><th>내용
범주</th><th>내용</th><th>3세</th><th>4세</th><th>5세</th></tr>
<tr><td rowspan="4">가족을
소중히
여기기</td><td rowspan="2">가족과
화목하게
지내기</td><td colspan="2">가족의 소중함을 안다.</td><td>가족의 의미와 소중함을 안다.</td></tr>
<tr><td></td><td></td><td>가족과 화목하게 지낸다.</td></tr>
<tr><td rowspan="2">가족과
협력하기</td><td>가족 구성원을 알아본다.</td><td>가족 구성원의 역할에 대해 알아본다.</td><td>다양한 가족구조에 대해 알아본다.</td></tr>
<tr><td>가족을 위하여 내가 할 수 있는 일을 알아본다.</td><td>가족을 위하여 내가 할 수 있는 일을 알아보고 실천한다.</td><td>가족은 서로 도와야 함을 알고 실천한다.</td></tr>
<tr><td rowspan="9">다른
사람과
더불어
생활
하기</td><td rowspan="2">친구와
사이좋게
지내기</td><td>친구와 함께 놀이한다.</td><td colspan="2">친구와 협동하며 놀이한다.</td></tr>
<tr><td>나와 친구의 의견에 차이가 있음을 안다.</td><td colspan="2">친구와의 갈등을 긍정적인 방법으로 해결한다.</td></tr>
<tr><td rowspan="2">공동체에서
화목하게
지내기</td><td></td><td>도움이 필요할 때 다른 사람과 도움을 주고받는다.</td><td>다른 사람과 도움을 주고받고, 서로 협력한다.</td></tr>
<tr><td colspan="3">교사 및 주변 사람과 화목하게 지낸다.</td></tr>
<tr><td rowspan="5">사회적
가치를
알고
지키기</td><td></td><td colspan="2">정직하게 말하고 행동한다.</td></tr>
<tr><td>다른 사람의 소유물을 존중한다.</td><td>다른 사람의 생각, 행동을 존중한다.</td><td>다른 사람을 배려하여 행동한다.</td></tr>
<tr><td></td><td colspan="2">친구와 어른께 예의 바르게 행동한다.</td></tr>
<tr><td>약속과 규칙을 지켜야 함을 안다.</td><td colspan="2">다른 사람과 한 약속이나 공공규칙을 지킨다.</td></tr>
<tr><td></td><td colspan="2">자연과 자원을 아끼는 습관을 기른다.</td></tr>
<tr><td rowspan="3">사회에
관심
갖기</td><td rowspan="3">지역사회에
관심 갖고
이해하기</td><td>우리 동네의 이름을 안다.</td><td colspan="2">우리 동네에 대해 알아본다.</td></tr>
<tr><td>우리 동네 사람들에 관심을 갖는다.</td><td>우리 동네 사람들이 하는 일에 관심을 갖는다.</td><td>다양한 직업에 관심을 갖는다.</td></tr>
<tr><td></td><td>물건을 살 때 돈이 필요함을 안다.</td><td>일상생활에서 돈의 쓰임에 대해 안다.</td></tr>
</table>

<table>
<tr><th>내용 범주</th><th>내용</th><th>3세</th><th>4세</th><th>5세</th></tr>
<tr><td rowspan="5"></td><td rowspan="3">우리나라에 관심 갖고 이해하기</td><td>우리나라를 상징하는 것에 관심을 가진다.</td><td>우리나라를 상징하는 것을 안다.</td><td>우리나라를 상징하는 것을 알고 예절을 지킨다.</td></tr>
<tr><td colspan="2">우리나라의 전통놀이와 풍습에 관심을 갖는다.</td><td>우리나라의 전통, 역사, 문화에 관심을 갖는다.</td></tr>
<tr><td></td><td colspan="2">우리나라에 대해 자부심을 갖는다.</td></tr>
<tr><td rowspan="2">세계와 여러 문화에 관심 가지기</td><td></td><td>세계 여러 나라에 대해 관심을 갖는다.</td><td>세계 여러 나라에 대해 관심을 갖고, 서로 협력해야 함을 안다.</td></tr>
<tr><td></td><td>다양한 인종과 문화에 관심을 갖는다.</td><td>다양한 인종과 문화를 알아보고 존중한다.</td></tr>
</table>

(3-1) 사회관계 영역 관찰의 실제

① 평정척도 관찰의 예

사회관계 영역의 내용체계는 교수학습 상황에서 수업의 방향과 성격을 규정해 주는 지침이 된다. 사회관계 영역에서의 관찰계획은 교육과정 계획을 하는 것과 마찬가지로 사회관계 영역의 목표와 내용체계에 따라 체계적인 관찰준거를 설정해야 한다.

다음은 3-5세 누리과정 사회관계 영역 내용에 따른 평정척도들을 각 영역별로 3회 정도 관찰한 후 유아의 사회관계 영역 평가해석을 내릴 수 있다.

다음의 평정척도방법으로 유아의 사회영역 행동의 유・무와 나타나는 행동의 질적 특성이 어느 정도인지를 파악할 수 있다.

<table>
<tr><th rowspan="2">구분</th><th>관찰 대상</th><th></th><th>연령</th><th></th><th>성별</th><th></th><th>관찰일</th><th></th><th colspan="3">평정</th><th rowspan="2">메모</th></tr>
<tr><th colspan="3">평가항목</th><th>단계</th><th colspan="5">평정기준</th><th>1회</th><th>2회</th><th>3회</th></tr>
<tr><td rowspan="12">개인 생활</td><td colspan="2" rowspan="6">1. 나에 대해 긍정적으로 생각하기</td><td rowspan="3">나와 다른 사람</td><td>1</td><td colspan="5">나와 다른 사람이 있다는 것을 안다.</td><td>예/아니오</td><td>예/아니오</td><td>예/아니오</td><td></td></tr>
<tr><td>2</td><td colspan="5">나와 다른 사람의 같은 점과 다른 점을 한두 가지 이야기한다.</td><td></td><td></td><td></td><td></td></tr>
<tr><td>3</td><td colspan="5">나와 다른 사람의 같은 점과 다른 점을 구체적인 예를 들어 이야기한다.</td><td></td><td></td><td></td><td></td></tr>
<tr><td rowspan="3">긍정적 자아감</td><td>1</td><td colspan="5">할 수 있는 일이 한 가지 정도 있다.</td><td></td><td></td><td></td><td></td></tr>
<tr><td>2</td><td colspan="5">할 수 있는 일이 두세 가지 정도 있다.</td><td></td><td></td><td></td><td></td></tr>
<tr><td>3</td><td colspan="5">할 수 있는 일을 자신있게 할 수 있다.</td><td></td><td></td><td></td><td></td></tr>
<tr><td colspan="3" rowspan="3">2. 감정과 욕구 조절하기</td><td>1</td><td colspan="5">마음대로 할 수 없는 것이 있다는 것을 안다.</td><td></td><td></td><td></td><td></td></tr>
<tr><td>2</td><td colspan="5">마음대로 할 수 없는 일을 하려고 할 때, 교사가 제한을 가해야만 하지 않는다.</td><td></td><td></td><td></td><td></td></tr>
<tr><td>3</td><td colspan="5">자신의 감정을 조절하여 적절하게 표현한다.</td><td></td><td></td><td></td><td></td></tr>
<tr><td colspan="3" rowspan="3">3. 자기 일을 계획하고 실천하기</td><td>1</td><td colspan="5">계획해 준 일을 실천한다.</td><td></td><td></td><td></td><td></td></tr>
<tr><td>2</td><td colspan="5">하고 싶은 일을 계획하나 끝까지 실천을 하지 못한다.</td><td></td><td></td><td></td><td></td></tr>
<tr><td>3</td><td colspan="5">스스로 하고 싶은 일을 계획하고 실천하고 마무리한다.</td><td></td><td></td><td></td><td></td></tr>
<tr><td rowspan="9">가정 생활</td><td colspan="3" rowspan="3">4. 가족과 화목하게 지내기</td><td>1</td><td colspan="5">가족이 소중한 이유를 잘 알지 못한다.</td><td></td><td></td><td></td><td></td></tr>
<tr><td>2</td><td colspan="5">가족이 소중한 이유를 한두 가지 이야기한다.</td><td></td><td></td><td></td><td></td></tr>
<tr><td>3</td><td colspan="5">가족이 소중함을 알고 화목하게 지낸다.</td><td></td><td></td><td></td><td></td></tr>
<tr><td rowspan="6">5.가족과 협력하기</td><td colspan="2" rowspan="3">가족이해</td><td>1</td><td colspan="5">가족의 구성원에 관심을 갖고 있다.</td><td></td><td></td><td></td><td></td></tr>
<tr><td>2</td><td colspan="5">가족의 구성원을 안다.</td><td></td><td></td><td></td><td></td></tr>
<tr><td>3</td><td colspan="5">다양한 가족구조를 안다.</td><td></td><td></td><td></td><td></td></tr>
<tr><td colspan="2" rowspan="3">할 수 있는 일</td><td>1</td><td colspan="5">집에서 내가 할 수 있는 일이 있음을 안다.</td><td></td><td></td><td></td><td></td></tr>
<tr><td>2</td><td colspan="5">가족을 위해 할 수 있는 일을 안다.</td><td></td><td></td><td></td><td></td></tr>
<tr><td>3</td><td colspan="5">가족을 위해 할 수 있는 일을 알고 실천한다.</td><td></td><td></td><td></td><td></td></tr>
<tr><td>집단</td><td>6.다른</td><td colspan="2">나와 친구</td><td>1</td><td colspan="5">친구와 내가 다르다는 것을 안다.</td><td></td><td></td><td></td><td></td></tr>
</table>

생활	사람을 이해하고 존중하기		2	친구와 내가 다르다는 것을 이해한다.				
			3	친구와 내가 다르다는 것을 알고 존중한다.				
		다른 사람 존중	1	나와 다른 사람의 의견에 차이가 있음을 안다.				
			2	친구의 의견을 존중한다.				
			3	친구와 의견에 차이가 있을 때 서로 의논하여 조정할 수 있다.				
	7. 공공규칙을 이해하고 지키기	공동사용	1	공동으로 사용하는 물건이 있음을 안다.				
			2	공동으로 사용하는 물건을 안다.				
			3	공동으로 사용하는 물건을 알고 소중히 여긴다.				
		규칙이해	1	유치원 내에서 지켜야 할 규칙을 안다.				
			2	공공장소에서 지켜야 할 규칙을 알아보고 지킨다.				
			3	공공장소에서 지켜야 할 규칙을 알고 지키며, 다른 사람에게 가르쳐준다.				
사회현상	8. 다른 사람과 도움을 주고받을 수 있다	도움	1	다른 사람의 도움을 받는다.				
			2	다른 사람과 도움을 주고받는다.				
			3	서로 협력해야 하는 일을 알고 실천한다.				
		나눠쓰기	1	권유하면 물건을 나누어 쓴다.				
			2	물건을 함께 나누어 쓴다.				
			3	물건을 나누어 쓰고 서로 양보한다.				
	9. 주변 지역에 관심가지기	집과 동네파악	1	우리 집의 위치를 안다.				
			2	우리 동네의 이름과 집의 위치를 안다.				
			3	우리 동네의 모습과 특징을 안다.				
		길찾기	1	유치원에 오가는 방법을 안다.				
			2	우리 동네 근처는 혼자 오갈 수 있다.				
			3	다른 여러 지역으로 가는 방법을 안다.				
	10. 직업에 관심가지기		1	우리 가족의 직업에 관심을 갖는다.				
			2	다양한 직업의 종류가 있음을 안다.				
			3	다양한 직업을 알고 소중하며 성의 차이가 없음을 안다.				
	11. 경제생활에 관심가		1	돈을 절약한다.				

	지기	2	모은 돈으로 물건을 살 수 있다.				
		3	필요한 물건을 계획해서 산다.				
	12. 환경보전에 관심가지기	1	쓰레기를 쓰레기통에 버린다.				
		2	정해진 곳에 쓰레기를 분리하여 버린다.				
		3	쓰레기를 줄일 수 있는 방법을 알아보고 실천한다.				
	13. 우리나라의 상징과 전통에 관심가지기	1	태극기, 애국가를 알고 예절을 지킨다.				
		2	우리나라의 명절의 이름을 알고 풍속도 안다.				
		3	우리나라의 전통문화와 관련된 경험을 해보고 친밀감을 가진다.				
	14. 일에 관심가지기	1	북한이 있음을 안다.				
		2	북한에 관심을 가진다.				
		3	북한 사람도 같은 민족이며 통일이 필요함을 안다.				
	15. 세계 여러 나라의 문화에 관심가지기	1	다른 나라 사람과 문화에 관심을 가진다.				
		2	여러 나라의 다양한 문화가 있음을 안다.				
		3	여러 나라의 다양한 문화를 존중할 줄 안다.				
	16. 정보자료에 관심가지기	1	여러 가지 정보자료에 관심을 가진다.				
		2	관심있는 것에 대한 자료를 모아본다.				
		3	필요한 정보를 찾는 방법을 알고 활용할 줄 안다.				
발달적 요약							
교수계획							

② 체크리스트 관찰의 예

'축구' 주제로 프로젝트를 전개되고 있다. 프로젝트 전개 주제중 '우리반의 옐로카드와 레드카드' 활동시 아동이 규칙에 대해 알고 적절하게 적용할 줄 아는지 알아보기 위해 체크리스트 방법을 적용해 보았다.

관찰대상	최민준	연령	5.5세	성별		관찰일	
교육과정영역	사회관계 영역. 다른 사람과 더불어 생활하기 : 공동체에서 화목하게 지내기						
평가상황	축구 프로젝트활동 : 축구경기의 규칙 정하기						
평가유형	작업표본(사진자료, 활동 기록지), 비디오 시청						

	체크리스트	예	아니오	메모
평가내용	1. 문제가 생겼을 때 해결책을 제시할 수 있는가?		V	
	2. 서로 협력해야 하는 일을 알고 실천할 수 있는가?	V		
	3. 관심을 스스로 해결하도록 격려할 수 있는가?	V		
	4. 찬성하는 의견과 반대하는 의견을 가지고 충분히 토의를 진행할 수 있는가?		V	
발달적 요약	축구경기의 규칙을 알아보는 과정에서 옐로카드와 레드카드의 적용방법을 알게 된 민준이는 우리반 옐로카드와 레드카드를 만들어 보자고 제안하고 옐로카드를 언제 사용할지 레드카드를 언제 사용할지 규칙을 정하는데 규칙을 적절하게 적용할 줄 알게 되었다(사회성발달).			
교수계획	협력하고 다른 활동에서도 규칙을 만들고 적용할 줄 알도록 돕는다.			

③ 주제에 따른 사회관계 영역 관찰의 예

일일교육계획안 주제를 전개하면서 활동의 목표를 '다양한 직업의 역할과 특성에 관심을 가진다'로 우리 동네에 있는 여러 기관과 건물들을 보면서 다양한 직업의 종류와 역할에 대해 이야기 나누고 내가 되고 싶은 직업을 선택하여 그림으로 표현해 보는 활동을 전개한 후 게임과 이웃에 대해 알아보는 활동을 전개했다. 주제에 따른 누리과정 관련요소는 〈사회관계-사회에 관심 갖기, 다른 사람과 더불어 생활하기〉를 들 수 있다.

주제전개 과정과 관련된 평가부분을 다음과 같이 기록해 보았다.

'다양한 직업의 역할과 특성에 관심을 가진다' 주제관련 사회관계 영역 평정기준을 항목별로 살펴보면 다음과 같은 내용들이 포함될 수 있다.

〈놀잇감 나누기〉

<table>
<tr><td>관찰대상</td><td></td><td>연 령</td><td></td><td colspan="2">성 별</td><td></td></tr>
<tr><td>관 찰 자</td><td></td><td>관 찰 일</td><td></td><td colspan="2">교육과정영역</td><td>사회관계 영역</td></tr>
<tr><td colspan="4">사회성 발달 평정기준</td><td>예</td><td>아니오</td><td>메모</td></tr>
<tr><td colspan="4">1. 놀이기구나 놀잇감을 다른 유아와 나누어 쓰지 않는다.</td><td></td><td></td><td></td></tr>
<tr><td colspan="4">2. 교사의 요청이 있어야만 나누어 쓴다.</td><td></td><td></td><td></td></tr>
<tr><td colspan="4">3. 교사의 요청이 없이도 가끔은 다른 유아와 나누어 쓴다.</td><td></td><td></td><td></td></tr>
<tr><td colspan="4">4. 교사의 요청이 없이도 다른 유아와 잘 나누어 쓴다.</td><td></td><td></td><td></td></tr>
<tr><td>발달적 요약</td><td colspan="6"></td></tr>
<tr><td>교수계획</td><td colspan="6"></td></tr>
</table>

〈차례지키기〉

<table>
<tr><td>관찰대상</td><td></td><td>연 령</td><td></td><td colspan="2">성 별</td><td></td></tr>
<tr><td>관 찰 자</td><td></td><td>관 찰 일</td><td></td><td colspan="2">교육과정영역</td><td>사회관계 영역</td></tr>
<tr><td colspan="4">사회성 발달 평정기준</td><td>예</td><td>아니오</td><td>메모</td></tr>
<tr><td colspan="4">1. 차례를 지켜야 함을 모른다.</td><td></td><td></td><td></td></tr>
<tr><td colspan="4">2. 차례를 지켜야 하는 것을 알지만, 거의 지키지 못한다.</td><td></td><td></td><td></td></tr>
<tr><td colspan="4">3. 차례를 지키는 편이나, 지키지 못할 때도 있다.</td><td></td><td></td><td></td></tr>
<tr><td colspan="4">4. 자기 차례를 잘 지킨다.</td><td></td><td></td><td></td></tr>
<tr><td>발달적 요약</td><td colspan="6"></td></tr>
<tr><td>교수계획</td><td colspan="6"></td></tr>
</table>

〈이웃과 동네에 대해 알기〉

관찰대상		연 령		성 별		
관 찰 자		관 찰 일		교육과정영역		사회관계
사회성 발달 평정기준				예	아니오	메모
1. 자신이 사는 곳(동네, 아파트 등)을 모른다.						
2. 자신이 사는 곳을 말할 수 있다						
3. 자신이 사는 곳과 이웃 기관(경찰서, 상점 등)을 말할 수 있다.						
4. 이웃 기관의 역할을 말할 수 있다.						
발달적 요약						
교수계획						

④ 사회관계 영역 일화기록 관찰의 예

유아교육기관의 일과 중에 일어나는 사건들 가운데 사회관계 영역을 중심으로 일화기록의 예를 살펴보겠다.

〈일화기록1〉

관찰대상	김민형	연 령	3.8세	성 별	남
관 찰 자		관 찰 일	20**년 *월 *일	관찰장소	실외놀이
관찰시간	16:40~16:50	교육과정영역	• 사회관계: 다른 사람과 더불어 생활하기-친구와 사이좋게 지내기		
시 간	기 록				
기 록	실외 놀이시간에 민형이가 모래놀이 영역에서 소꿉놀이를 하고 있는 4명의 여아들에게 다가간다. 민형이가 그 옆에서 쪼그려 앉아 오른손으로 모래를 판다. 양팔을 쫙 펴서 모래를 모으더니 다시 헤쳐 버린다. 오른손으로 모래를 쥐어 바닥에 뿌리고 다시 오른손으로 모래를 쥔다. 그리고 소꿉놀이를 하고 있는 다른 아이들에게 오른손에 쥔 모래를 뿌린다. 은영이가 "하지마!"라고 말하고 주희, 미진, 복선이는 민형이를 3~4초간 노려본다. 민형이는 여자아이들을 힐끔 보더니 다른 곳으로 가버린다.				
발 달 적 요 약	• 민형이는 놀이 시 자신에게 관심을 가지지 않거나 함께 놀이하지 않으면 다른 친구들을 방해한다(사회성발달).				
교수계획	• 모래를 뿌리는 공격적 행동을 보이므로 이와 같은 행동을 하면 안 되며, 그런 행동 후에는 친구들에게 사과해야 한다는 것을 지도한다. 또한 민형이가 왜 그런 행동을 하게 되었는지 원인을 살펴본다. 만약 민형이가 여자 친구들과 같이 놀이하고 싶은 의도로 그런 행동을 했다면 그럴 때는 어떻게 표현해야 되는지도 살펴보아야 할 것이다.				

〈일화기록2〉

<table>
<tr><td>관찰대상</td><td>한민지</td><td>연 령</td><td>5.2세</td><td>성 별</td><td>여</td></tr>
<tr><td>관 찰 자</td><td></td><td>관 찰 일</td><td>20**년 *월 *일</td><td>관찰장소</td><td>자유선택활동 영역</td></tr>
<tr><td>관찰시간</td><td>09:15~09:30</td><td>교육과정영역</td><td colspan="3">• 사회관계:나를 알고 존중하기-나를 알고 소중히 여기기</td></tr>
<tr><td>시 간</td><td colspan="5">기 록</td></tr>
<tr><td>기 록</td><td colspan="5">교사 : 영미야, 너는 어떤 친구 좋아해?
영미 : 현정이 좋아요.
교사 : 현정이가 왜 좋아?
영미 : 현정이가 예쁘고 또 다른 친구들도 좋아해요.
교사 : 영미는 현정이가 왜 좋아? 현정이 어떤게 좋은거야?
영미 : … 그냥요
교사 : 그럼, 현정이도 영미를 좋아할까?
영미 : 네.
교사 : 왜 좋아한다고 생각하지?
유아 : …
교사 : 영미는 영미를 좋아해?
영미 : 아니요.
교사 : 왜 그렇게 생각하는거지?
영미 : 저는 언니보다 예쁘지도 않고요 뚱뚱해요. 그래서 저는 제가 싫어요.</td></tr>
<tr><td>발 달 적 요 약</td><td colspan="5">• 영미는 자신의 외모와 관련된 부분에 대해 부정적인 생각을 가지고 있으며 무엇이든지 언니와 자주 비교를 한다(정서발달).</td></tr>
<tr><td>교수계획</td><td colspan="5">• 앞으로 활동을 전개할 때 나와 다른 사람의 같은 점과 다른 점이 있다는 것을 알고 자기 자신에 대해 자신감을 키워 주어야 할 것이다.</td></tr>
</table>

〈일화기록3〉

<table>
<tr><td>관찰대상</td><td></td><td>연 령</td><td>4세</td><td>성 별</td><td>여</td></tr>
<tr><td>관 찰 자</td><td></td><td>관 찰 일</td><td>20**년 *월 *일</td><td>관찰장소</td><td>소꿉 영역</td></tr>
<tr><td>관찰시간</td><td>14:00~14:20</td><td>교육과정영역</td><td colspan="3">• 사회관계:나와 다른 사람의 감정 알고 조절하기–나와 다른 사람의 감정 알고 표현하기</td></tr>
<tr><td>시 간</td><td colspan="5">기 록</td></tr>
<tr><td>기 록</td><td colspan="5">소꿉 영역에 있는 쇼파에 Y와 J가 나란히 앉아서 박수를 치고 머리를 좌우로 흔들며 "파란하늘" 동요를 부르고 있다. 미술 영역과 컴퓨터 영역을 돌아다니고 있던 B가 역할 영역에 있는 Y와 J를 한번 쳐다보더니 다가와 쇼파 앞에 앉는다. B는 "나도 노래 같이 할래" 라고 이야기를 했지만 Y와 J는 서로의 얼굴만 쳐다보면서 처음과 같은 행동을 반복하며 여전히 동요를 부르고 있다. B는 아무런 말도 하지 않고 두 아이를 물끄러미 바라보고 있다. 동요를 다 부른 뒤에 J는 Y에게 "Y 우리 이제 어떤 노래하지?" 라고 물어보았고 Y는 오른손의 검지를 머리에 대고 "음.. 어떤 노래를 부르지?"라고 이야기하자 B가 Y를 바라보며 "우리 햄토리 부르자"라며 눈을 동그랗게 뜨고 큰 목소리로 이야기를 한다. Y는 "우리 그거 아까 불렀어"라고 말을 하자 B는 울상을 짓는다. 이때 H가 소꿉 영역으로 뛰어오면서 Y와 J가 함께 앉아있는 쇼파에 같이 앉는다. 갑자기 B는 H가 앉은 곳을 오른쪽 손바닥으로 만지며 "내가 앉을래"라고 울상 지은 얼굴로 이야기한다. 이때 Y가 "H가 먼저 앉았잖아"라고 이야기를 하고, J는 "맞아, 넌 왜 H 자리를 빼앗을 라고 그러냐?"면서 B에게 따지듯이 이야기를 한다. H는 두 아이의 말을 듣고는 "여기 내 자리 맞지?"라며 자신의 자리라는 것을 확인시키며 이야기한다. B가 세 명의 아이를 2회 번갈아 가며 본 후 눈물을 뚝뚝 흘린다. 곧 ○○반 선생님께서 "H 가자. 엄마 오셨다."라고 이야기하자 H는 가방이 있는 곳으로 뛰어간다. 울고 있는 B를 바라 본 Y는 B에게 "자 이제 네가 앉아."라며 힘있게 이야기하자 B는 "왜 매일 나하고 만 안 놀아? J만 좋아하고.."라며 Y에게 말한다. Y는 "넌 매일 아기처럼 울기만 하니까 그렇지"라며 단호하게 이야기한다. B는 "나 아기 아니야."라며 눈물을 두 번 닦는다.</td></tr>
<tr><td>발 달 적 요 약</td><td colspan="5">• B는 혼자 외톨이인 경우가 많다. 다른 친구들에게 다가가면 B와 같이 상대해 주지 않는다. B는 학급에서 비인기 아동으로 교사들 사이에는 평가한다. 또래들과 놀이를 하는 사회적 기술이 부족하고 아기 같은 행동을 하거나 놀이에 끼워주지 않으면 놀잇감을 망가뜨리거나 부수는 등 반사회적인 행동을 한다. 또래와 놀이하는 방법을 몰라 자주 눈물을 흘린다(사회성 발달).</td></tr>
<tr><td>교수계획</td><td colspan="5">• B는 또래집단에 다가가는 기술이 서툴다. 자신의 생각처럼 되지 않으면 자주 눈물을 보이는 등 또래들은 아기와 같다고 여긴다. 자신이 좋아하는 친구가 자기보다 다른 또래를 선택하면 거부당했다고 느끼는 것 같다.
• B는 놀이지속방법과 친구들과 다가가는 방법을 알아가도록 해야할 것이다. 자신의 요구가 거부되었을 때 주장할 수 있는 방법도 알아가야 할 것이다.</td></tr>
</table>

(4) 예술경험 영역의 목표 및 내용

① 목표

아름다움에 관심을 가지고 예술경험을 즐기며, 창의적으로 표현하는 능력을 기른다.

- 자연과 주변 환경에서 발견한 아름다움과 예술적 요소에 관심을 갖고 탐색한다.
- 자신의 생각과 느낌을 음악, 움직임과 춤, 미술, 극놀이를 통해 창의적으로 표현하는 것을 즐긴다.
- 자연과 다양한 예술작품을 감상하며, 풍부한 감성과 심미적 태도를 기른다.

② 내용체계

<table>
<tr><th>내용 범주</th><th>내용</th><th>3세</th><th>4세</th><th>5세</th></tr>
<tr><td rowspan="3">아름다움 찾아보기</td><td>음악적 요소 탐색하기</td><td colspan="2">다양한 소리, 음악의 셈여림, 빠르기, 리듬 등에 관심을 갖는다.</td><td>다양한 소리, 악기 등으로 음악의 셈여림, 빠르기, 리듬 등을 탐색한다.</td></tr>
<tr><td>움직임과 춤 요소 탐색하기</td><td colspan="2">움직임과 춤의 모양, 힘, 빠르기 등에 관심을 갖는다.</td><td>움직임과 춤의 모양, 힘, 빠르기, 흐름 등을 탐색한다.</td></tr>
<tr><td>미술적 요소 탐색하기</td><td colspan="2">자연과 사물의 색, 모양, 질감 등에 관심을 갖는다.</td><td>자연과 사물에서 색, 모양, 질감, 공간 등을 탐색한다.</td></tr>
<tr><td rowspan="5">예술적 표현하기</td><td rowspan="4">음악으로 표현하기</td><td>간단한 노래를 듣고 따라 부른다.</td><td colspan="2">노래로 자신의 생각과 느낌을 표현한다.</td></tr>
<tr><td colspan="3">전래동요를 즐겨 부른다.</td></tr>
<tr><td>리듬악기로 간단한 리듬을 표현해 본다.</td><td colspan="2">리듬악기를 연주해 본다.</td></tr>
<tr><td colspan="2">간단한 리듬과 노래를 즉흥적으로 만들어 본다.</td><td>리듬과 노래 등을 즉흥적으로 만들어 본다.</td></tr>
<tr><td>움직임과 춤으로 표현하기</td><td colspan="2">신체를 이용하여 주변의 움직임을 자유롭게 표현한다.</td><td>신체를 이용하여 주변의 움직임을 다양하게 표현하며 즐긴다.</td></tr>
</table>

<table>
<tr><th>내용 범주</th><th>내용</th><th>3세</th><th>4세</th><th>5세</th></tr>
<tr><td rowspan="9"></td><td rowspan="2"></td><td colspan="3">움직임과 춤으로 자신의 생각과 느낌을 표현한다.</td></tr>
<tr><td colspan="2">도구를 활용하여 다양한 움직임으로 표현한다.</td><td>다양한 도구를 활용하여 창의적으로 움직인다.</td></tr>
<tr><td rowspan="3">미술 활동으로 표현하기</td><td>다양한 미술활동을 경험해 본다.</td><td colspan="2">다양한 미술활동으로 자신의 생각과 느낌을 표현한다.</td></tr>
<tr><td></td><td>협동적인 미술활동에 참여한다.</td><td>협동적인 미술활동에 참여하여 즐긴다.</td></tr>
<tr><td>미술활동에 필요한 재료와 도구에 관심을 가지고 사용한다.</td><td colspan="2">미술활동에 필요한 재료와 도구를 다양하게 사용한다.</td></tr>
<tr><td rowspan="2">극놀이로 표현하기</td><td>일상생활의 경험을 극놀이로 표현한다.</td><td>일상생활의 경험이나 간단한 이야기를 극놀이로 표현한다.</td><td>경험이나 이야기를 극놀이로 표현한다.</td></tr>
<tr><td></td><td colspan="2">소품, 배경, 의상 등을 사용하여 협동적으로 극놀이를 한다.</td></tr>
<tr><td rowspan="2">통합적으로 표현하기</td><td></td><td colspan="2">음악, 움직임과 춤, 미술, 극놀이 등을 통합하여 표현한다.</td></tr>
<tr><td colspan="2">예술활동에 참여하여 표현과정을 즐긴다.</td><td>예술 활동에 참여하여 창의적으로 표현하는 과정을 즐긴다.</td></tr>
<tr><td rowspan="3">예술 감상하기</td><td rowspan="2">다양한 예술 감상하기</td><td>다양한 음악, 춤, 미술작품, 극놀이 등을 듣거나 본다.</td><td colspan="2">다양한 음악, 춤, 미술작품, 극놀이 등을 듣거나 보고 즐긴다.</td></tr>
<tr><td colspan="3">나와 다른 사람의 예술 표현을 소중히 여긴다.</td></tr>
<tr><td>전통예술 감상하기</td><td colspan="2">우리나라의 전통예술에 관심을 갖는다.</td><td>우리나라의 전통예술에 관심을 갖고 친숙해진다.</td></tr>
</table>

(4-1) 예술경험 영역의 관찰의 실제

① 예술적 표현하기 관찰의 예

다음은 사진을 활용한 포트폴리오 기록의 사례이다. 교사는 자연물을 탐색한 후 자연물과 우드락을 활용하여 조형활동을 한 유아들의 작품을 수집하여 포트폴리오 방식으로 기록하였다. 자유선택활동시간 중 조형 영역에서 이루어진 소집단 활동이다.

〈사진 기록을 통한 유아 작품 평가〉

유아의 이름	김주리
날　　짜	○○ 년 ○○ 월 ○○ 일
장소 및 상황	자유선택활동 미술 영역에서 '행성꾸미기' 조형 활동하기
장면 설명	행성 책을 보고 투명 CD에 네임펜이나 매직으로 행성 느낌을 표현한다. 다 그린 뒤 아크릴 물감으로 CD에 색을 더하고, 색깔가루를 뿌리며 심미성을 더한 뒤, 다양한 재료를 이용하여 행성을 꾸민다. 그리고 A4용지에 자신이 만든 행성을 설명한다.

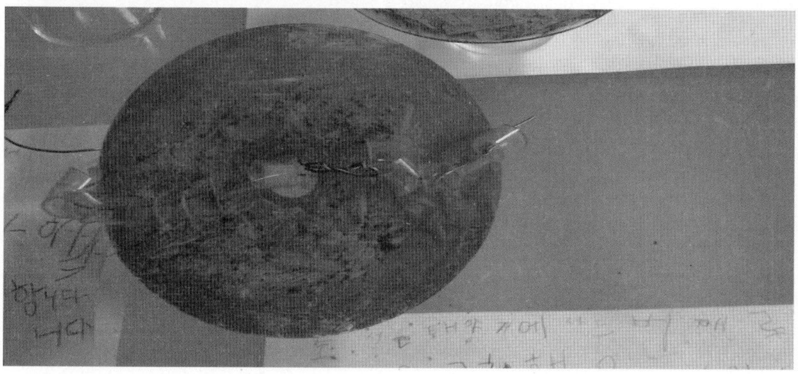

교육과정 관련요소	• 예술경험 : 예술적 표현하기-미술활동으로 표현하기
발달적 요약	• 주리는 책을 보고 행성의 느낌을 사실적이고 있는 그대로 표현할 수 있다(인지발달). • 자신이 관찰한 것을 창의적으로 표현할 수 있다(정서발달).
교수계획	• 다양한 재료를 사용한 행성꾸미기 활동을 통해 유아의 상상력과 창의성을 심화, 확장할 수 있도록 지도한다.

② 포트폴리오를 사용한 예술적 표현하기 관찰의 예

〈포트폴리오를 사용한 예술적 표현하기 관찰의 예〉

유아의 이름	최민영
날 짜	○○ 년 ○○ 월 ○○ 일
장소 및 상황	자유선택활동 미술 영역에서 자연물을 사용하여 '나만의 액자 꾸미기' 조형 활동하기
장면 설명	전 시간에 유아들이 숲에 가서 직접 모은 자연물을 우드락과 접착제를 이용해 액자를 꾸미고 있다.

교육과정 관련요소	• 예술경험 : 예술적 표현하기-미술활동으로 표현하기
발달적 요약	• 민영이는 눈과 손을 협응하여 재료들을 적절히 사용하고 작업에 열중한다(인지발달). • 전체적인 아름다움을 표현하는 능력이 뛰어나다(정서발달). • 활동을 하는 과정에서 조금 남은 재료를 친구에게 양보하지 않아 다투는 모습을 보인다(사회성발달).
교수계획	• 친구들과 주어진 재료를 서로 양보하고 나누어 쓸 때 활동이 더욱 즐겁다는 것을 알게 한다. • 유아들이 자신의 생각을 자유롭게 표현할 수 있도록 충분한 양의 활동재료를 제공한다.

③ 예술감상하기 관찰의 예

다음은 5세반 유아가 김홍도의 「무동」 명화를 감상한 후 수묵화로 표현해 본 사례이다. 본 사례의 행동관찰을 분석, 해석해 보고 그 결과를 유아의 차기 교육계획에 반영시켜 보도록 하자.

유아의 이름	○ ○ ○
날 짜	○○ 년 ○○ 월 ○○ 일
장소 및 상황	명화 감상(김홍도의 「무동」과 그림 감상) 후 수묵화 표현해 보기
장면 설명	김홍도의 「무동」과 그림감상 작품을 감상 후 그림의 느낌, 기법. 그림 속 상황에 대하여 이야기를 나눈다. 그리고 수묵화에 대하여 이야기해 보고 화선지에 자신만의 수묵화를 표현하고 친구들의 수묵화도 감상해 본다.

교육과정 관련요소	• 예술경험 : 예술 감상하기-전통예술 감상하기
발달적 요약	• 자신의 사전경험(수묵화를 보았던 경험)에 대하여 이야기한다(언어발달). • 붓, 먹, 화선지를 사용했던 경험을 이야기하며 사용된 재료에 흥미를 갖는다(정서발달). • 그림 속 사람들의 옷차림, 생김새, 행동을 이해한다(인지발달).
교수계획	• 전통미술재료를 활용할 수 있도록 돕고 전통예술활동을 탐색할 기회를 제공한다.

(5) 자연탐구 영역의 목표 및 내용

① 목표

호기심을 가지고 주변세계를 탐구하며, 일상생활에서 수학적 · 과학적으로 생각하는 능력과 태도를 기른다.

- 주변의 사물과 자연 세계에 대해 알고자 하는 호기심을 가지고 탐구하는 태도를 기른다.
- 생활 속의 여러 상황과 문제를 논리 · 수학적으로 이해하고 해결하기 위한 기초 능력을 기른다.
- 주변의 관심 있는 사물과 생명체 및 자연현상을 탐구하기 위한 기초능력을 기른다.

② 내용체계

내용 범주	내용	3세	4세	5세
탐구하는 태도 기르기	호기심을 유지하고 확장하기	주변 사물과 자연세계에 대해 호기심을 갖는다.	주변 사물과 자연세계에 대해 지속적으로 호기심을 갖는다.	주변 사물과 자연세계에 대해 지속적으로 호기심을 갖고 알고자 한다.
	탐구과정 즐기기	궁금한 점을 알아보는 과정에 흥미를 갖는다.	궁금한 점을 알아보는 탐구과정에 관심을 가지고 참여한다.	궁금한 점을 알아보는 탐구과정에 참여하고 즐긴다.
				탐구과정에서 서로 다른 생각에 관심을 갖는다.
	탐구기술 활용하기		일상생활의 문제를 해결하는 과정에서 탐색, 관찰 등의 방법을 활용해 본다.	일상생활의 문제를 해결하는 과정에서 탐색, 관찰, 비교, 예측 등의 탐구기술을 활용해 본다.
수학적 탐구하기	수와 연산의 기초개념 알아보기	생활 속에서 수에 관심을 갖는다.	생활 속에서 사용되는 수의 여러 가지 의미를 안다.	
		구체물 수량의 많고 적음을 비교한다.	구체물 수량에서 '같다','더 많다','더 적다'의 관계를 안다.	구체물 수향의 부분과 전체 관계를 알아본다.

<table>
<tr><th>내용 범주</th><th>내용</th><th>3세</th><th>4세</th><th>5세</th></tr>
<tr><td rowspan="13"></td><td rowspan="2"></td><td>다섯 개 가량의 구체물을 세어보고 수량에 관심을 갖는다.</td><td>열 개 가량의 구체물을 세어보고 수량을 알아본다.</td><td>스무 개 가량의 구체물을 세어보고 수량을 알아본다.</td></tr>
<tr><td></td><td></td><td>구체물을 가지고 더하고 빼는 경험을 해 본다.</td></tr>
<tr><td rowspan="4">공간과 도형의 기초개념 알아보기</td><td>나를 중심으로 앞, 뒤, 옆, 아래를 알아본다.</td><td colspan="2">위치와 방향을 여러 가지 방법으로 나타내 본다.</td></tr>
<tr><td></td><td></td><td>여러 방향에서 물체를 보고 그 차이점을 비교해 본다.</td></tr>
<tr><td>물체의 모양에 관심을 갖는다.</td><td>기본 도형의 특성을 인식한다.</td><td>기본 도형의 공통점과 차이점을 알아본다.</td></tr>
<tr><td></td><td colspan="2">기본 도형을 사용하여 여러 가지 모양을 구성해 본다.</td></tr>
<tr><td rowspan="2">기초적인 측정하기</td><td>두 물체의 길이, 크기를 비교해 본다.</td><td>일상생활에서 길이, 크기, 무게 등을 비교해 본다.</td><td>일상생활에서 길이, 크기, 무게, 들이 등의 속성을 비교하고 순서를 지어본다.</td></tr>
<tr><td></td><td></td><td>임의 측정 단위를 사용하여 길이, 면적, 들이, 무게 등을 재 본다.</td></tr>
<tr><td rowspan="2">규칙성 이해하기</td><td>생활주변에서 반복되는 규칙성에 관심을 갖는다.</td><td>생활주변에서 반복되는 규칙성을 알아본다.</td><td>생활주변에서 반복되는 규칙성을 알고 다음에 올 것을 예측해 본다.</td></tr>
<tr><td></td><td>반복되는 규칙성을 인식하고 모방한다.</td><td>스스로 규칙성을 만들어 본다.</td></tr>
<tr><td rowspan="3">기초적인 자료 수집과 결과 나타내기</td><td></td><td colspan="2">필요한 정보나 자료를 수집한다.</td></tr>
<tr><td>같은 것끼리 짝을 짓는다.</td><td>한 가지 기준으로 자료를 분류해 본다.</td><td>한 가지 기준으로 분류한 자료를 다른 기준으로 재분류해본다.</td></tr>
<tr><td></td><td></td><td>그림, 사진, 기호나 숫자를 사용해 그래프로 나타내 본다.</td></tr>
</table>

<table>
<tr><th>내용 범주</th><th>내용</th><th>3세</th><th>4세</th><th>5세</th></tr>
<tr><td rowspan="2"></td><td rowspan="2">물체와 물질 알아보기</td><td>친숙한 물체와 물질의 특성에 관심을 갖는다.</td><td>친숙한 물체와 물질의 특성을 알아본다.</td><td>주변의 여러 가지 물체와 물질의 기본 특성을 알아본다.</td></tr>
<tr><td></td><td colspan="2">물체와 물질을 여러 가지 방법으로 변화시켜 본다.</td></tr>
<tr><td rowspan="9">과학적 탐구하기</td><td rowspan="4">생명체와 자연환경 알아보기</td><td colspan="2">나의 출생과 성장에 대해 관심을 갖는다.</td><td>나와 다른 사람의 출생과 성장에 대해 알아본다.</td></tr>
<tr><td>주변의 동식물에 관심을 가진다.</td><td>관심 있는 동식물의 특성을 알아본다.</td><td>관심 있는 동식물의 특성과 성장과정을 알아본다.</td></tr>
<tr><td colspan="3">생명체를 소중히 여기는 마음을 갖는다.</td></tr>
<tr><td></td><td>생명체가 살기 좋은 환경에 대해 관심을 갖는다.</td><td>생명체가 살기 좋은 환경과 녹색환경에 대해 알아본다.</td></tr>
<tr><td rowspan="3">자연현상 알아보기</td><td>돌, 물, 흙 등 자연물에 관심을 갖는다.</td><td colspan="2">돌, 물, 흙 등 자연물의 특성과 변화를 알아본다.</td></tr>
<tr><td></td><td></td><td>낮과 밤, 계절의 변화와 규칙성을 알아본다.</td></tr>
<tr><td>날씨에 관심을 갖는다.</td><td>날씨와 기후변화에 관심을 갖는다.</td><td>날씨와 기후변화 등 자연현상에 대해 관심을 갖는다.</td></tr>
<tr><td rowspan="2">간단한 도구와 기계 활용하기</td><td>생활 속에서 간단한 도구와 기계에 관심을 갖는다.</td><td colspan="2">생활 속에서 간단한 도구와 기계를 활용한다.</td></tr>
<tr><td colspan="2">도구와 기계의 편리함에 관심을 갖는다.</td><td>변화하는 새로운 도구와 기계에 관심을 갖고 장단점을 안다.</td></tr>
</table>

(5-1) 자연탐구 영역 관찰의 실제

① 수학적 탐구관찰의 예

다음은 5세 유아가 칠교조각을 이용하여 모양 만들기 활동을 하는 동안 다양한 도형을 알게 되고 도형을 이용하면 재미있는 모양을 새롭게 만들 수 있게 된다는 것을 습득해 나가는 상황을 관찰한 예이다.

유아의 이름	장준석
날짜	○○ 년 ○○ 월 ○○ 일
장소 및 상황	칠교조각을 이용한 모양만들기
장면 설명	칠교조각 탐색활동을 통해 삼각형, 사각형, 평행사변형의 도형을 익히고, 도형을 이용하여 다양한 도형을 만들어 보는 활동을 한다. 탐색과정에서 도형의 명칭도 익히며, 도형을 이용하여 새로운 도형을 만드는 과정에서 변과 꼭지점의 비율도 익힌다. 탐색활동 후 도형을 이용하여 다양한 창의적 모양 만들기를 한다.  
교육과정 관련요소	• 자연탐구 : 수학적 탐구하기-공간과 도형의 기초개념 형성하기
발달적 요약	• 평형사변형, 지각이등변 삼각형 등의 새로운 도형의 이름을 익힌다(인지발달). • 교사가 제시한 칠교조각 맞추기놀이 후 창의적으로 놀이한다(정서발달).
교수계획	• 도형의 회전과 뒤집기 과정에서 도형의 다양한 변화를 탐색하도록 지도한다.

② 표본식 기록을 사용한 수학적 탐구 관찰의 예

다음은 쌓기 영역에서 자유선택활동을 하고 있는 유아를 표본식 기록으로 관찰한 후 관찰기록 내용을 바탕으로 교사가 해석을 한 내용이다.

유아는 쌓기 영역에서 수학적 탐구활동과 관련되는 놀이를 주로 하고 있음을 관찰할 수 있다. 이러한 유아의 활동은 누리과정 자연탐구 영역 중 수학적 탐구에 해당한다.

〈표본식 기록을 사용한 수학적 탐구 관찰의 예〉

관찰유아	안병찬	연 령	5세
관 찰 자	김가람	관 찰 일	20**년 *월 *일
관찰장면	자유놀이활동	관찰시간	10분
시간	기록		
9:25	쌓기 영역에서 구슬을 가지고 놀고 있는 강현이와 준현이를 10초 정도 바라보다가 준현이에게 "우리집에는 더 많다! 나는 일곱 개나 있다!"라고 말한다. 그리고 뒤돌아서서 바닥에 있는 나무블록 위에 올라서서 앞뒤로 움직이다가 잠시 오른쪽으로 휘청거리며 "아우 씨!"라고 혼잣말을 한다.		
9:30	민건이가 병찬이에게 "병찬이가 오래!"라고 말하자 병찬이가 민건이를 보며 일어선다. 민건이가 앞장서서 선생님께 가자 병찬이가 따라간다. 선생님이 "병찬아 왜 민건이한테 침을 뱉어요? 친구가 너한테 침 뱉으면 기분이 좋을까?"라고 말하자 "아니요."라고 대답한다. 선생님이 민건이에게 사과하라고 말하자 병찬이가 민건이에게 다가가 왼손을 들고 어깨를 짚으며 "미안해."라고 말한 뒤 쌓기 영역으로 돌아간다. 강현이가 가지고 있는 구슬 통을 바라보다가 구슬 통을 가져가며 "내가 지켜 줄게!"라고 말한 뒤 옆에 쌓여 있던 통나무 위에 구슬 통을 뒤집어 놓는다. 그리고 옆에 앉아 있던 기범이의 카프라를 보며 "이거 안에 넣어!"라고 말한다. 그리고나서 바닥 주변을 두리번거리다가 "여기 하나 있어."라고 말하며 구슬을 주워 기범이에게 준다. 그리고 실습생을 보더니 "아우, 더워."라고 혼잣말을 한 뒤 블록 위에 올라간다. 기범이가 "내가 갖고 놀은 거야!"라고 강현이에게 말하자 강현이가 "야, 이거 내 거야!"라고 말하며 싸우려고 하자 병찬이가 "그렇게 하면 안 돼!" 하며 기범이와 강현이를 떼어 놓는다. 병찬이가 "이건 내 거야! 내가 갖고 있었어!"라고 하며 노란구슬을 블록에 올리다가 떨어뜨린다. 옆에 앉아서 카프라를 가지고 놀던 이준이가 떨어진 구슬을 주우며 "이거 누가 갖고 있었어?"라고 말하자 병찬이가 "저요!"라고 하며 구슬을 받아서 원통형 관 안에 집어넣는다. 옆에 있던 기범이가 많은 구슬을 가지고 일어나자 "좋겠다, 나 또 가졌으면 좋겠다."라고 말한다.		

9:34	병찬이가 일어나서 메시지 영역으로 이동한다. 색종이를 집어들다가 눈알 모양 스티커를 보고 성원이에게 "여기 눈 하나 있다!"라고 하고 다른 곳으로 이동하다가 앞에 있던 민건이에게 "나 이거 저기서 찾았다!"라고 말하며 오른손으로 메시지 영역을 가리킨다.
교육과정 관련요소	• 자연탐구 : 수학적 탐구하기-수와 연산의 기초개념 알아보기
발달적 요약	• 친구들과 놀이를 잘 하는 것 같지만, 친구와 타협하여 놀기보다 자기중심적인 경향이 있다(사회성발달). • 친구의 허락을 받지 않고 놀잇감을 말도 없이 가지고 가는 것으로 보아 친구의 기분보다 자신의 놀이에 더 관심을 두고 집중하는 것 같다(사회정서발달). • 다양한 방법으로 구슬굴리기를 할 수 있다(인지발달). • 숫자 7까지 셀 수 있다(인지발달).
교수계획	• 입장을 바꾸어 친구의 기분을 생각해 보고 친구들과 놀잇감을 함께 가지고 놀 수 있도록 지도한다. • 친구들의 말에 주의를 기울이고 잘 들어줄 수 있도록 지도한다.

③ 과학적 탐구 관찰의 예

다음은 5세 유아가 빨대와 PET병을 이용하여 분수만들기 활동을 관찰한 예이다.

유아의 이름	최환희
날짜	○○ 년 ○○ 월 ○○ 일
장소 및 상황	빨대와 PET병을 이용한 분수만들기
장면 설명	과학실험 시간 주변에서 흔히 볼 수 있는 PET병과 빨대를 가지고 분수를 만들어 보는 실험을 통해 공기의 힘으로 물을 뿜는 분수에 대해 알아볼 수 있다. 이 과정에서 분수에 대한 이야기 경험 나누기와 간단한 몇 가지 재료를 이용하여 분수를 만들 때 필요한 준비물을 탐색해 보는 과정을 가졌다. 재료 탐색 과정 후 주어진 재료를 활용하여 분수를 만들 수 있는 방법에 대하여 생각해 보고, 약간의 힌트를 유아들에게 제시하기도 하였다. 탐색과 실험이 계속되는 과정에서 공기에 대해 알게 되고 간단한 PET병 분수를 만들 수 있었다.   
교육과정 관련요소	• 자연탐구 :과학적 탐구하기-물체와 물질 알아보기
발달적 요약	• 분수에 대한 생각, 느낌, 경험을 이야기 할 수 있다(언어발달). • PET병과 빨대를 이용한 바람불기놀이를 하면서 자연스럽게 공기의 힘을 이용한 분수의 원리를 이해한다(인지발달). • PET병 실험을 하면서 공기의 힘에 따라 물이 앞으로 뻗어나가는 정도에 차이가 있음을 안다(인지발달).
교수계획	• 자연현상관찰을 돕는 작업활동을 위한 다양한 자료를 제공한다. • 유아들이 관찰한 결과와 아이디어를 함께 나눌 수 있는 기회를 제공한다.

④ 유아교사 상호작용 중심의 관찰의 예

▸ **수학적 탐구 : 규칙성 이해하기**

유아의 내재적 동기에 의해 발생하는 자발적이고 과정지향적인 놀이는 그 자체가 나름의 규칙을 내포하고 있다. 다음은 유아들이 바깥놀이 동안 '나뭇잎'이라는 놀이자료 자체에서 스스로 규칙성을 발견해나가는 과정을 유아-교사 간 상호작용, 유아-유아 간 상호작용에 초점을 맞춰 관찰기록한 후 기록 결과를 해석하고 분석한 것이다.

활동명	나뭇잎에서 규칙 발견하여 놀이
관찰일시	관찰기록
20**. 9. 14	나무에 매달린 나뭇잎은 그 자체가 일정한 모양과 규칙, 특성을 가지고 있다. 유아들은 자연스럽게 그 규칙을 발견하고 그 것을 이용하여 다양한 놀이를 전개해 간다. (실외놀이시간에 텃밭 관찰 및 스프레이로 식물에 물주기 놀이를 하면서.) 다해 : 선생님! 여기 잎들은 순서가 있어요. 교사 : 어디 보자. 어떤 순서가 있어? 다해 : (허브 잎이 어긋나게 달려 있는 것을 손가락으로 가리키며) 여기 하나 있으면 여기 하나, 저기 하나, 이렇게 이렇게 났어요. (나뭇잎을 이리저리 살펴 보면서 탐구한다.)
교육과정 관련요소	자연탐구 : 수학적 탐구-규칙성 이해하기
발달적 요약	• 사물을 주의집중하여 관찰할 수 있으며 호기심을 가진다(인지발달).
교수계획	• 다양한 나뭇잎을 제공하여 더 많은 규칙성을 발견할 수 있도록 돕는다.

⑤ 누리과정에 기초한 과학적 탐구하기; 사진기록을 통한 관찰의 예

활동명	나뭇가지 쓰러뜨리기
관찰일시	**관찰기록**
20**. 9. 14	- 두 명의 유아들이 모래성을 쌓은 후 나뭇가지를 꽂아놓은 후, "모래성을 튼튼하게 쌓았어"라고 말한다.  - 한 명의 유아가 "우리 나뭇가지를 쓰러뜨리지 않고 모래를 차례 차례 가져가자. 모래를 가지고 갈 때 나뭇가지를 쓰러뜨리는 사람이 지는거야"라고 말하고 유아들은 순서대로 놀이를 시작한다.  
교육과정 관련요소	자연탐구 : 수학적 탐구-규칙성 이해하기
발달적 요약	• 자연물을 이용한 놀이를 하며 재료의 특성을 이해한다(인지발달). • 놀이규칙을 정하여 놀이한다(사회성발달).
교수계획	• 다양한 나뭇가지를 수집하여 재료의 특성에 맞는 놀이방법을 찾아보도록 한다.

참/고/문/헌

고문숙, 임영심(2011). 영유아 놀이지도. 서울: 양서원.

교육과학기술부, 보건복지부(2013). 0~5세 보육과정 교사용 지침서. 서울: 교육과학기술부, 보건복지부.

권미희(2006). 유아음악교육에서의 포트폴리오 평가 활용방안 연구. 단국대학교 교육대학원 석사학위청구논문.

김미경(2014). 만2세 영아의 사회성 발달을 위한 지속가능발전 교육 프로그램 개발 및 효과. 강남대학교 박사학위논문.

김병선, 이윤옥(1998). 아동연구방법, 서울: 양서원.

김선진(2013). 운동발달의 이해. 서울: 서울대학교 출판부.

김정환(2005). 수행평가의 적용방안/새로운 대안. 국립특수교육원 직무연수, 14, 171-181.

김지은(2008). 아동관찰 및 행동연구. 서울: 학현사.

김지은, 김진숙(2006). 유아 관찰 및 평가. 서울: 양서원.

김진규, 윤길근(2003). 아동연구방법. 서울: 동문사.

김택호(2008). 아동상담. 서울: 시그마프레스.

박성연역(1991). 인간발달Ⅰ. 서울: 교육과학사.

박영충(1997). 포트폴리오의 유아교육 현장 적용 효과. 숙명여자대학교 대학원 박사학위청구논문.

박은혜, 김은심, 김난실, 곽아정, 최혜진, 이혜경(2010). 유치원 교사를 위한 교직실무. 서울: 창지사.

배예경(2008). 포트폴리오 평가 수행에서 나타난 교사의 경험. 한국 교원대학교 대학원 석사학위청구논문.

서동미, 이옥임, 박지선, 조재은(2010). 영아 교육 프로그램 개발 및 평가. 서울: 정민사.

송명자(1996). 발달심리학. 서울: 학지사.

이숙재, 김경란, 이방실(2015). 영유아미술교육. 서울: 창지사.

이순형, 이혜승, 권혜진, 이영미, 정윤주, 한유진, 성미영, 권기남, 김정민(2008). 아동관찰 및 행동연구. 서울: 학지사.

이순형, 이혜승, 권혜진, 이영미, 정윤주, 한유진, 성미영, 권기남, 김정민(2014). 아동관찰 및 행동연구. 서울: 학지사.

이영자, 이종숙, 신은수, 곽향림, 이정욱(2001). 교사평정용 영아발달 평가도구. 아동학회지, 22(2), 255-275.

이윤옥(2009). 영유아행동 관찰 연구. 서울: 신정.

이은해(1995). 아동발달의 평가와 측정. 경기: 교문사.

이은해(1997). 아동연구방법. 서울: 교문사.

이정환, 박은혜(1995). 교사들을 위한 유아관찰 워크북. 서울: 한국어린이육영회.

장휘숙, 한건환(2005). 아동연구방법. 서울: 창지사.

전경원(2001). 유아의 심리와 측정. 서울: 양지.

전남련, 권경미, 김덕인, 이미순(2005). 유아교육 현장 적용을 위한 유아관찰평가의 이론과 실제. 서울: 양서원.

전남련, 황연옥, 이혜배, 강은숙, 권경미(2009). 아동관찰 및 행동연구. 서울: 양서원.

정옥분(2006). 아동발달의 이해. 서울: 학지사.

정혜영(2001). 포트폴리오 평가가 유아의 인지 · 정의적 발달 및 부모의 자녀평가에 미치는 영향. 부산대학교 대학원 박사학위청구논문.

홍순정(1993). 아동연구. 한국방송통신대학 출판부.

황선미(2001). 유아어머니 지각을 통한 자녀의 영아기 반사행동 연구. 동아대학교 대학원 교육 대학원 석사학위청구논문.

황해익(2009). 유아교육평가의 이해. 서울: 정민사.

황해익, 송연숙, 정혜영(2003). 유치원교육과정에 따른 유아행동 관찰법. 서울: 정민사.

황해익, 송연숙, 정혜영(2008). 2007 개정 유치원 교육과정에 따른 유아행동관찰법. 서울: 창지사.

황해익, 송연숙, 정혜영(2011). 2007년 개정유치원 교육과정에 따른 유아 행동 관찰법. 서울: 창지사

황해익, 임재택(2000). 영유아 관찰 및 평가. 서울: 양서원.

황해익, 최혜진, 정혜영, 권유선(2015). 아동관찰 및 행동연구. 경기: 공동체.

Arrington, R(1943). Time sampling in studies of social behavior: A critical review of techniques and result with research suggestions. *Psychological Bulletin*, 40, 81-124.

Arter, J. A(1990). *Using portfolios in instruction and assessment*. Eric Document Reproduction Service NO. ED 328 586.

Barton & Collins(1997). *Portfolio Assessment : A Handbook for Educators*. California : Innovative Learning Publications.

Bell, D. R. & Low, R. M(1977). *Observing and recording children's behavior*. Richland, WA: Performance Associates.

Billman, J., & Sheman, J. A(1996). *Observation and participation in early childhood settings. Boston*: Allyn & Bacon.

Clay, M.(1993). *Au obser vation survey of eanly literacg achievement*. Portsmouth, NH: Heinemann.

Hart, D.(1994). *Authentic Assessment : A Handbook for educator*. Cal: Addision- Wesley Publishing Co.

McAfee, O. & Leong, D(2007). *Assessing and guiding young children's development and learning*. Pearson

Education Inc.

McMillan, J. H.(1997). *Classroom assessment : Principles and practice for effective instruction.* Boston, MA: Allyn and Bacon.

Meisels, S. J., & Steele, D.(1991). *The early childhood portfolio collection process.* Center for Human Growth and Development. Ann Arbor, MI: University of Michigan.

Oosterhof, A.(1994). *Classroom application of educational measurement*(2nd ed.). NY:Maxwell Macmillan.

Shaffer, D. R.(1993). *Development Psychology: Childhood and Adolescence*(3rd ed). California: Books/Cole.

Shaklee, B. D., Barbour, N. E., Ambross, R., & Hansford, S. J.(1997). *Designing and using portfolios.* Boston: Allyn & Bacon.

Shores, E. F., & Grace, C.(1998). *The portfolio book.* Beltsville, MD: Gryphon House, Inc.

Wortham(2008). *Mesurement and evaluation in early childhodd education*(4nd ed.). NJ: prentice-Hall.

Wortham, S. C.(2006). *Early Childhood curriculum* : Developmental bases for leerring and teaching(4th ed.). Upper Saddle river, NJ: Merill/Prentice Hall.

Worthen, B. R.(1993). Critical issues that determine the future of alternative assessment. *Phi Delta Kappan, Feburary*, 444-456.

찾/아/보/기

[인 명]

Arrington ········ 50
Axline ········ 15
Barton ········ 65, 66
Bell ········ 45
Binet ········ 11
Collins ········ 65, 66
Grace ········ 69, 70
Hart ········ 66, 67
Low ········ 45
McMillan ········ 69
Meisels ········ 66, 67
Oosterhof ········ 65, 66
Shores ········ 69, 70
Steele ········ 66, 67
Simon ········ 11
Wortham ········ 69, 70
Wright ········ 14, 15
게젤 ········ 11
다윈 ········ 9
코메니우스 ········ 8
티데만 ········ 8
페스탈로치 ········ 8
프레리 ········ 9
프로이드 ········ 11
홀 ········ 10, 11
황해익 ········ 66, 67

[내 용]

ㄱ

가시적인 외현적 행동 ········ 53
가정통신문 ········ 75
간단한 이야기 ········ 59
개별면담 ········ 129, 130, 134
개별화 수업 ········ 66
개인 포트폴리오 ········ 70
개인면담 ········ 126
개인적 기록물 ········ 132
개인적 동기 ········ 29
개인적 변인 ········ 112
개체 기술적인 목적 ········ 15
객관성 ········ 39, 47
객관적 관찰 기록 ········ 31, 33
객관적 서술 ········ 29
객관적인 관찰 ········ 21
객관적인 기록 ········ 33, 43
객관적인 사실 ········ 39
객관적인 해석 ········ 43
걸음마 반사 ········ 93
검사결과 ········ 23
게임활동 ········ 35
결과활용 ········ 30
결과활용단계 ········ 30
계열성 ········ 53, 55
계획 ········ 30
계획 및 실행 ········ 118
공간적 차원의 대표성 ········ 27
공인 타당도 ········ 23
과대 일반화 현상 ········ 20
과대한 일반화 ········ 18
과학적 탐구 관찰의 예 ········ 222
관련성 ········ 23
관찰 ········ 12, 30
관찰 계획 ········ 27
관찰 기록 ········ 29, 33, 73
관찰 기록하기 ········ 82
관찰 동의서 ········ 24
관찰 및 평가 ········ 118
관찰 일기 ········ 10
관찰 전 활동 ········ 27, 30
관찰 활동 ········ 27
관찰 후 활동 ········ 27, 30
관찰결과 ········ 17, 27
관찰계획 ········ 27
관찰기록지 ········ 47

관찰기법 ··· 82
관찰대상 ··· 31, 40
관찰도구 ··· 19
관찰된 행동 ··· 52
관찰시간 ··· 19, 52
관찰연구 ··· 24
관찰의 목적 ··· 27
관찰자 간 신뢰도 ··· 21, 22
관찰자 내 신뢰도 ··· 21
관찰자 신뢰도 ··· 19
관찰자 해석 ··· 19
관찰자의 기대 ··· 17
관찰자의 영향 ··· 21
관찰자의 주관 ··· 29, 51
관찰자의 추론 ··· 32
관찰자의 추측 ··· 31
관찰장면 ··· 25, 28, 39, 43, 57
관찰장면(setting) 선정 ··· 28
관찰지침 ··· 40
관찰행동 ··· 43
관찰행동의 표집 ··· 27
관찰현장 ··· 29
관찰활동 ··· 30
교사 포트폴리오 ··· 65
교사용 조언기록지 ··· 85
교사의 전문성 ··· 17
교수-학습방법 ··· 13
교육계획안 평가 ··· 111
교육과정 ··· 33
교육과정 평가결과 활용 ··· 123
교육과정계획안 ··· 112
교육과정을 평가 ··· 108
구성방향 및 구성체계 ··· 142
구인 타당도 ··· 23
구조화 정도 ··· 127
구조화면담 ··· 126, 127
귀가 ··· 117
규정 설정하기 ··· 74
규준발견적인 목적 ··· 15
근원(proximodistal) 발달 원칙 ··· 90
근원반사 ··· 92
근접의 오류 ··· 58
긁적거리기 ··· 59
기계에 의한 기록 ··· 28
기록 ··· 30, 69
기록 단계 ··· 29
기록 포트폴리오 ··· 71
기록방법 ··· 19, 45
기록시간 ··· 52
기록용지 ··· 19
기본생활 ··· 143
기본생활 영역 관찰의 실제 ··· 145
기본적인 생활습관 ··· 77
기술 평정척도법 ··· 58
기준의 오류 ··· 57
기호식 기록방법 ··· 39, 46
기호식 방법 ··· 50

ㄴ

난이도 ··· 55
날짜 ··· 72
내용 타당도 ··· 22
내용목차 ··· 72
내용목차 작성하기 ··· 78
녹음 ··· 75
녹화기술 ··· 75
논리의 오류 ··· 58
누리과정에 기초한 과학적 탐구하기; 사진기록을 통한 관찰의 예 ··· 224
누리과정의 생활주제 ··· 124
눈깜빡거리기 반사 ··· 92

ㄷ

다양한 문장 ··· 59
단위교육활동 ··· 124
단위활동계획안 ··· 121
단위활동평가 ··· 112
단편적 ··· 65
단편적인 일화 ··· 33
대 · 소집단 활동 ··· 117
대비의 오류 ··· 58
대집단활동 ··· 120
대표성 ··· 19
도식 평정척도 ··· 61

동적 활동 ······ 117
동화 듣기 시간 ······ 34
두미(cephalocaudal) 발달 원칙 ······ 90
등원 ······ 117, 118
딥스 ······ 15
또래용 조언기록지 ······ 84

ㅁ

만 1세 영아의 일화기록 ······ 176
만 2세 영아의 일화기록 ······ 176
면담 평가하기 ······ 135
면담상황 ······ 127
면담의 계획 ······ 127
면담의 대상 ······ 128
면담의 목적 ······ 128
면담의 주제와 목적 ······ 137
면담일정 ······ 130
면담자료 준비 ······ 131, 138
면담장소 ······ 134
면접 자료 ······ 76
모로반사 ······ 93
몰입하지 않는 행동 ······ 52
문제행동 ······ 41

ㅂ

바깥놀이 ······ 120
바깥놀이활동 ······ 117
바빈스키반사 ······ 93
반구조화면담 ······ 126, 127
반사운동 ······ 92
반성자료 ······ 83
반성적 사고 ······ 68
발달과업 ······ 92, 94
발달과정 ······ 41
발달에는 개인차 ······ 91
발달의 속도 ······ 91
발달이론 ······ 29
발달패턴 ······ 91
발생빈도 ······ 52
배경 정보 ······ 76
배타성 ······ 54
범주의 상호 배타성 ······ 47
범주화 ······ 27
보관함 준비하기 ······ 77
복잡성 ······ 55
부모교육 모임 ······ 75
부모면담 ······ 125, 126
부모면담의 유형 ······ 126
부모용 조언기록지 ······ 84
부적응 행동 ······ 49
부호체계 ······ 19, 50, 52
부호화 ······ 51
브레인스토밍 ······ 110
비교나 순서짓기 ······ 77
비구조화면담 ······ 126, 127
비놀이 활동 ······ 52
비밀보장 ······ 23
비참여관찰(non-participant observation) ······ 26
비형식적 평가방법 ······ 12
비형식적인 수행평가 ······ 65
빈도 사건표집법 ······ 45, 46, 47, 49
빈도 사건표집법의 예 ······ 196
빈도 표집 ······ 49

ㅅ

사건(Behavior : B) ······ 48
사건의 원인 ······ 29
사건의 전후관계 ······ 39
사건 전(Antecedent Event : A) ······ 48
사건표집 ······ 19
사건표집법 ······ 44, 45, 46, 47, 48
사건표집법의 정의 ······ 44
사건 후(Consequence : C) ······ 48
사전 동의 ······ 23
사진 기록을 통한 유아 작품 평가 ······ 213
사진 포트폴리오 양식 ······ 81
사회관계 ······ 161
사회관계 영역 관찰의 실제 ······ 163, 202
사회관계 영역 일화기록 관찰의 예 ······ 208
사회성 발달 ······ 68
사회성발달 평정척도 ······ 165
사회적 놀이 ······ 52
산출방법 ······ 22

삼키기 반사 ········ 92
상징놀이 ········ 41
상호 신뢰감 ········ 130
상호작용 ········ 41
색깔의 패턴과 규칙성 ········ 106
생존반사 ········ 92
생활주제 ········ 109
서술식 기록 ········ 46, 57
서술식 기록방법 ········ 50, 57
서술식 방법 ········ 38
서술식 사건기록법 ········ 46
서술식 사건표집법 ········ 45, 48
서술식 사건표집법의 예 ········ 186, 187, 195
서술형 ········ 28
세분화 ········ 91
소주제 ········ 124
소집단활동 ········ 120
소집단-대집단활동 ········ 111
손 유희 ········ 35
쇼케이스 포트폴리오 ········ 71
수시면담 ········ 126, 127
수영반사 ········ 93
수학적 탐구 : 규칙성 이해하기 ········ 223
수학적 탐구관찰의 예 ········ 219
순차성 ········ 41
숫자 평정척도법 ········ 60
스탠퍼드-비네 지능검사 ········ 11
시각적인 관찰 ········ 29
시간 간격 ········ 52
시간에 따른 다양한 작업표본 수집하기 ········ 80
시간적 차원의 연속성 ········ 27
시간표집 ········ 19
시간표집법 ········ 50, 51, 52
시간표집법의 정의 ········ 50
식사 전 손씻기 ········ 119
신뢰도 ········ 13, 19, 21, 69
신체발달 ········ 41
신체운동 ········ 149
신체운동 ·건강 영역 평정척도의 예 ········ 182
신체운동 · 건강 영역 관찰의 실제 ········ 181
신체운동 · 건강 영역 평가의 예 ········ 185
신체표현을 통한 평정척도 평가방법의 예 ········ 189
신체활동 체크리스트 평가방법의 예 ········ 190
신체활동에 참여하기 ········ 151, 155
실내자유선택활동 ········ 118
실내활동 ········ 117
실내-실외활동 ········ 111
실외 자유놀이활동 ········ 119
실외에서 대근육 활동 ········ 119
실행가능성 ········ 19
심리적 특수성 ········ 21
심신상해 문제 ········ 24
쓰기 관찰의 예 ········ 197

ㅇ

아동관찰 ········ 10
아동관찰 연구 ········ 8
아동연구 ········ 10
아동연구 운동 ········ 11
안내문 보내기 ········ 137
안정적 ········ 21
약호형 ········ 28
양적인 정보 ········ 47
언어발달 ········ 41
연계성 있는 교육 ········ 67
연구 참여 ········ 23
연속기록 ········ 41
연합놀이 ········ 52, 53
영아 발달평가표 ········ 153
영아발달표 ········ 11
영역별 행동목록 ········ 53
영유아 발달 ········ 90
예상 목록 ········ 78
예상교육계획 ········ 123
예술감상하기 관찰의 예 ········ 215
예술경험 ········ 167, 173
예술경험 영역의 관찰의 실제 ········ 213
예술적 표현하기 ········ 171, 173
예언 타당도 ········ 23
예측 ········ 31
오후 자유선택활동 ········ 117
외적 준거 ········ 23
외현적 행동 ········ 54
용어의 객관성 ········ 21
워크숍 ········ 75

원시반사 ········· 92, 93
월간교육계획안 ········· 112
유목화 ········· 110
유사관찰(analogue observation) ········· 26
유아 ········· 102
유아 포트폴리오 ········· 65
유아 포트폴리오 자료의 영역별 항목 ········· 77
유아 포트폴리오에 넣은 작품 ········· 74
유아관찰일지 ········· 120
유아교사 상호작용 중심의 관찰의 예 ········· 223
유아교육기관 적응 평가내용 ········· 164
유아의 작업표본 ········· 71
유아의 활동 계획표 ········· 76
유아중심의 활동-교사중심의 활동 ········· 111
유아평가 영역 ········· 124
윤리적인 문제 ········· 23
의도성 ········· 65
의사소통 ········· 156
의사소통 영역 ········· 160
의사소통 영역 관찰의 실제 ········· 158
이론적 통합성 ········· 21
이론적으로 체계화하려는 목적 ········· 15
이야기 나누기 시간 ········· 34
이혼가정 ········· 128
인상의 오류 ········· 58
인수 포트폴리오 ········· 70, 87
인용부호 ········· 40, 43
인지발달 ········· 41
일관성 ········· 43
일관적 ········· 21
일방경 ········· 17, 26
일상적 활동 ········· 117
일일교육계획안 ········· 117
일일평가 ········· 120
일정한 방향 ········· 90
일정한 순서 ········· 90
일화 ········· 43
일화기록 ········· 41, 43, 44, 73, 145, 155
일화기록법 ········· 170, 173
일화기록의 예 ········· 176, 177
일화기록의 장단점 ········· 42
일회성 ········· 65
일회적인 기록 ········· 33
읽기 활동 ········· 59

ㅈ

자기 평가 ········· 72
자연적 관찰 ········· 25
자연탐구 ········· 173
자연탐구 영역 관찰의 실제 ········· 175, 219
자유선택활동 ········· 117, 118
작업 포트폴리오 ········· 71
작업표본 ········· 72, 76
잡기반사 ········· 93
장기성 ········· 65
전국아동연구협회 ········· 10
전시 ········· 69
점심 및 낮잠 ········· 117
정기면담 ········· 126, 127
정리정돈 ········· 117
정서발달 ········· 68
정적 활동 ········· 117
정적-동적활동 ········· 111
조언 ········· 73
조언자료 ········· 83
조작적 정의 ········· 47, 51
종의 기원 ········· 9
주간교육계획안 ········· 115
주관적 해석의 가능성 ········· 18
주관적인 관점 ········· 43
주관적인 기록 ········· 31
주관적인 판단 ········· 39
주제망 ········· 110
주제에 따른 사회관계 영역 관찰의 예 ········· 206
중심화의 오류 ········· 58
지속시간 ········· 50
직접적인 관찰 ········· 15
직접화법 ········· 31, 43
진화론 ········· 9
질문 유도 ········· 35
질문지법 ········· 10
질적인 정보 ········· 47
집단면담 ········· 126, 136
집단면담 유의사항 ········· 140
집단면담 진행 ········· 140

집단면담의 준비 ··· 137
집단면담일지 ··· 138
집단의 크기와 장소 및 시간 ··· 137
짝수형 단계 ··· 56

ㅊ

참여관찰(participant observation) ··· 26
참여대상 ··· 31
참여자에 대한 연수 및 안내하기 ··· 75
체크(check) ··· 53
체크리스트 ··· 73
체크리스트 관찰의 예 ··· 205
쳐다보는 행동 ··· 52
촬영 ··· 75
추론 ··· 29, 30, 33, 39
추론의 단계 ··· 29
추적기록 ··· 41
친사회적 행동 ··· 49

ㅌ

타당도 ··· 13, 20, 21, 23, 69
타당도 계수 ··· 23
통제된 관찰 ··· 25
통제된 관찰(controlled observation) ··· 26
통찰력 ··· 68
투약의뢰서 ··· 120

ㅍ

편견 ··· 69
편견을 배제 ··· 43
평가 ··· 30
평가 포트폴리오 ··· 71
평가범위 ··· 112
평가자료의 수집 ··· 83
평가표 ··· 76
평가활동 ··· 67
평정의 단위 ··· 56
평정척도 ··· 57, 73
평정척도 관찰의 예 ··· 202
평정척도법 ··· 56, 57, 58
평정척도법의 정의 ··· 56
평행놀이 ··· 52, 53
포트폴리오 ··· 64
포트폴리오 내용 목차 ··· 79
포트폴리오 내용물 ··· 78
포트폴리오 수집 ··· 64
포트폴리오 요약서 ··· 85, 86
포트폴리오 전시회 ··· 87
포트폴리오 평가 ··· 64, 65, 68, 69, 74, 75, 80
포트폴리오 협의회 ··· 74, 85, 86
포트폴리오를 사용한 예술적 표현하기 관찰의 예 ··· 214
포트폴리오에 수집될 항목 ··· 74
포트폴리오의 내용 ··· 68
포트폴리오의 목적 ··· 67
표본 ··· 27
표본기록 ··· 73
표본식 기록 ··· 38, 39, 41, 106, 158
표본식 기록법 ··· 151
표본식 기록법 사례 ··· 171
표본식 기록을 사용한 수학적 탐구 관찰의 예 ··· 220
표본식 기록의 장단점 ··· 38
표본식 기록의 정의 ··· 38
표준보육과정 ··· 142
표준보육과정의 목적 ··· 143
표준화 검사 ··· 12, 13, 64, 69
표준화된 검사 ··· 16
표집대상 ··· 19
표집방법 ··· 19
표집절차 ··· 19
표집행동 ··· 45
프로젝트활동을 통한 체크리스트 평가방법의 예 ··· 188
피드백(feedback) ··· 30
피아제의 이론 ··· 11

ㅎ

하루 일과를 통해서 본 ABC식 사건표집법의 예 ··· 185
하루일과 계획하기 ··· 118
학부모 면담 ··· 75
학습 포트폴리오 ··· 70

학습일지 ········ 72
학습활동 ········ 117
학업성취 ········ 23
항목 분류 ········ 19
항목체계 ········ 19
핵가족 ········ 128
행동 자체 ········ 45
행동과 구인 ········ 21
행동목록 ········ 53, 54
행동목록법 ········ 53, 55, 56
행동목록표 평가내용 ········ 164
행동목록표의 예시 ········ 172
행동발달 목록표를 사용한 의사소통능력 관찰의 예 ········ 198
행동발달목록 ········ 55
행동의 맥락 ········ 43
행동의 목적 ········ 29
행동의 빈도 ········ 50
행동이 일어난 후의 결과 ········ 45
행동특성 ········ 57, 132
행동패턴 ········ 34
협동놀이 ········ 52
협동성 ········ 65
형식적 평가 ········ 64
호흡반사 ········ 92
혼자 놀이 ········ 52
홀수형 단계 ········ 56
확장활동 ········ 123
환경학적인 목적 ········ 15
활동 성과물 중심의 평가 ········ 66
활동일지 ········ 81
활동일지 양식 ········ 82
후광효과 ········ 18

0~1세 예술경험 영역 관찰의 예 ········ 169
0~12개월 영아 ········ 94
0~1세 세부내용 ········ 174
0~1세 자연탐구 영역 관찰의 예 ········ 176
13~24개월 영아 ········ 97
25~36개월 영아 ········ 100
2세 세부내용 ········ 175
2세 예술경험 영역 관찰의 예 ········ 171
2세 자연탐구 영역 관찰의 예 ········ 176
3-5세 연령별 누리과정 ········ 177
3~5세 연령별 누리과정 ········ 109
3세 발달과업 ········ 102
3세 유아의 놀이행동 ········ 105
4세 발달과업 ········ 102
5세 발달과업 ········ 102
6하 원칙 ········ 31
ABC 서술식 사건표집법 ········ 45
Antecedent Event : A ········ 160
Behavior : B ········ 160
Binet의 검사 ········ 11
Consequence : C ········ 160

저/자/소/개

■ **고 문 숙**

중앙대학교 사범대학 유아교육과
중앙대학교 대학원 유아교육과 석사 및 박사
전, 대구미래대학 유아교육과 교수

■ **김 수 향**

대구대학교 사범대학 유아교육과
부산대학교 대학원 유아교육전공 석사
동덕여자대학교 아동학과 유아교육전공 박사
현, 위덕대학교 유아교육과 교수

■ **이 경 하**

대구대학교 사범대학 유아교육과
중앙대학교 대학원 유아교육과 석사 및 박사
현, 동양대학교 유아교육과 교수

■ **이 용 주**

대구대학교 사범대학 유아교육과
중앙대학교 대학원 유아교육과 석사 및 박사
전, 경북전문대학교 유아교육과 교수

■ **임 영 심**

중앙대학교 사범대학 유아교육과
중앙대학교 대학원 유아교육과 석사 및 박사
현, 경북대학교 생활과학대학 아동학부 교수

아동관찰 및 행동연구

1판 1쇄 인쇄 — 2018년 3월 2일
1판 1쇄 발행 — 2018년 3월 5일

저　　자 - 고문숙 · 김수향 · 이경하 · 이용주 · 임영심
발 행 인 - 강 철 원
발 행 처 - 양 성 원
주　　소 - 경기도 파주시 검산로 173번길 29-20
전　　화 - 031-946-3861(代)
팩　　스 - 031-946-3864
이 메 일 - tnwpub@naver.com
홈페이지 - tnwpub.co.kr
출판등록 - 2015년 8월 31일 제 2015-000211 호

ISBN 979-11-6126-033-4

정가 18,000원